短线炒股宝典

不可不知的
短线操盘技法

刘　柯◎编著

中国铁道出版社有限公司
CHINA RAILWAY PUBLISHING HOUSE CO., LTD.

内 容 简 介

本书重点突出、实战运用灵活，全面抓住短线操作技巧实现短线获利。从技术分析的各个角度去挖掘短线操作中的技术要诀，从而达到轻松学习、灵活掌握的目的。本书共7章，主要内容包括短线操盘理念、挖掘K线中的短线操盘技巧、技术图形的短线买入细节、短线操盘术之移动平均线、短线操盘术之技术指标、量价分析短线操盘秘诀和短线操盘术之分时图。

本书内容安排巧妙，投资者每天只需花较少的时间学习一个实用的短线操盘技巧和经典的实战案例，这样日积月累便可以实现灵活实战、短线赚钱。

本书主要适用于资金量相对较小的中、小投资者，以及希望通过短线操盘实现快速盈利的投资者，对准备进入股市的新手也具有一定的参考价值。

图书在版编目（CIP）数据

短线炒股宝典:不可不知的短线操盘技法/刘柯编
著.—北京：中国铁道出版社有限公司，2021.4
ISBN 978-7-113-27345-3

Ⅰ.①短… Ⅱ.①刘… Ⅲ.①股票投资–基本知识
Ⅳ.①F830.91

中国版本图书馆CIP数据核字（2020）第202266号

书　　名：短线炒股宝典：不可不知的短线操盘技法
　　　　　DUANXIAN CHAOGU BAODIAN：BU KE BU ZHI DE DUANXIAN CAOPAN JIFA

作　者：刘　柯

责任编辑：张亚慧　　　编辑部电话：(010)51873035　　邮箱：lampard@vip.163.com
编辑助理：张秀文
封面设计：宿　萌
责任校对：焦桂荣
责任印制：赵星辰

出版发行：中国铁道出版社有限公司（100054，北京市西城区右安门西街8号）
印　　刷：三河市航远印刷有限公司
版　　次：2021年4月第1版　2021年4月第1次印刷
开　　本：700 mm×1 000 mm　1/16　印张：16　字数：213千
书　　号：ISBN 978-7-113-27345-3
定　　价：59.00元

前言

    人的生存、发展都离不开财富的积累。财富的积累离不开客观的环境和一定的方法和理念。我们无法改变客观的环境，但是可以充分发挥人的主观能动性，在适应环境的过程中不断地摸索、总结。

    上班族、自由职业、退休人员……都逐渐选择通过投资股票来增加和积累财富。现在股市中的股民大多都是以短线操作为投资策略，短期持有股票，快速获得收益。

    那么，在风险与利益并存的股票市场中，短线投资的股民要如何操作，才能实现股票投资的收益最大化呢？什么样的操盘方法才是切实可行的呢？在本书中都将能找到答案。

    股票投资的分析方法和技巧很多，不同的股民朋友使用的分析技术也不同。为了帮助更多的股民朋友掌握和提升短线操盘的技术，了解实战炒股中需要注意的一些操盘细节，本书针对现在应用得比较多的一些技术进行了详细讲解。本书到底有哪些内容呢？

- 首先，本书介绍了一些短线操作的理念和操盘原则，让股民朋友对短线操盘有一个深入的了解。

- 其次，本书重点对 K 线、形态、移动平均线、MACD 指标、KDJ 指标、WR 指标、BOLL 指标、量价关系以及分时图中的短线操作方法和操盘细节进行详细介绍，并通过具体的实例进行实战分析，目的在于让股民朋友学以致用，真正掌握这些短线操作的方法。

    本书以丰富的案例，配合精炼的描述，通过对技术分析中短线操作理念的介绍，对短线操作技巧的分析，充分展示了技术分析的魅力所在和高明之处。书中的案例都十分贴近实战，具有普遍性和代表性。

    对具备不同知识层次的读者都可以从本书中获益。

- 如果你是刚入门的新股民朋友，可以把此书当作启蒙教材，通过学习本书的短线操盘理论加上实战的操盘案例分析，可以让你切实感受到短线操作的详细内容和实战操盘要领。

- 如果你是具备一定知识储备的股民朋友，通过本书短线操盘技能的解析，不仅可以巩固短线操盘技术，还可以提升短线操盘技能，从而在短线实战投资中游刃有余。

读者可以先阅读理论介绍，再结合案例观察思考，思考理论为何这样描述。对不懂的短线操盘要领，读者可以反复推敲，并注意对案例的观察和总结。

通过阅读和不断地思考总结，做到可以举一反三，对类似的 K 线、技术图形、移动平均线、量价图和分时图可以很快联想到对应的知识点，从而能够轻松分析并得出自己的结论。

最后，希望本书能为你在了解短线操盘细节知识和短线实战操盘技术方面提供帮助。祝愿你在股市里盈利多多、笑容多多。这也是所有股民朋友的共同心愿。

编 者

2020 年 12 月

目录

第2章　挖掘K线中的短线操盘技巧

第3章　技术图形的短线买入细节

第4章　短线操盘术之移动平均线

第5章 短线操盘术之技术指标

第 6 章　量价分析短线操盘秘诀

第7章　短线操盘术之分时图

第 **1** 章

短线操盘理念

短线操盘是股市中经典的操作方法，灵活运用短线操盘，投资者可以更加有效地利用资金，而准确无误的短线买卖能使股民账户利润迅速增加。那么，如何灵活掌握短线操盘呢？抓住短线实战的理念就是进行短线操盘的第一步。

No.001 认识短线操盘

短线操盘的核心是"短"，即时间短，也就是快速买进股票，再快速卖出股票。短线操盘的核心价值是利用股价的强势上涨阶段，进行短时间的波段操作，并借助这些波段赚钱，最后集合每次短线波段的利润得到最大化的收益。

短线操盘的时间要短，这是短线操盘最显著的特点。那么，究竟时间是多久才算"短"呢？实质上，短线操盘的时间没有限制，一般为几个交易日，但根据投资者不同的操作习惯和实际的股价走势，短线操盘的时间可以灵活处理。

进行短线操盘，投资者必须保证操作的成功率。绝佳的操作就是在股价强势上涨前买入，在顶部之前或顶部位置卖出，由此得到最大利润。

实例分析

天健集团（000090），止跌见底后快速上涨

图1-1所示为天健集团2020年3月至4月的K线图。

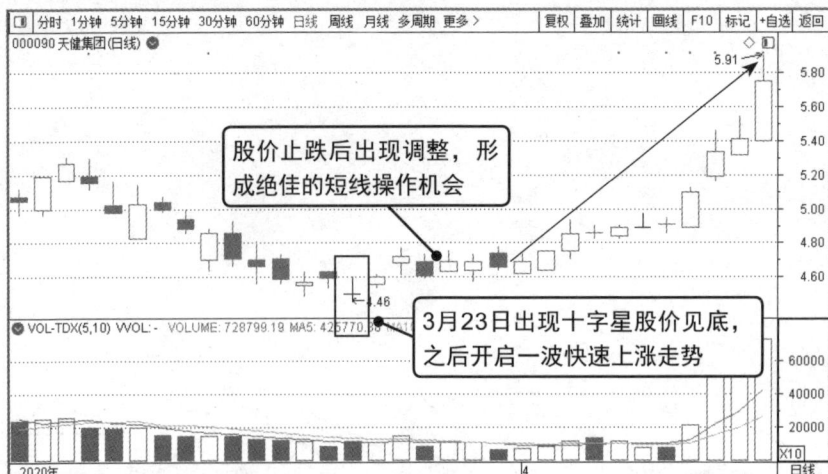

图1-1 天健集团2020年3月至4月的K线图

从图中可以看出，该股在下跌之后的相对低位区域出现了预示反转的十字星信号，在经历两个交易日的连续上涨后进入调整走势，但上涨趋势不变，股价迅速实现了大幅度的拉升。很明显，该股在此阶段出现强劲的上涨走势，为短线操作提供了绝佳的赚钱良机，投资者可以抓住这样的强势爆发阶段快速买卖，不止进行一次短线操盘。

抓住短线操作大前提的时机后，投资者应该进一步抓住短线操作的买卖点。

实例分析

全新好（000007），短期内股价大幅变动

图1-2所示为全新好2019年5月至8月的K线图。

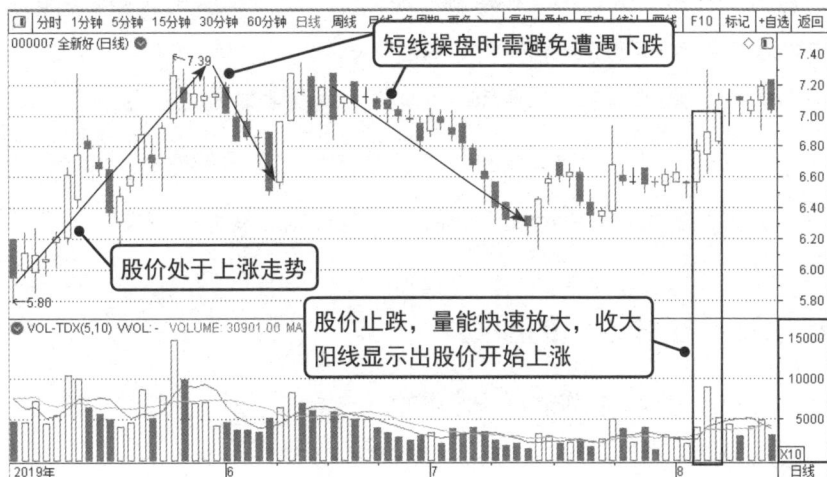

图1-2　全新好2019年5月至8月的K线图

从图中可以看出，该股处于震荡走势中，7月中旬股价止跌转入调整走势。8月初，K线收出大阳线，成交量配合放大，表明市场目前处于止跌反弹形态，预示股价后市看涨。因此投资者可以在大阳线之后的整理位置火速跟进短线买入，如图1-3所示。

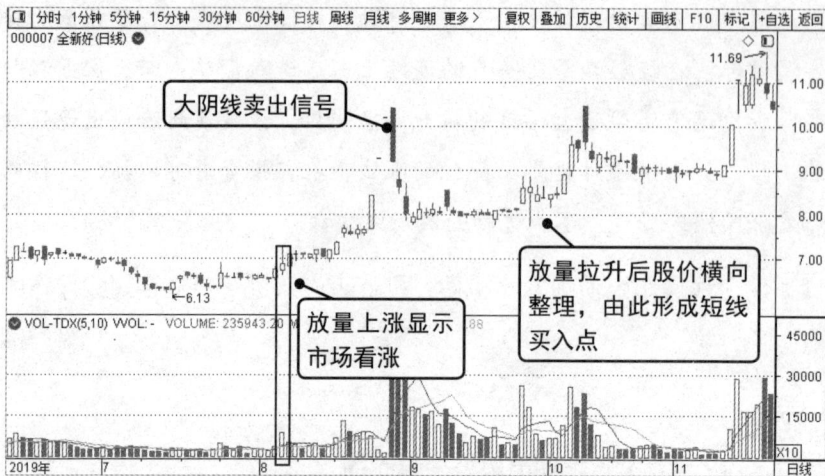

图 1-3　全新好 2019 年 6 月至 11 月的 K 线图

从图中可以看出，该股在横盘后形成一波强势上涨，投资者若在盘面调整时果断买入，即符合短线操作的基本要求，随后则应该在出现反转信号时果断卖出，如此把握短线操盘的买卖点，这样才能避免损失，获取收益。

由以上分析可知，短线操盘就是短时间内的买入和卖出，并通过这样的快速买卖实现盈利，借助反复的盈利达到收益的最大化增长。

No.002　短线操盘的原则

进行短线操盘，投资者必须掌握短线操盘的原则，并在这些原则的指导下合理选择股票进行操作，提高操作的成功率。

为了提高短线操盘的成功率，投资者应该恪守短线操盘的原则。

◆ **原则一**：确定大趋势、大方向，这是短线操盘展开的前提条件。

◆ **原则二**：绩优公司是短线操盘的主要对象。

◆ **原则三**：合理利用市场消息。

实例分析

平安银行（000001），短线操盘展开的前提条件是确定大趋势、大方向

图 1-4 所示为平安银行 2018 年 8 月至 2019 年 11 月的 K 线图。

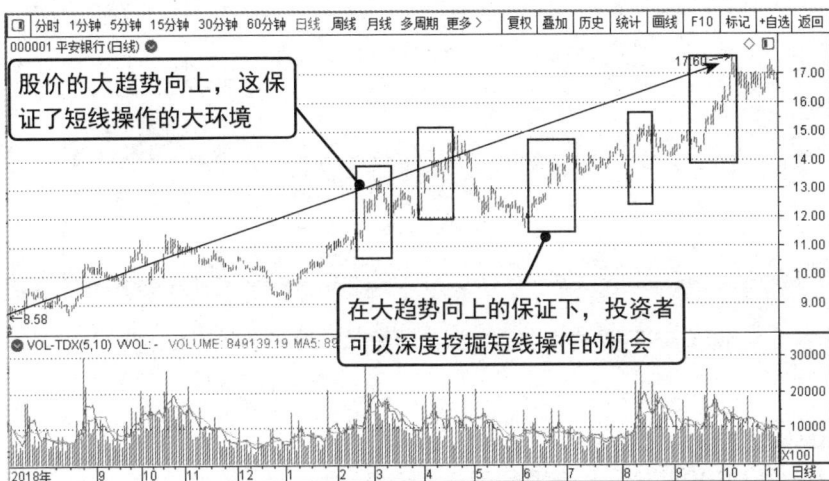

图 1-4　平安银行 2018 年 8 月至 2019 年 11 月的 K 线图

从图中可以看出，该股整体处于上涨走势之中，偶尔下跌也只是横盘调整，这种向上趋势为短线操作提供了良好的背景（图中标识位置都可以进行短线操作），短线操盘的第一原则在此体现无疑。

实例分析

深桑达 A（000032），绩优公司是短线操盘的主要对象

图 1-5 所示为深桑达 A 在 2018 年 5 月至 2020 年 7 月的 K 线图。

从图中可以看出，在股票处于上涨走势之中选择买卖点是较为稳妥的短线操盘方法，这满足了短线操作的原则一之条件。

同时，该股业绩增长稳定，是名副其实的绩优股，在这样的股票中选择短线操作就会相对安全。如图 1-5 中的标识位置，该股在此阶段的上涨中出现了 3 次明显的短线操作区域，由此显示出短线操作原则二的重要性。

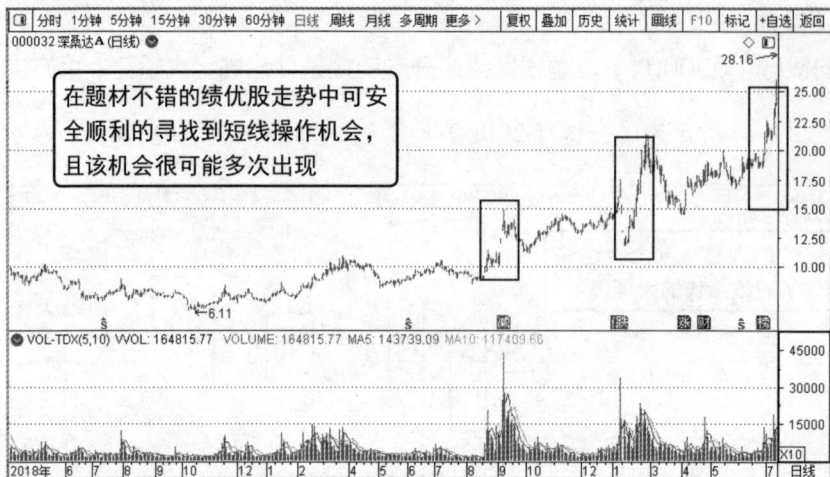

在题材不错的绩优股走势中可安全顺利的寻找到短线操作机会，且该机会很可能多次出现

图 1-5　深桑达 A 在 2018 年 5 月至 2020 年 7 月的 K 线图

实例分析

双林生物（000403），合理利用市场消息

图 1-6 所示为双林生物 2019 年 12 月到 2020 年 4 月的 K 线图。

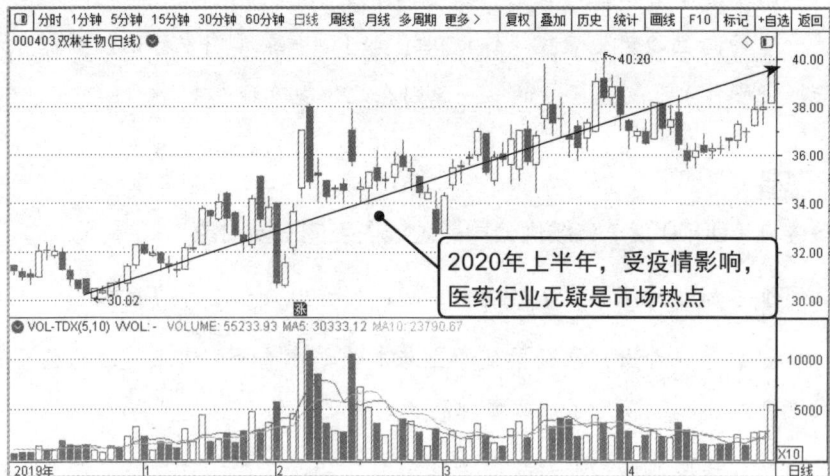

2020年上半年，受疫情影响，医药行业无疑是市场热点

图 1-6　双林生物 2019 年 12 月到 2020 年 4 月的 K 线图

从图中可以看出，双林生物的股价在 2020 年上半年，出现了持续性

的上涨，股价从 30.00 元拉升到了 40.00 元左右，涨幅近 33%。

2020 年开年的一场疫情席卷了全世界，为控制疫情，世界各国政府投入了大量人力、物力和财力。在这种大环境下，医药行业为维护人民健康安全，奋起抗疫，因此，医药行业成为 2020 年的第一个大热点。

No.003　短线操盘的风险

短线操盘优势明显，但同时也存在着固有的风险，当不能正确认识和回避这些风险时，短线操盘就可能遭受巨大的损失。短线操盘隐藏了哪些主要风险呢？

◆　**风险一：**短线买入后就遭遇下跌被套，这样的情况一般出现在短线追涨的操作中。

◆　**风险二：**短线买入后没有及时卖出锁定利润，过分贪婪导致被套。

实例分析

世纪星源（000005），短线追涨易套牢

图 1-7 所示为世纪星源 2020 年 1 月至 4 月的 K 线图。

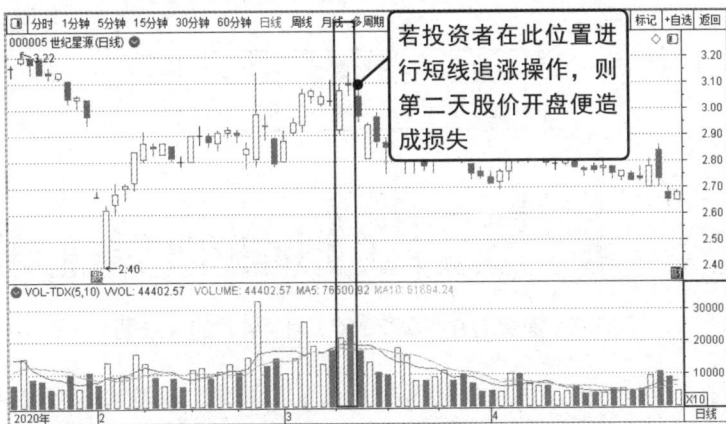

图 1-7　世纪星源 2020 年 1 月至 4 月的 K 线图

从图中可以看出，该股股价在 2 月初时止跌回升，K 线连续收出阳线，股价呈现上涨。如果投资者见此情景便想在图中标识的位置追涨，则会陷入持续下跌的走势中。

这是因为该股股价大趋势仍然处于下跌行情中，此时的止跌并不是触底回升，而是下跌过程中的反弹。股价在起涨初期没有明显的成交量放量，说明没有主力介入，且没有明显的买入信号出现，由此可以判断此位置不是一个好的短线买入机会。

如上述案例一样，盲目地追涨，博取短线交易机会不是一种可取的方法，这样的短线操作就具有风险。

实例分析

深康佳 A（000016），过分贪婪易被套

图 1-8 所示为深康佳 A 在 2020 年 1 月至 4 月的 K 线图。

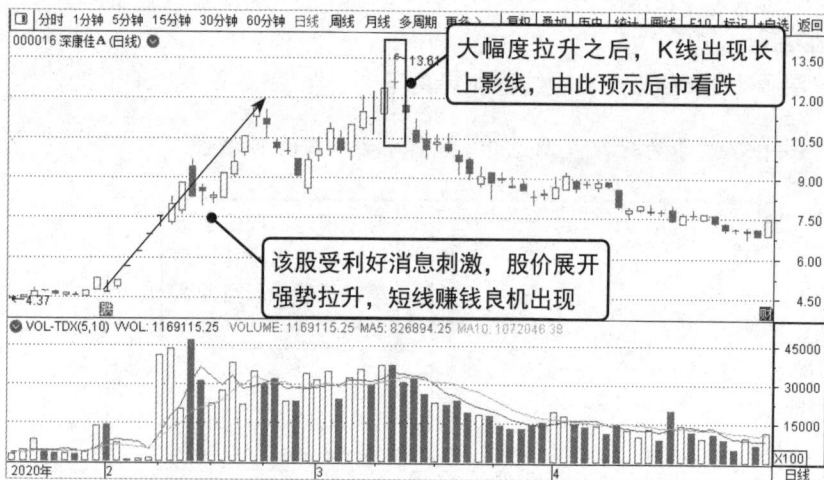

图 1-8　深康佳 A 在 2020 年 1 月至 4 月的 K 线图

从图中可以看出，该股在进入 2 月之后，该股出现多次强势涨停发出短线买入信号，投资者应注意这一细节进行操盘。

股价在持续强势上攻后K线出现高位十字线，这是一个趋势由强势转变为弱势的重要信号，预示短期上涨动力耗尽，股价即将受阻回落。

短线操作时遇到这种情况应果断收手，若投资者不能抓住时机当天卖出，则很可能在后期反转下跌中遭遇风险，轻者减少收益，重者造成损失。

从上述案例中可以发现，如果投资者由于贪婪而错失短线卖出机会，就很有可能造成收益减少，甚至出现被套的巨大风险。

拓展知识 *因贪婪造成的操作风险违背了短线操盘的本质*

短线操盘以"短"为核心，其操作的本质就是操作周期非常短。当股价上涨之后，投资者极容易陷入自我感觉良好的状态，无论出现什么看跌信号，投资者都会找各种借口看作洗盘手法，由此背离短线操作的本质，所以在短线操作中锁定获得的收益是十分重要的。

No.004 快进快出是精髓

短线操盘的本质就是操作时间周期的短暂，因此投资者在进行短线操盘的时候应该抓住快进快出的操作精髓。

所谓"快进"指的是投资者快速买入股票，"快出"指的是投资者在恰当位置快速卖出股票。

- ◆ 超短线时间周期一般为第一个交易日买入，第二个交易日卖出。
- ◆ 一般超短线操盘的时间周期最好不超过5天。
- ◆ 快进快出一定要把握好买卖的位置，这样不仅可以最大化地规避风险，还能够获得尽可能多的收益。

实例分析

华联控股（000036），超短线操作

图 1-9 所示为华联控股在 2020 年 2 月至 3 月的 K 线图。

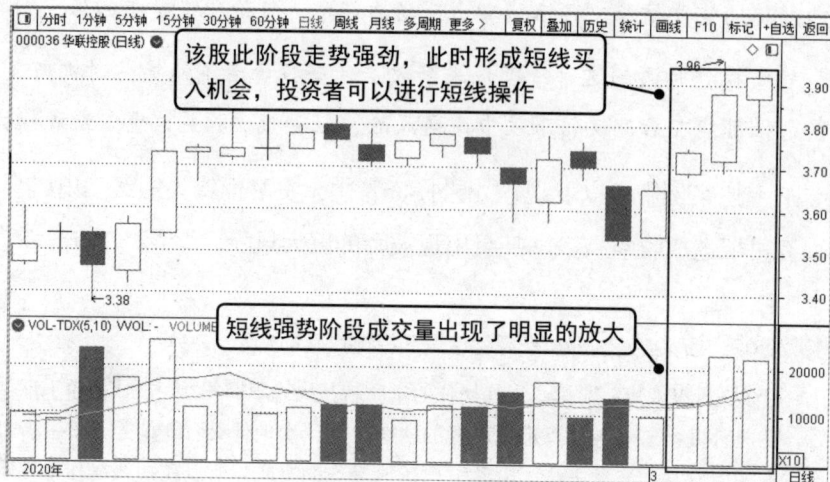

图 1-9　华联控股 2020 年 2 月至 3 月的 K 线图

从图中可以看出，该股短暂横盘后于 3 月初开始出现起色，股价止跌回升，跳空向上拉升，行情可期，此时投资者可以进行短线操作抢反弹。

图中方框区域位置预示股价突破平台区域继续上攻，投资者在此短线买入即可获利。

但是快速买进之后，投资者应该在隔日股价冲高回落的走势中及时抛出股票，因为冲高回落显示上涨受阻，后市下跌风险较大，及时售出股票才能适时锁定已获利润，如图 1-10 所示。

从图中可以看出，股价在冲高到 3.96 元之后宣告了此轮短线强走势的结束，该股后市果真出现了下跌走势，由此也说明此段短线操作的结束。

在前期短线买入之后，若不遵循快进快出的操作精髓，一旦遭遇股价下跌，利润就会大打折扣，甚至可能面临被套的风险。

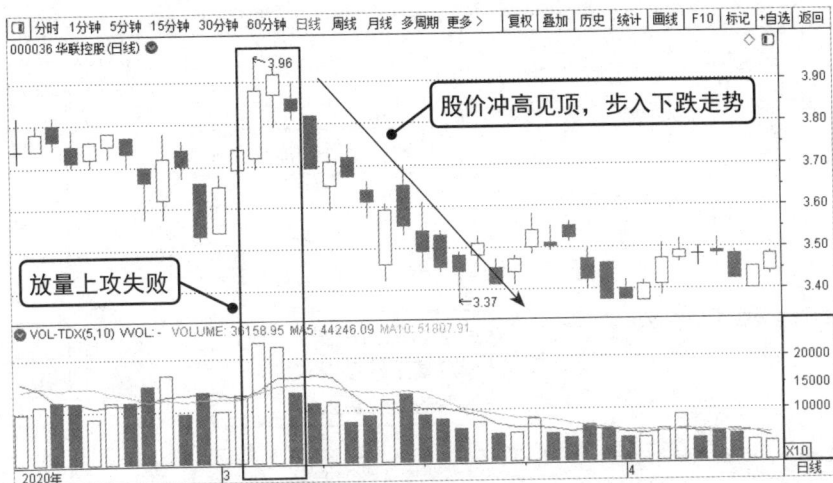

图 1-10　华联控股 2020 年 2 月至 4 月的 K 线图

No.005　分仓操作是关键

短线操盘灵活多变，特别是对资金较小的投资者来说是一个较好的操作方法，但是短线操盘也具有较大的风险，由此投资者在操作中可以分仓操作，分散投资风险。

分仓操作是短线操作的关键所在，主要含义如下。

◆　短线操作第一次不能满仓买入，应该保留至少 20% 的仓位。

◆　在短线操作的途中，如果遇到良好的加仓机会，投资者可以进行必要的加仓，但具体加多少要根据股价实际走势情况而定。

◆　在短线卖出时，投资者可以分批次逐步离场，这样有助于抓住股价的最大涨幅，更好地获得利润。

实例分析

农产品（000061），注意保留仓位

图 1-11 所示为农产品 2020 年 2 月至 4 月的 K 线图。

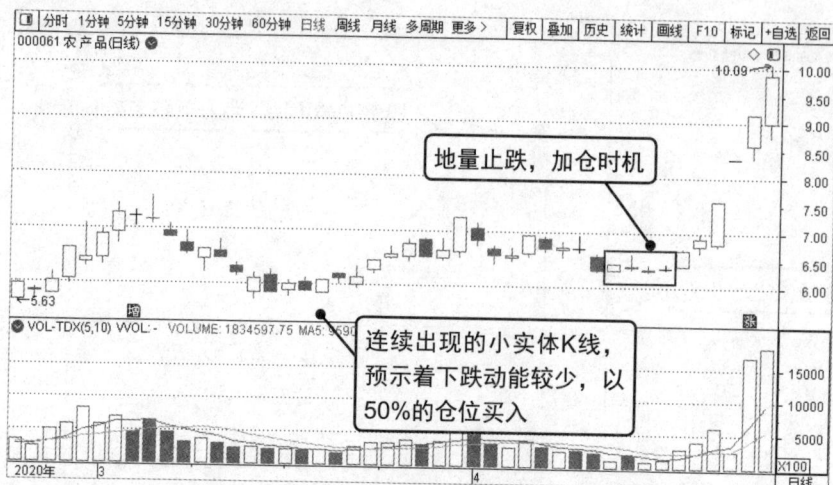

图1-11 农产品2020年2月至4月的K线图

从图中可以看出，股价在3月见顶下跌回调时，形成了连续的小实体K线，这是一个预示市场将会发生转变，显示出市场的见底，并且在止跌后也依旧出现小实体K线，则说明下方有支撑，看跌可能性大大降低，投资者可在此位置进行短线买入，仓位控制在50%左右。

之后股价小幅放量拉升股价到前期高点，随后出现了小幅横盘后股价缩量回调，且在前期低点上方止跌，形成了短线加仓的良机，投资者可在此进行短线加仓操作，仓位控制在80%左右。

综上所述，在此次短线操作之中，通过两次加仓买入有效地抓住了股价的短线机会。

分仓操作不仅适用于短线买入，同时也适用于短线卖出。

实例分析

中信海直（000099），分批次逐步离场

图1-12所示为中信海直2020年1月至4月的K线图。

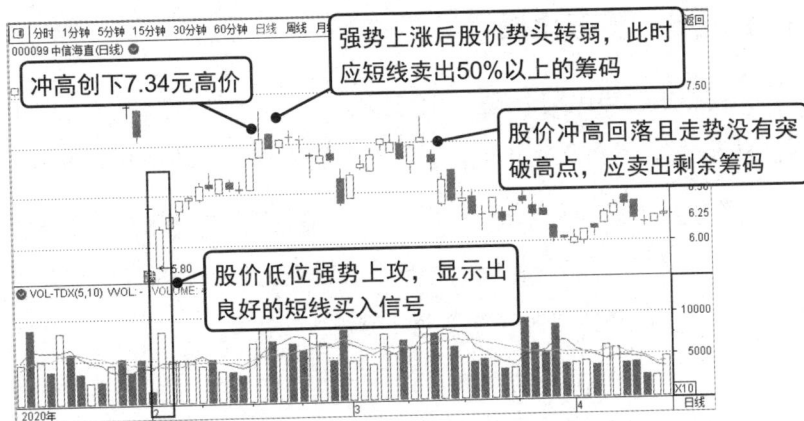

图 1-12　中信海直 2020 年 1 月至 4 月的 K 线图

　　从图中可以看出，股价在下跌的低位区域出现了突然的爆发，连续收于阳线的强势走势带来了一次短线操作机会。

　　在短线买入之后，怎样卖出就成为首要的问题。当 K 线收出十字星后开始持续走阴时，反映出股价上涨无力的信号，由此投资者可以卖出 50% 以上的仓位。

　　之后股价再次上冲创出阶段性高位 7.26 元，但之后该股始终不能突破前期 7.34 元的高位，投资者应及时卖出剩余的筹码，锁定已经到手的收益。

拓展知识 *分仓操作的思想精华*

　　分仓操作即分批次地进行买入或者卖出操作，这样的操作思想在市场中具有重要的地位。短线操作的特点可以使得资金得到很好的运用，但是盲目地全仓杀入或者全仓卖出，往往会造成一些负面影响。因此，提倡在短线操作中坚持分仓操作的思想，这样不仅可以抓住股价的上涨行情，同时也可以让卖出位置更加准确，由此获得更多的收益。

No.006　静态止损

在短线操作中，投资者一定要设定一个止损位置，并且设置的止损目标不能动摇，这种限定止损位置不改变的止损方法就是静态止损。

静态止损是短线操作所必需的，坚持静态止损应抓住以下3点。

◆ 设定静态止损标准，根据个人情况，止损标准可以设定为3%、5%或8%等，但是不能超过10%。

◆ 坚决执行静态止损标准，即当股价下跌到了静态止损标准时，投资者就应该果断清仓卖出，避免遭受后续的损失。

◆ 在静态止损位置清仓之后，股价反而上涨，投资者不应该悲伤，应该更加坚持短线静态止损的操作思路。

实例分析

丰原药业（000153），设定静态止损标准

图1-13所示为丰原药业2019年11月至2020年2月的K线图。

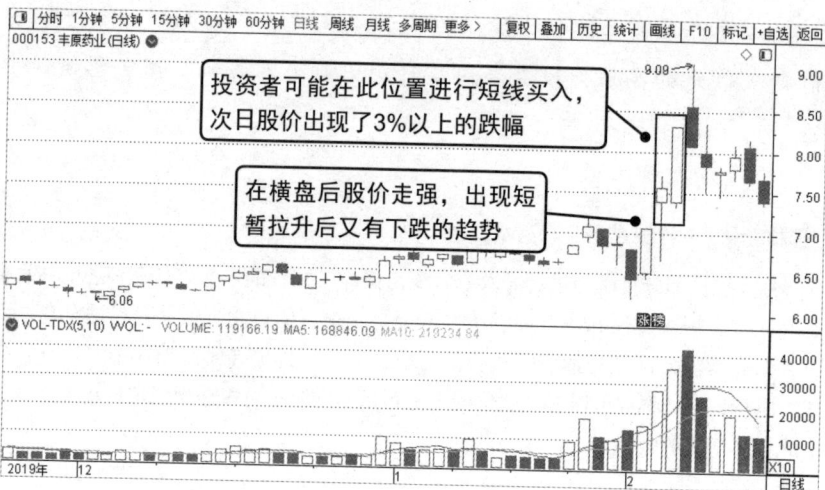

图1-13　丰原药业2019年11月至2020年2月的K线图

从图中可以很清楚地看出，该股前期进行了较长时间的横盘整理走势，

之后股价放量趋近涨停，由此拉开一轮强势上涨行情。由于前面强势上涨行情的踏空，投资者迫不及待地在矩形区域短线买入股票，但是之后股价迅速下跌，由此说明在临近 5% 静态止损位置时需注意观察，时刻做好卖出准备。

实例分析

ST 银河（000806），坚决执行静态止损标准

图 1-14 所示为 ST 银河 2019 年 11 月到 2020 年 4 月的 K 线图。

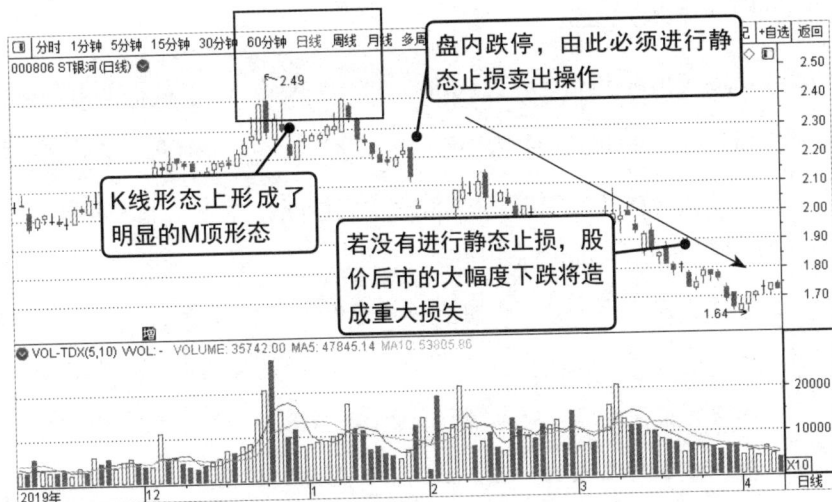

图 1-14　ST 银河 2019 年 11 月到 2020 年 4 月的 K 线图

由图中可知，在形成 M 顶形态后，股价出现了 5% 以上的下跌幅度，由此告诉投资者应该在此位置果断卖出离场，遵循既定的静态止损目标。当 K 线形态出现反转看跌的趋势后，应引起短线操盘者注意，一旦发现股价跳空低开低走，盘内跌停，投资者就需进行静态止损操作，否则之后很可能遭遇大幅度下跌，造成巨大的损失。

在股价大跌时，投资者应该根据静态止损目标进行果断清仓卖出。同时从 K 线组合上来讲，市场也发出了卖出信号。

股价跳空低开，最终跌停，同时结合股价处于上涨后的高位区域，可以得到股价后市看跌的信号，所以投资者应该及时卖出手中的股票，避免之后的下跌走势。

No.007 动态止盈

在短线操作中，投资者可以根据具体的收益对卖出最低标准进行修改，如在股价上涨后，将止盈目标从 5% 上调至 8%，这样的调整就是动态止盈。

动态止盈是短线操作中需要掌握的卖出策略，抓住以下 3 点内容可以更好地理解短线操作中的动态止盈。

◆ 就短线操作而言，一般将止盈位置设定在 5% 左右。

◆ 若股价继续上涨，那么投资者应该调高止盈目标，具体幅度依据个股行情而定，一般为账面利润的 50% 或者 60% 左右。也就是说，当账面盈利达到 20% 时，止盈目标就可以设置为 10% 或者 12%。

◆ 必须坚持既定的止盈目标，当股价下跌到了目标位置时应该果断卖出股票，锁定已获利润。

实例分析

沃华医药（002107），动态止盈

图 1-15 所示为沃华医药 2019 年 12 月至 2020 年 2 月的 K 线图。

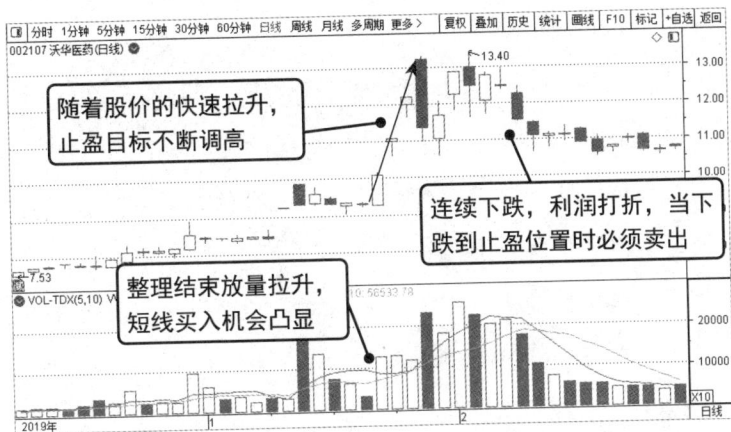

随着股价的快速拉升，止盈目标不断调高

连续下跌，利润打折，当下跌到止盈位置时必须卖出

整理结束放量拉升，短线买入机会凸显

图1-15　沃华医药 2019 年 12 月至 2020 年 2 月的 K 线图

从图中可以看出，股价在此阶段出现了爆发式的上涨走势，股价出现了连续跳空上涨。

在整理结束放量拉升时，投资者就可以进行短线买入操作，并在之后的强势拉升中不断加仓。随着股价的快速拉升，止盈目标也应该被逐步调高。

在连续跳空上涨之后，K 线收出连续下跌阴线，由此显示股价见顶，于是投资者必须在既定的止盈目标位置卖出股票，锁定利润。

拓展知识　*三空后卖出*

　　根据动态止盈的操作思路，投资者可以在下跌出现后及时卖出股票并锁定前期的一些利润，但是如何在股价顶部位置卖出，实现最大化的收益呢？

　　其实经验丰富的投资者利用三空卖出法则，在股价第一根阴线位置就已经卖出股票了。这里的三空指的是股价 3 次跳空上涨时形成的 3 个空隙。

No.008　保持敏锐的嗅觉

在进行短线操作时，投资者必须保持敏锐的嗅觉，发现市场中的"风吹草动"就应该及时卖出股票。

市场中的"风吹草动"是对股价变化的写照，因此在这样的迹象出现时，短线投资者应该快速离场，其中比较显著的"风吹草动"是以下 3 种。

- ◆ 一般而言，大幅度冲高回落是股价见顶的信号，短线投资者应该及时卖出手中的股票。

- ◆ 无力突破前期高点也是一个看跌的信号，短线投资者也应该及时卖出手中的股票。

- ◆ 上涨途中的大阴线也是看空的信号，由此短线投资者应该卖出股票，暂时回避市场风险。

实例分析

紫鑫药业（002118），大幅度冲高回落是股价见顶的信号

图 1-16 所示为紫鑫药业 2019 年 12 月至 2020 年 3 月的 K 线图。

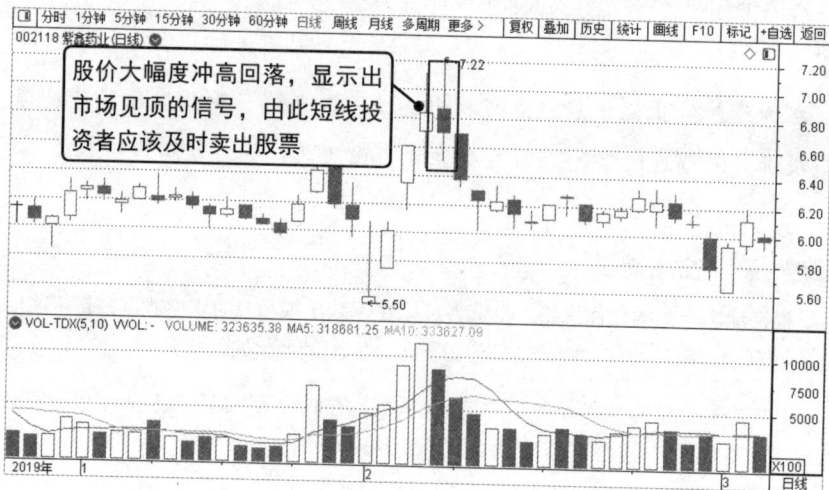

图 1-16　紫鑫药业 2019 年 12 月至 2020 年 3 月的 K 线图

由图所示，该股前期出现了强势上涨，股价从 5.50 元上涨到了 7.22 元左右，上涨幅度达到了 30% 左右。

　　然而，股价上涨到高位后收出带长上影线的阴线，出现了明显的放量冲高回落走势，预示着市场见顶，走势即将反转，谨慎的短线投资者应该果断在此时卖出股票，确保盈利。

实例分析

嘉应制药（002198），无力突破前期高点需谨慎操作

　　图 1-17 所示为嘉应制药 2020 年 2 月至 4 月的 K 线图。

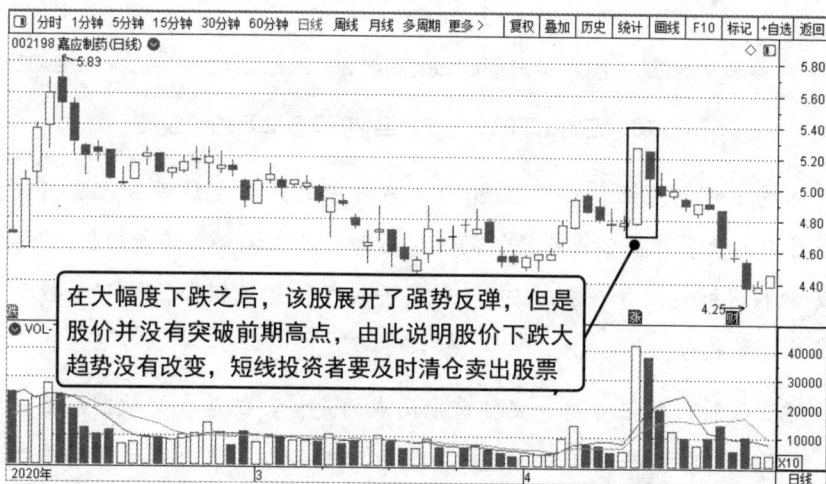

图 1-17　嘉应制药 2020 年 2 月至 4 月的 K 线图

　　从图中可以看出，该股在前期出现了明显的下跌走势，之后股价展开了一轮强势反弹行情，由此也形成了一次短线操作的机会。

　　然而，股价上涨并没超过前期高点，股价在 5.30 元左右受阻且上涨势头减弱，由此显示上方压力巨大，短线投资者应该清仓卖出，锁定既得利润。

实例分析

三力士（002224），上涨途中的大阴线是看空的信号

　　图 1-18 所示为三力士 2019 年 8 月至 2020 年 2 月的 K 线图。

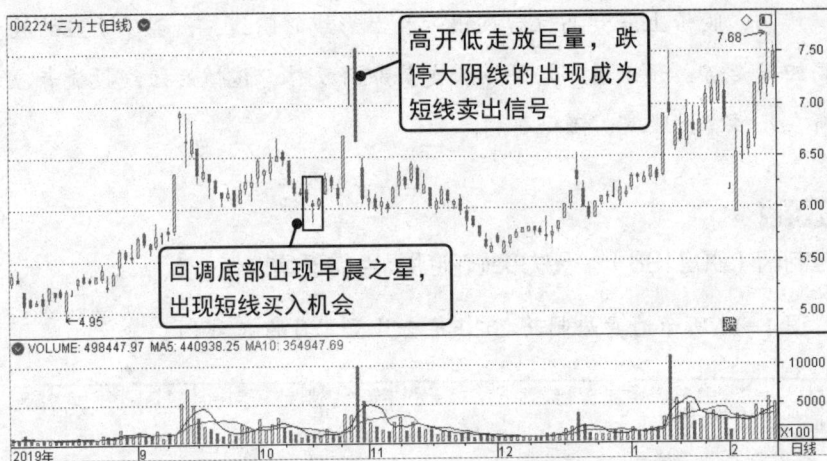

高开低走放巨量，跌停大阴线的出现成为短线卖出信号

回调底部出现早晨之星，出现短线买入机会

图1-18 三力士2019年8月至2020年2月的K线图

从图中可以看出，该股在2019年8月中旬止跌企稳步入上涨行情，在9月中旬放量冲高创出阶段性的高位后开始获利调整，随着股价的下跌，成交量不断缩量，并在10月中旬形成早晨之星见底组合，一部分投资者便在此位置积极买入。

随后该股出现强势拉升突破前期高点的走势。但是在突破前期高点之后，该股于10月30日高开低走放巨量收出跌停大阴线，预示市场看跌，短线操盘者应及时卖出股票，回避后市的大幅下跌风险。

No.009 短线解套技巧

短线操作不是百发百中的盈利操作，因此难免出现被套的时候，当这样的情况出现时，投资者就应该进行解套操作。

一般而言，简单的短线解套方法主要有两种，一种是前面讲过的静态止损的"割肉"方法，另一种是利用资金低位买入摊平成本再逢高卖出的方法。

实例分析

海普瑞（002399），投资者利用低位补回减少被套损失

图 1-19 所示为海普瑞 2019 年 12 月至 2020 年 4 月的 K 线图。

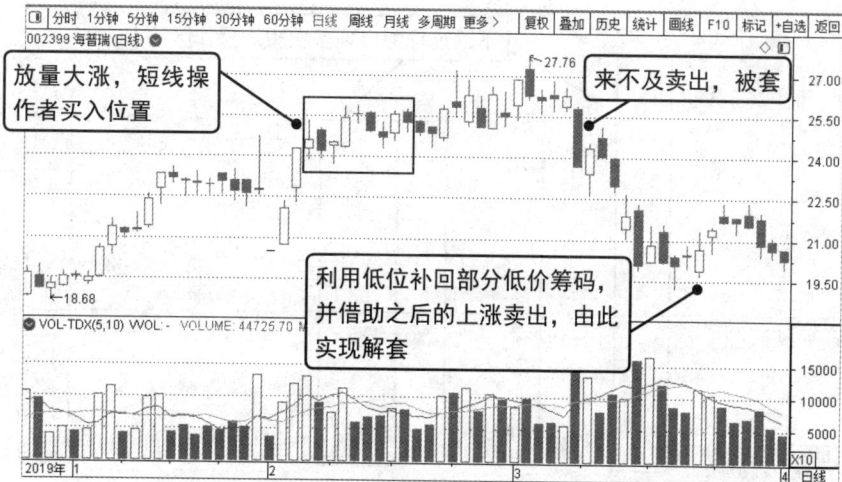

图 1-19　海普瑞 2019 年 12 月至 2020 年 4 月的 K 线图

从图中可以看出，在市场放量上涨时，短线投资者往往会进场搏短线机会，购入股票后，后市转瞬下跌使得投资者被套。

在被套之后，根据之前设定的静态止损位置，投资者可以卖出股票，防止之后市场的不确定走势。

另外，被套的投资者也可以抓住下跌后的低位补仓，利用价格差来实现筹码本身的摊平，并在之后的上涨中卖出股票，由此实现解套。

但是利用低价补进的解套方法需要投资者有剩余的资金，从这里也可以看出，短线操作中分仓操作的重要性，这样才能保证有剩余资金可以用到解套中来。

实例分析

藏格控股（000408），下跌途中利用反弹走势解套

图 1-20 所示为藏格控股 2019 年 10 月至 2020 年 4 月的 K 线图。

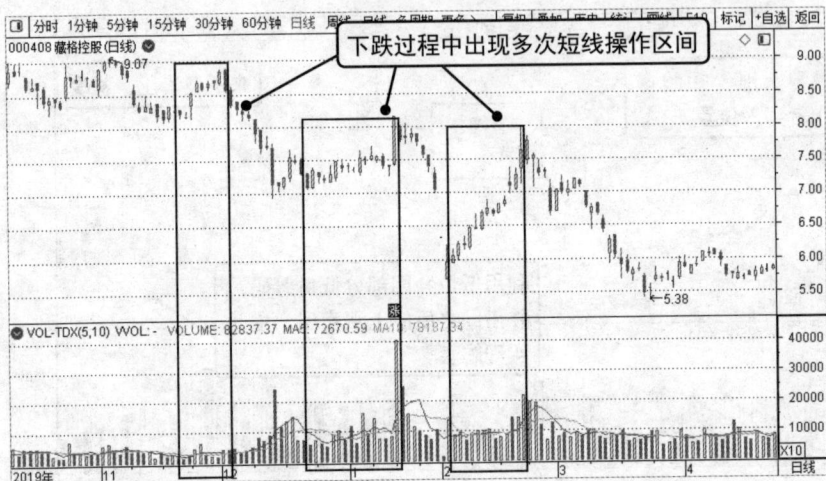

图 1-20　藏格控股 2019 年 10 月至 2020 年 4 月的 K 线图

由图中可知，藏格控股在下跌过程中，出现多个阶段性反弹走势，投资者可以通过在此阶段低位买入摊平成本，再逢高卖出的方法来陆续解套。

第 **2** 章

挖掘K线中的短线操盘技巧

K线是研究股价走势变化的基本工具。对于短线操盘而言，K线中包含着十分丰富的短线操盘技巧，这些技巧可正确地指引短线投资者进行精准操作，从而获得不错的投资回报。

No.001　大阳线短线看涨信号

一般而言，上涨幅度达到 5% 以上的阳线就称为大阳线。

通常，大阳线的出现说明市场资金在积极做多，由此可以推测股票得到市场的积极关注，那么之后股价继续走强的概率较大，所以是一个短线看涨信号。

大阳线是 K 线走势中十分常见的上涨 K 线，可能出现在股价运行的不同位置上。根据大阳线出现的位置不同，短线看涨的信号强度也有所区别。下面列出 3 种高强度短线看涨信号的情况。

- ◆ 超跌反弹的大阳线是短线看涨的风向标。
- ◆ 重要技术位置的大阳线也是强烈的短线看涨信号。
- ◆ 绝地反弹的大阳线短线看多情绪浓厚，是短线买入的准确信号。

实例分析

九芝堂（000989），超跌反弹大阳线是短期看涨信号

图 2-1 所示为九芝堂 2020 年 2 月到 4 月的 K 线图。

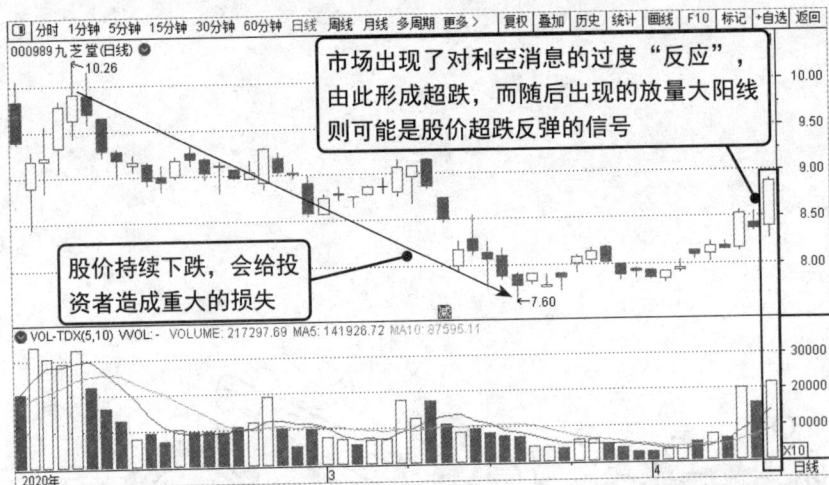

图 2-1　九芝堂 2020 年 2 月到 4 月的 K 线图

由图中可知，九芝堂的股价从2020年2月开始便处于下跌走势，股价从高位的10.26元下跌至7.60元，跌幅达24%左右。

短期内的大幅下跌属盘内的利空量能大量释放的结果，当利空量能释放消化后很可能出现超跌反弹行情。

因此，当4月14日一根大阳线拔地而起时，揭示出该股行情的反转，短线投资者即可抓准时机积极参与，如图2-2所示。

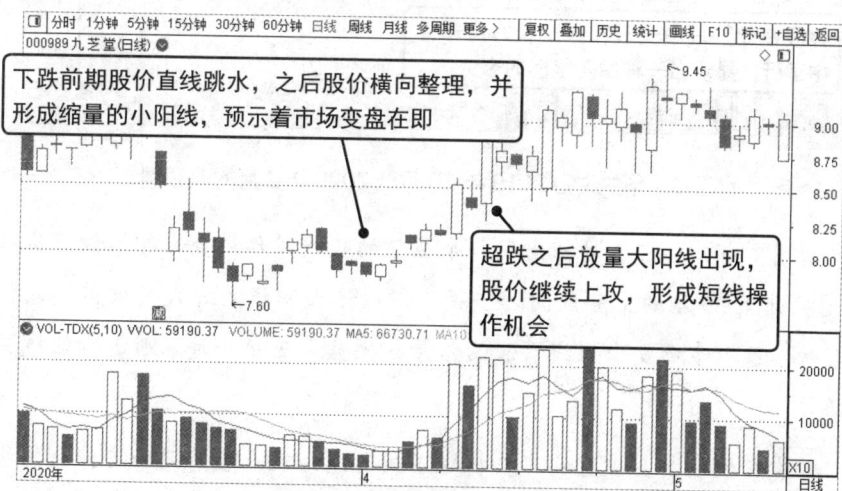

图2-2 九芝堂2020年3月至5月的K线图

从图中可以看出，超跌之后的缩量小阳线与大阳线准确地发出了短线买入的信号，接下来的交易日股价连续上涨了接近一个月的时间。

在股价以大阳线的方式突破重要技术关口时，短线操盘者也可将其视为短线看涨的信号进行关注。

实例分析

华兰生物（002007），大阳线突破重要技术关口

图2-3所示为华兰生物2019年10月至2020年2月的K线图。

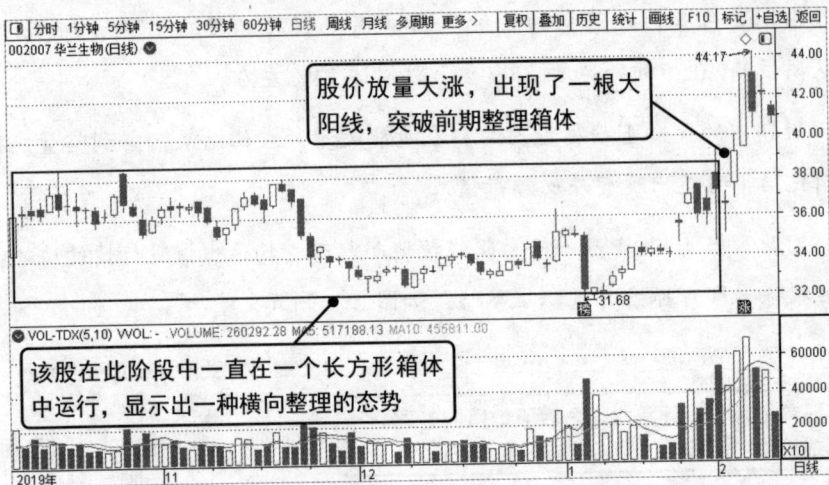

图2-3　华兰生物2019年10月至2020年2月的K线图

由图中可知，在2月初出现一个极佳的短线操作机会，即右侧股价从37元拉升至39元的上涨区间。当股价以放量大阳线的方式突破前期箱体整理时，预示市场发出短线看涨的信号，操盘者应在此时果断进行短线买入操作。

若在股价技术突破时错失良机也不用着急，就一般情况而言，大阳线技术突破之后，股价都会向下回调，由此提供了第二个短线买入的机会，图2-4所示为华兰生物2019年11月至2020年3月的K线图。

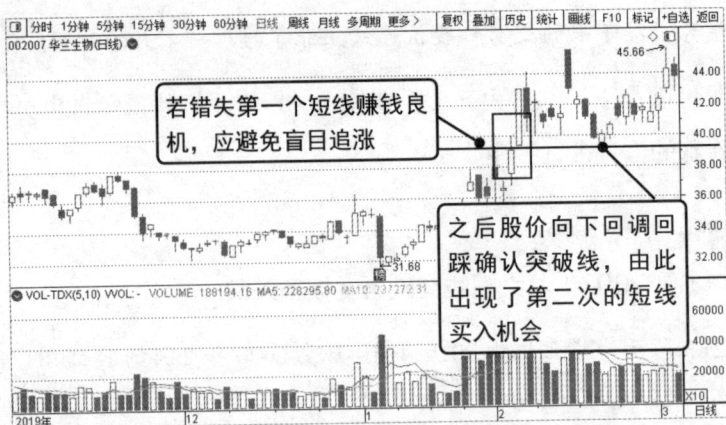

图2-4　华兰生物2019年11月至2020年3月的K线图

由图中可知，可以根据股价回调的走势情形，绘制出一条支撑线，该线清晰地展示出了打开短线上攻窗口的市场价位。

之后股价回调在反撑线附近遇到支撑没能进一步下跌，因而当股价再次下跌到支撑线附近时，即形成了较为稳妥的短线买入机会，投资者可在此位置进行短线买入操作，进而轻松获利。

综上所述，大阳线对于重要技术关口的突破显示出了市场转入的强势，由此也就拉开了股价进一步上涨的序幕，是短线买入的准确信号。

拓展知识 *重要的技术关口有哪些*

大阳线突破重要技术关口是短线看涨的信号之一，那么究竟有哪些重要的技术性关口呢？

重要的技术性关口有很多，投资者一般比较熟悉的有前期股价的高点压力位、股价运行中的压力线、缺口、K 线形态中的颈线压力线和重要的均线，如 10 日均线、30 日均线、60 日均线、120 日均线和 250 日均线等。

绝地反弹的大阳线指的是在分时走势中，股价下跌后快速大幅度拉升，并最终收出大阳线，这样的走势很好地显示出了市场势头的转变，一般都是一个准确的短线看涨信号，短线投资者可以积极关注。

实例分析

未名医药（002581），绝地反弹的大阳线

图 2-5 所示为未名医药 2020 年 1 月 22 日的分时图。

从图中可以看出，该股在当天出现了低开低走的走势，股价当日跌幅近 8.16%，但是好戏还在后面。

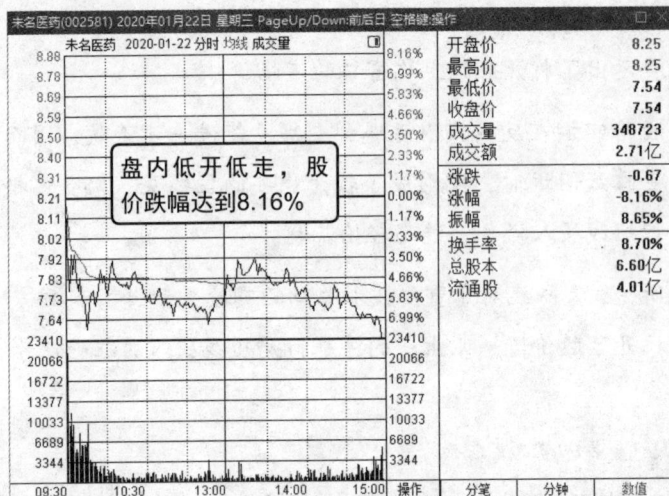

图 2-5　未名医药 2020 年 1 月 22 日的分时图

到了 1 月 23 日，股价出现一根涨幅近 7.82% 的大阳线，出色地完成了"绝地反弹"的任务。该股在后面的表现更加值得称赞，连续 4 日的上涨更加确立了市场反弹上涨的信号，如图 2-6 所示。

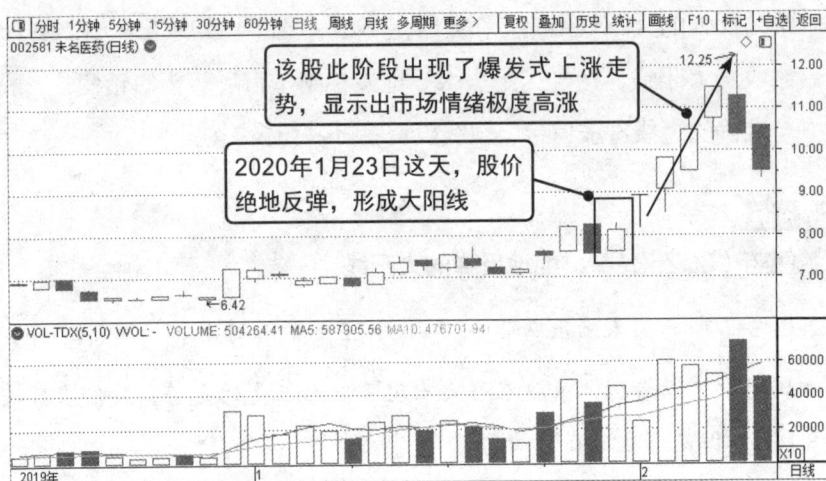

图 2-6　未名医药 2019 年 12 月至 2020 年 2 月的 K 线图

从图中可以看出，该股在此阶段呈现出"疯狂"的单边上涨走势，股价从 8.00 元左右直线上升，一直涨到 12.25 元，区间涨幅超 50%，连续收出两个涨停板。

投资者应该抓住时机，在 1 月 23 日或者是后一两天买入该股，然后即可坐等主力抬轿子把股价一直拉到阶段性高位。

No.002　突破阳线回踩短线买点

股价在重要技术位置的突破是股价走强的准确信号。前面我们讨论了大阳线的突破，这里我们更加专注于一般阳线突破发出的短线买入信号，并抓住几种重要的突破，力求从一般的情况中寻找短线机会。

阳线突破显示的是市场重新汇聚力量向上进攻的信号，一般在突破之后股价都会出现回踩确认，由此形成短线买入机会。下面我们重点推荐两种情况的突破。

- ◆ **前期成交密集区域的突破**：股价以阳线的方式突破前期成交密集区，这样的走势很好地反映了市场的强势特征，可以从中挖掘出极佳的短线机会。
- ◆ **压力线的突破**：股价阳线突破压力线也是市场强势的表现，借助这样的信号，投资者可以寻找良好的短线买入机会。

实例分析

双成药业（002693），阳线突破前期成交密集区域

图 2-7 所示为双成药业 2019 年 11 月至 2020 年 1 月的 K 线图。

从图中可以清楚地看出，该股在此阶段整体处于一轮缓慢上升趋势之中，股价的低点不断抬高。前期的两次冲高回落都形成了密集成交区域，由此构成上升阻力位置，在新一轮的回落后，股价再次强势上涨并逼近前期成交量密集区域，由此拉开新的上涨，形成短线买点。

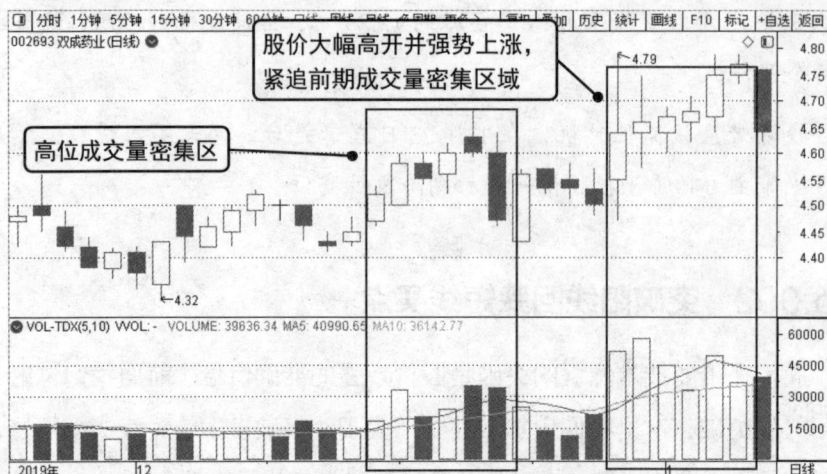

图 2-7　双成药业 2019 年 11 月至 2020 年 1 月的 K 线图

图 2-8 所示为双成药业 2019 年 11 月至 2020 年 2 月的 K 线图。

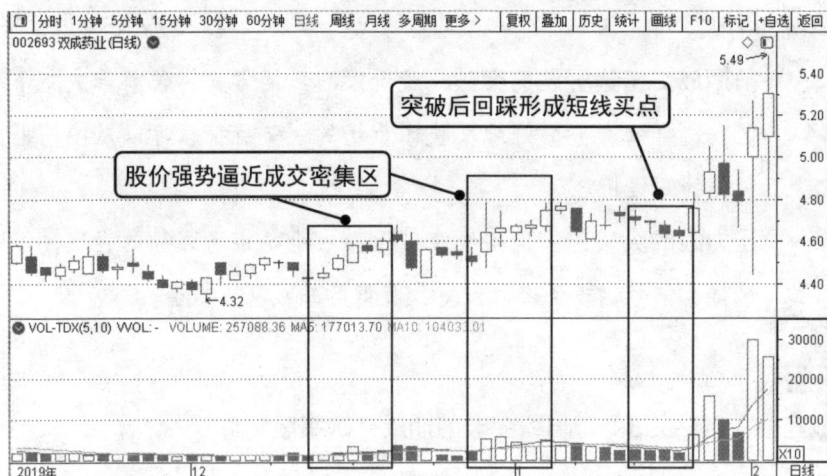

图 2-8　双成药业 2019 年 11 月至 2020 年 2 月的 K 线图

　　从图中可以更加明确地看出，股价在此阶段处于持续上升趋势中，在 K 线持续放量收于阳线时，预示着突破了成交量密集区域的压力，当该股出现小幅度的回踩即形成了最佳短线操盘时机，投资者应该积极跟进抓住赚钱的机会。

No.003　锤子线的反转

锤子线是带有长下影线的小 K 线，常常出现在股价的下降趋势中，不区分阴阳，即阴锤子线和阳锤子线的性质是一样的。锤子线是市场反转的重要信号，在短线操作中锤子线可以很好地发出可信的短线交易信号。特别是在股价急剧下跌的低位区域。

运用锤子线指导短线操作，投资者需要注意以下 3 点。

◆　有效的锤子线一般出现在股价下降趋势的末期。

◆　锤子线不区分阴线和阳线，其下影线越长，就显示市场反转力度越大。

◆　在锤子线出现之后，投资者还需要观察市场的变化，在确定市场真实走强之后就可以进行短线买入。

实例分析

奥赛康（002755），低位锤子线发出买入信号

图 2-9 所示为奥赛康 2020 年 2 月至 4 月的 K 线图。

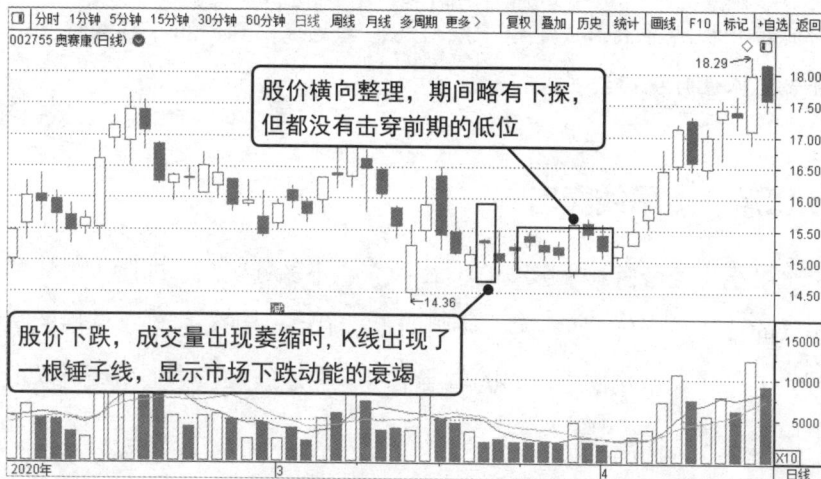

图 2-9　奥赛康 2020 年 2 月至 4 月的 K 线图

由图中可知，在股价持续下跌成交量表现萎缩时出现了锤子线形态，预示市场将要反转，激进的投资者可逢低买入。

图 2-10 所示为奥赛康 2020 年 2 月至 4 月的 K 线图。

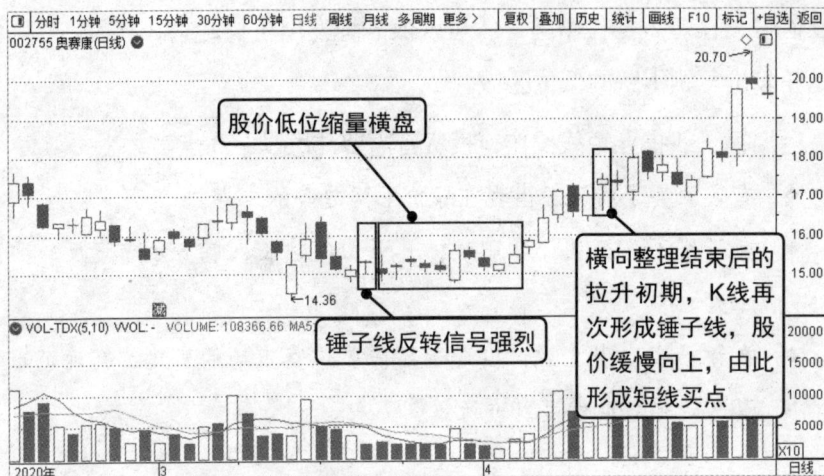

图 2-10　奥赛康 2020 年 2 月至 4 月的 K 线图

由图可知，之后股价在低位进入横盘整理阶段，成交量不断缩量，充分显示出了市场做空动力的逐步衰竭。之后股价渐渐反转，在横盘整理结束后的拉升初期再次形成了锤子线形态，于是可以判断出市场短线上涨，投资者应抓住时机短线买入获利。

No.004　上吊线卖出

上吊线也是带有长下影线的小 K 线，也不区分阴阳，即阴上吊线和阳上吊线的性质是一样的。与锤子线相比，上吊线出现在股价上涨后的高位区域。上吊线是市场向下反转的重要信号，在短线操作中上吊线可以很好地发出卖出信号。

上吊线和锤子线都是市场反转的信号，但是与锤子线向上反转信号相比，上吊线发出的是向下反转的信号。

◆ 上吊线出现在股价上涨后的高位区域。

◆ 上吊线是市场即将向下反转的信号，投资者应该积极进行短线卖出操作。

实例分析

红日药业（300026），上吊线看跌信号

图 2-11 所示为红日药业 2020 年 3 月至 4 月的 K 线图。

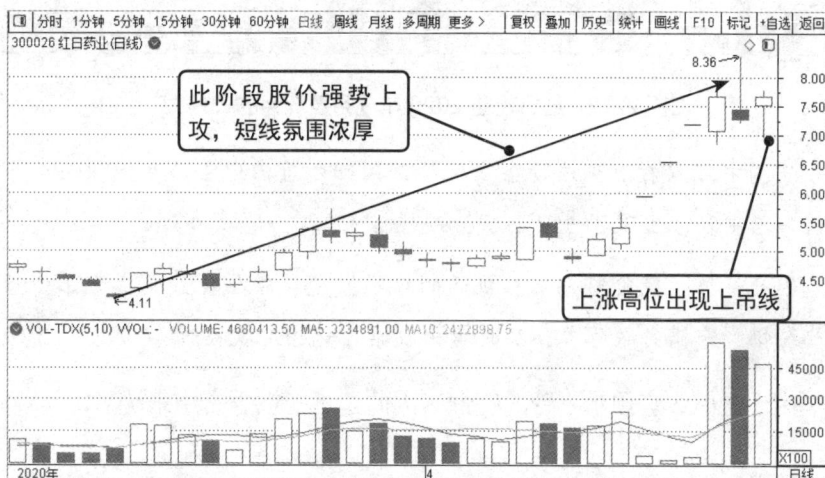

图 2-11　红日药业 2020 年 3 月至 4 月的 K 线图

从图中可以看出，该股在 4.11 元见底后出现了持续上涨的走势，股价从 4.50 元左右开始上涨，并在 4 月下旬出现连续的涨停，股价拉升至 8.00 元左右，涨幅达到 77% 左右，在这一过程中形成了很好的短线机遇，投资者可进行短期获利。

需要注意的是，在股价上涨到高位后出现了带长上影线的阴线，随后 K 线还形成了明显的上吊线预示上涨势头减弱，短线投资者应考虑卖出股

票。图 2-12 所示为其后市走势。

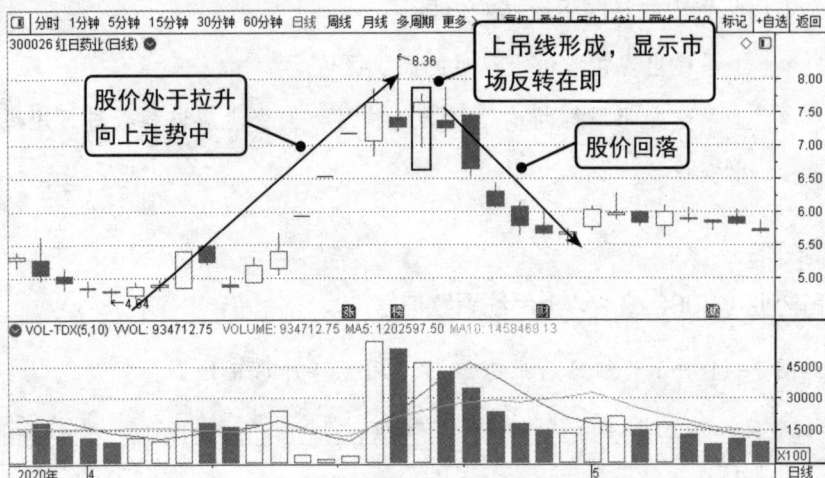

图 2-12　红日药业 2020 年 3 月至 5 月的 K 线图

从图中可以看出，该股在高位构筑顶部之后出现上吊线便扭头向下，股价一路下跌，出现了 5 日连阴，跌幅惊人。

因此，抓住股价前期上涨机遇的短线操盘者应在 K 线形成上吊线后应引起警惕，宁错失勿亏本，及时卖出股票才能锁定收益。

由于上吊线有预示下跌的特性，因此还可能被主力用来洗盘。

实例分析

一品红（300723），主力利用上吊线形态洗盘

图 2-13 所示为一品红 2019 年 11 月至 2020 年 1 月的 K 线图。

由图中可知，12 月初该股在下跌后股价出现了爆发式的上涨，连续收于阳线。之后 K 线在横盘上涨后的高位区域形成了上吊线，是否预示着该股后市将转跌呢？

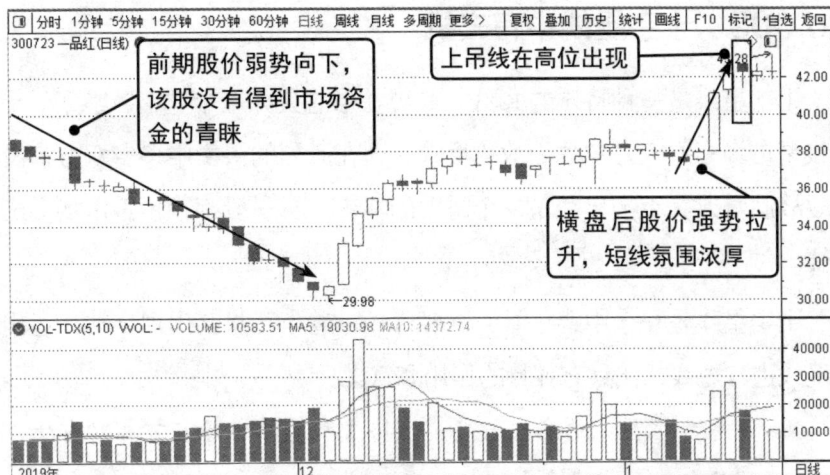

图2-13　一品红2019年11月至2020年1月的K线图

当投资者猜测后市看跌后该股股价果真出现下跌，可不久后又开始了新一轮的反攻，如图2-14所示。

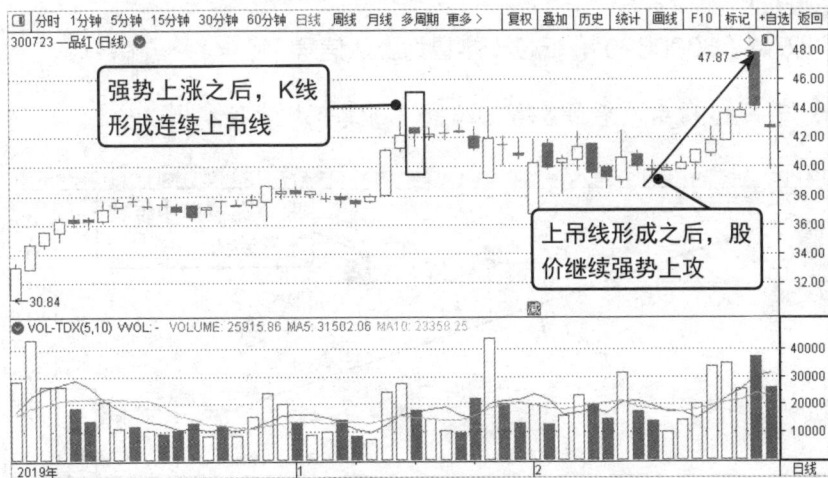

图2-14　一品红2019年12月至2020年2月的K线图

从图中可以看出，该股在强势上涨中形成了上吊线，但是此位置的上吊线实质上是主力的洗盘手段，股价小幅下跌之后又出现锤子线，股价转而继续上攻。由此可见，上吊线可能会被主力利用，借此清洗盘中浮筹。

No.005　十字星线中有玄机

十字星线是一种特殊的 K 线，其外在形态犹如一个"十"字架。十字星线是市场多空双方势均力敌的反映，即在激烈的买卖中多空双方都没能有效战胜对方。十字星线是一个重要的临界点，一般都预示着市场会出现反转。

十字星线是一个中继信号，一般都预示着市场将会出现反转，运用十字星线进行短线操作具有独特的作用和意义。

◆ 注意十字星线的影线长度，上影线长显示市场空方相对占优，下影线长显示市场多方相对占优。

◆ 处于下跌低位的十字星线是反转向上的信号，处于下跌初期的十字星线则是下跌的中继信号。

实例分析

华润双鹤（600062），低位十字星为上涨信号

图 2-15 所示为华润双鹤 2020 年 2 月至 3 月的 K 线图。

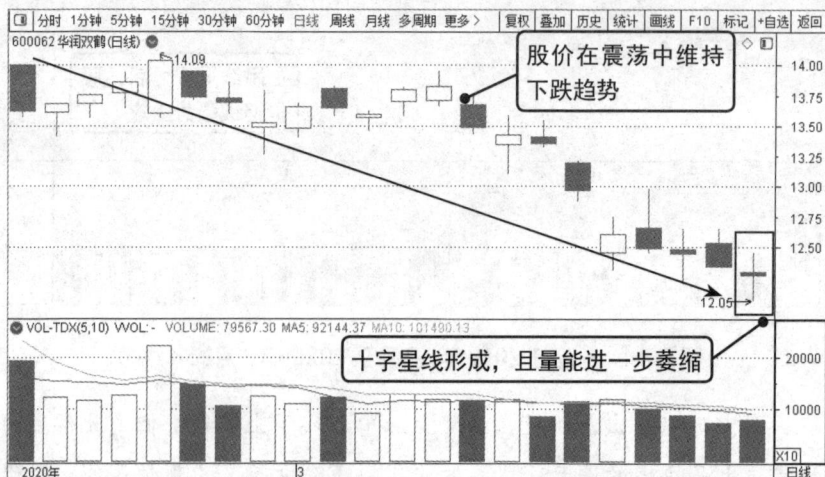

图 2-15　华润双鹤 2020 年 2 月至 3 月的 K 线图

从图中可以看出，该股在整个时间段中处于整体下跌走势之中，股价从 14.09 元下跌到了 12.05 元左右，跌幅超 14%。

股价的下跌伴随着成交量的不断缩小，十字星线的出现预示了市场存在着反转的可能性，给予了短线操盘者赚钱的良机，如图 2-16 所示。

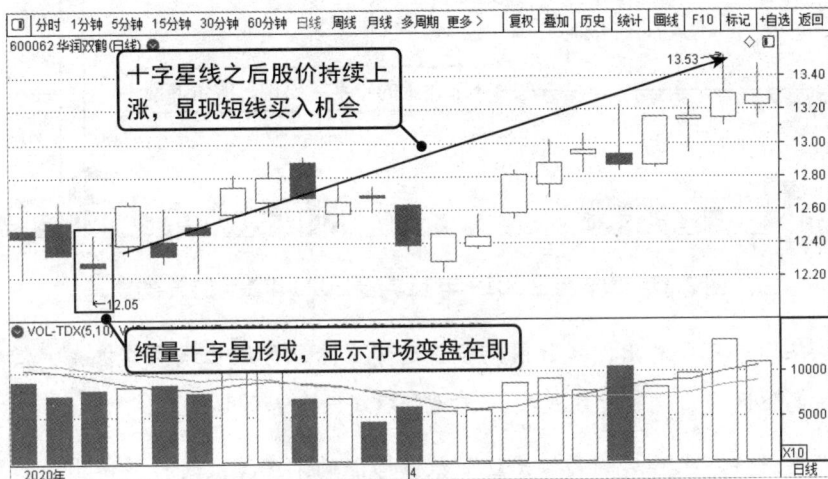

图 2-16　华润双鹤 2020 年 3 月至 4 月的 K 线图

从图中可以看出，该股前期的下跌使得市场中空方力量迅速释放，成交量的不断缩小就是很好的佐证。之后 K 线收出缩量十字星线，接着股价放量强势上攻，又多次收于阳线并出现大阳线，由此形成完美的短线跟进机会，投资者应该把握住这样的机会。

当十字星线出现在股价上涨的高位区域时，预示着股价滞涨，说明市场将转向下跌。

实例分析

康缘药业（600557），高位十字星为反转下跌信号

图 2-17 所示为康缘药业 2019 年 11 月至 2020 年 1 月的 K 线图。

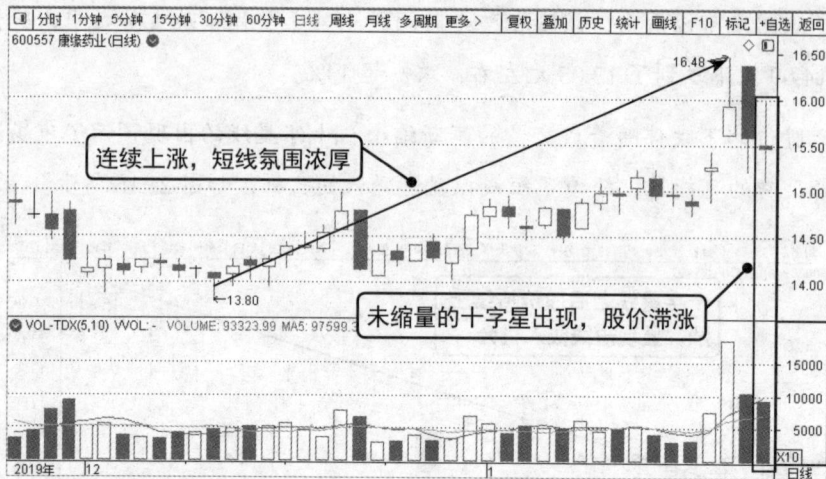

图 2-17　康缘药业 2019 年 11 月至 2020 年 1 月的 K 线图

从图中可以看出，该股前期股价连续上涨，形成短线操作机会，但在相对高位区域出现了十字星线，这就需短线操盘者引起注意。

当股价在上涨后的高位出现了放量滞涨的十字星线时，显示出股价上攻乏力，卖出信号凸显，如图 2-18 所示。

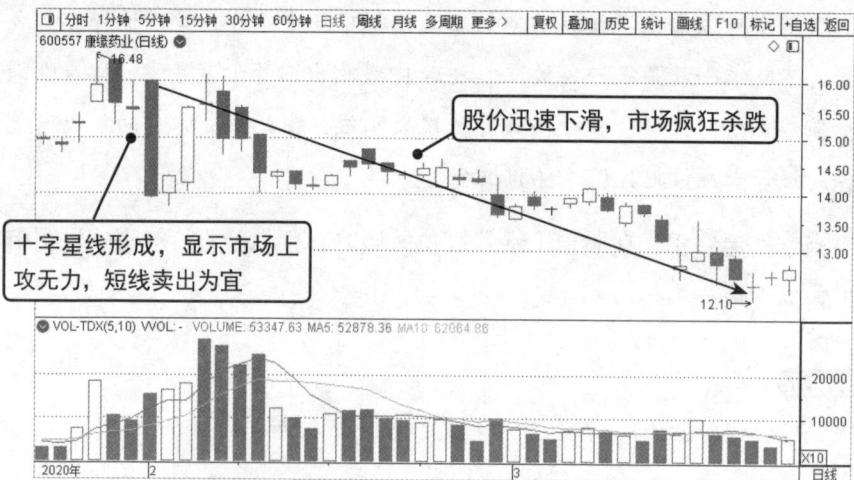

图 2-18　康缘药业 2020 年 1 月至 3 月的 K 线图

从图中可以看出，该股经历了一波上涨行情，给短线操作带来了良好机会，然而在多次出现连续阳线上攻之后，K 线收出十字星线，显示市场上攻乏力，后市下跌风险增加，投资者应该及时卖出股票。

拓展知识 *特殊十字星线和普通十字星线*

如上实例分析中，处于下跌走势之中或者上涨后的高位区域的十字星线都具有重要的市场意义，这一类十字星线就是具有实战价值的特殊十字星线。

当股价在横盘整理走势之中，K 线出现十字星线时，这样的十字星线就不具有实战参考价值，可以称为普通十字星线。

No.006 射击之星短线卖出

射击之星是和十字星相近的 K 线，K 线实体较小，上影线很长，一般都是 K 线实体的两倍以上。射击之星不区分阴阳，出现在股价的上涨趋势之中。射击之星对于短线操作同样具有十分神奇的作用。

射击之星一般出现在股价上涨之后的高位区域，通常发出的都是见顶信号。利用射击之星，投资者可以清晰地判断出短线的卖出位置。

在利用射击之星判断市场走向的时候，投资者应该注意以下 3 个方面的内容，进而达到深刻理解、准确判断的目的。

◆ 射击之星的实体较小，但上影线特别长，显示的是股价上攻受到上方抛压力量的无情打压，最终留下较长的上影线。

◆ 射击之星一般只出现在股价上涨之后的高位区域，显示见顶的信号。但是有时射击之星也出现在下跌走势中，这里的射击之星就失去了判断顶部的意义。

◆ 市场主力可能借助射击之星进行试盘和洗盘。

实例分析

益佰制药（600594），高位射击之星为反转下跌信号

图 2-19 所示为益佰制药 2019 年 12 月至 2020 年 2 月的 K 线图。

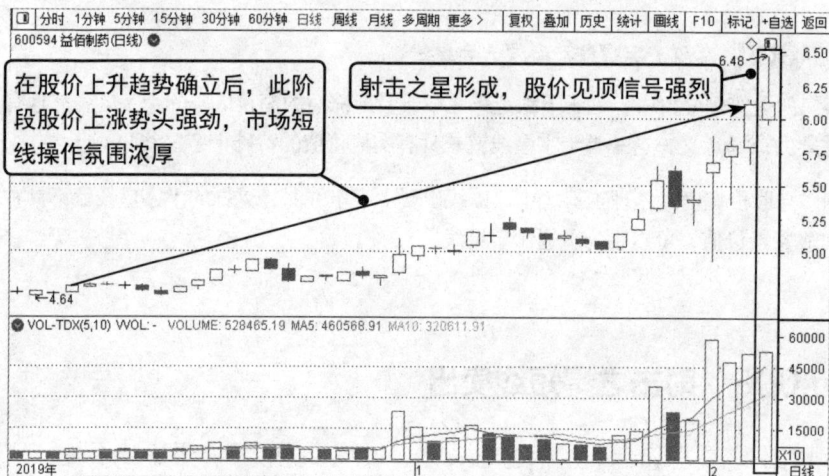

图 2-19　益佰制药 2019 年 12 月至 2020 年 2 月的 K 线图

从图中可以看出，该股股价稳定上升，从 4.64 元直冲 6.48 元，处于强势上涨走势之中，这样的大背景符合短线操作的要求，当股价上涨势头逐步增强时，短线操盘者可大胆购入，斩获利润。

需要注意的是，当 K 线在股价上涨的高位区域形成射击之星时，投资者需考虑这是否是股价见顶的信号。

如图 2-20 所示，该股在上涨的高位区域形成了一根射击之星 K 线，并创出阶段性高位的 6.48 元，当日涨幅为 0.33%，但是盘内振幅达到了 8% 以上，说明股价盘内震荡较大。在上涨高位出现这样的 K 线，不仅显示出了短线的卖出信号，更显示出市场整个趋势的反转。

由此，投资者必须在射击之星出现后果断地将前期短线跟进的筹码卖出，不仅锁定了收益，而且能避免后市的下跌风险。

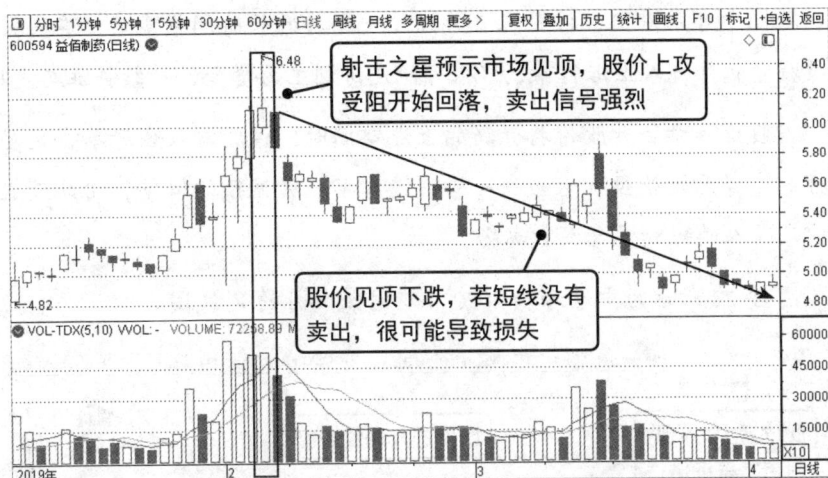

图 2-20　益佰制药 2019 年 12 月至 2020 年 4 月的 K 线图

然而，K 线图中出现射击之星也可能是被主力利用制造出来的洗盘陷阱。

实例分析

中远海能（600026），主力借助射击之星洗盘

图 2-21 所示为中远海能 2020 年 1 月至 3 月的 K 线图。

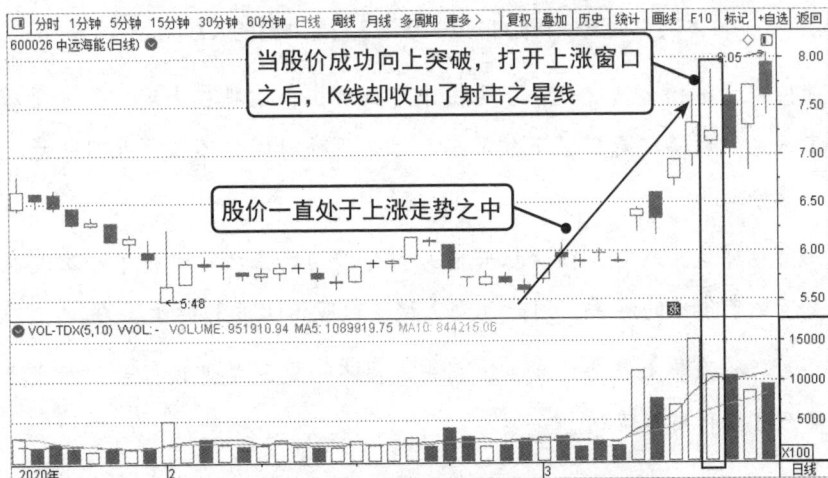

图 2-21　中远海能 2020 年 1 月至 3 月的 K 线图

从图中可以看出，该股在 2 月经过一个月的长时间横盘后，在 3 月上旬被放量拉升进入上涨行情，这很可能是得到主力资金的持续关注与支撑。

当股价放量拉升股价打开新的上涨空间时，该股却收出了射击之星，这样的走势无疑给投资者当头一棒，造成了一种见顶的假象，由此造成众多前期追入的短线资金悉数离场。

图 2-22 所示为中远海能 2020 年 2 月至 4 月的 K 线图。

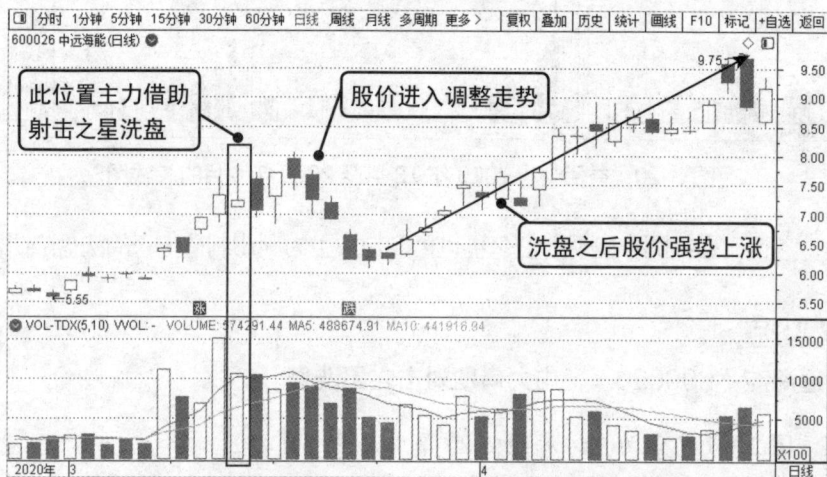

图 2-22 中远海能 2020 年 2 月至 4 月的 K 线图

但究竟是什么情况呢？从上图中可以看出，该股在出现射击之星后产生了一定的动荡，走出了下跌形态，但是下跌时间并不长，几日之后，股价便强势上涨。

由此可见，在股价强势拉升前是主力借助射击之星进行了一次洗盘操作，清洗了市场的浮筹，同时也向上试了试股价上方的抛盘压力。

之后的强势上涨告诉我们，射击之星不一定就是见顶信号，短线操盘时甚至可以利用其获利。

No.007　抱线短线技巧

抱线由两根K线组成，前一根K线实体较短，后一根K线实体较长且完全包裹住前一根K线实体。

第二根K线为阳线则形成阳抱线，第二根K线为阴线则形成阴抱线，这里我们重点分析抱线对于短线操作的意义。

- 阳抱线的第二根K线是一根实体较长的阳线，这样的抱线显示的是积极的看涨信号，特别是短线看涨信号明显，因此短线操作可以在阳抱线出现后大胆展开。

- 阴抱线的第二根K线是一根实体较长的阴线，这样的抱线显示的是看跌信号，因此短线操作者必须快速离场。

实例分析

仁和药业（000650），低位阳抱线为看涨信号

图2-23所示为仁和药业2019年10月至12月的K线图。

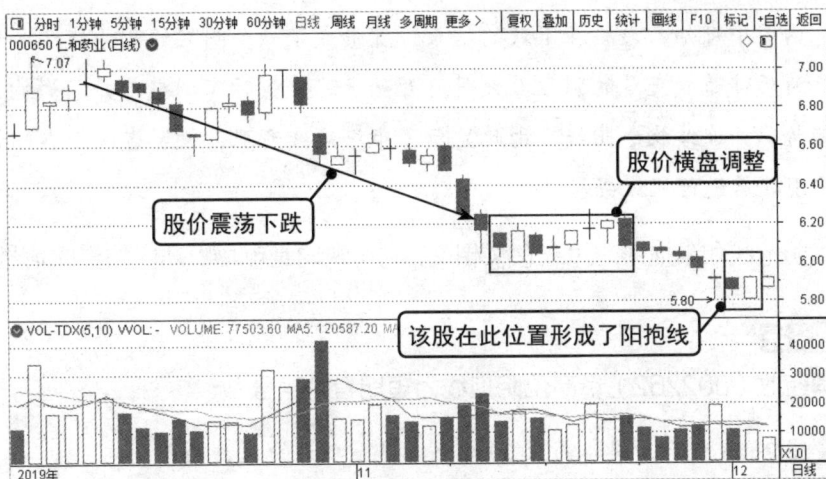

图2-23　仁和药业2019年10月至12月的K线图

从图中可以看出，该股前期出现了震荡下跌，然后在11月中旬出现

了横盘调整，说明市场出现了支撑，但股价横向运行不久后又有一轮缩量下跌，然后在图中矩形区域，K线形成了一个很明显的阳抱线组合形态，由此显示出市场开始活跃，后市看涨，短线买入机会出现。

图2-24所示为仁和药业2019年11月至2020年1月的K线图。

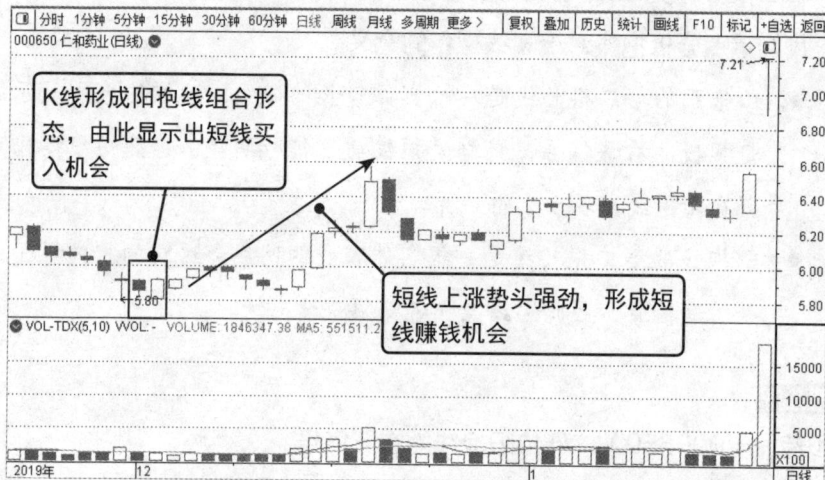

图2-24　仁和药业2019年11月至2020年1月的K线图

由图中可知，该股在下跌的结束位置形成了一个明显的阳抱线组合形态，随后伴随成交量的明显放大股价开始上涨，虽时有调整却并不影响上涨趋势，并连续收于阳线，由此显示了市场短线看涨，投资者可以在阳抱线出现之后进行短线买入。

阴抱线和阳抱线的短线意义相反，它反映的是市场短期内的看跌信号。

实例分析

恩华药业（002262），高位阴抱线为短期看跌信号

图2-25所示为恩华药业2019年6月至9月的K线图。

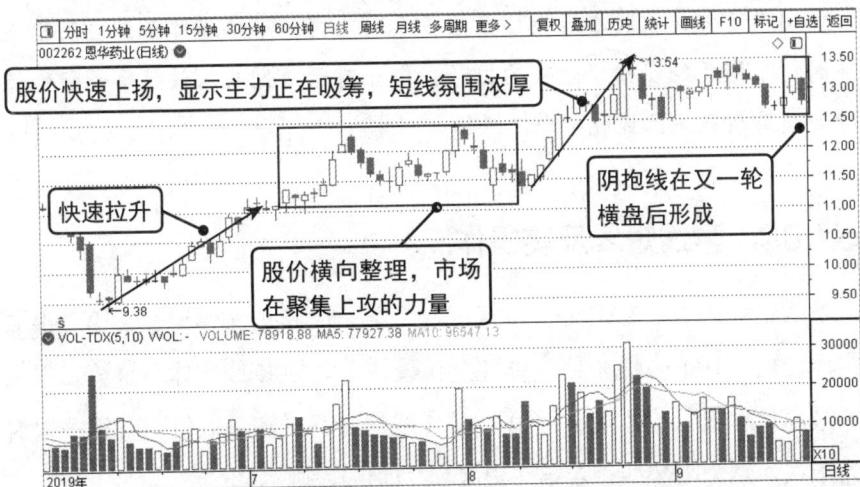

图 2-25　恩华药业 2019 年 6 月至 9 月的 K 线图

从图中可以看出，股价在此阶段中的上扬经历了 4 个步骤，一是低位区的快速拉升，二是观望中的横向整理，三是整理后的加速拉升，四是再一次横向整理。股价运行到第四个步骤缩量的横盘预示了后市疲软，此时又形成了预示股价反转下跌阴抱线，这便是明显的短线卖出信号。

图 2-26 所示为恩华药业 2019 年 8 月至 10 月的 K 线图。

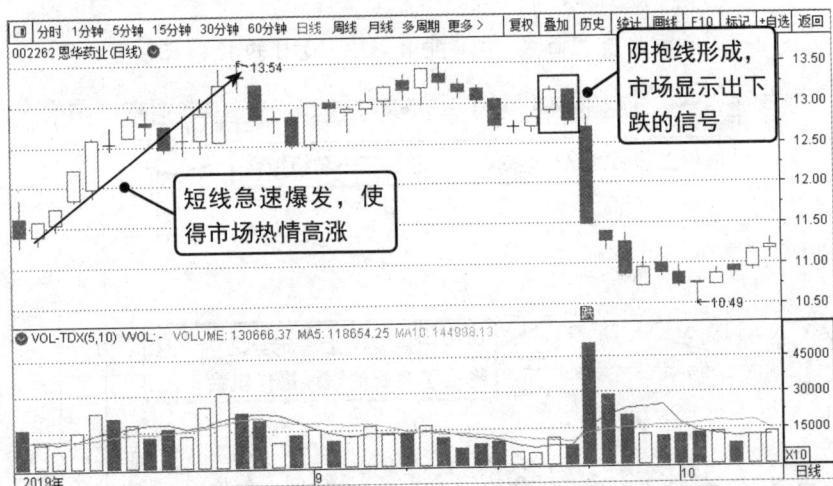

图 2-26　恩华药业 2019 年 8 月至 10 月的 K 线图

由图中可知，该股在后期横盘后多方动力得到了快速释放，当阴抱线出现时，市场已经发出了看跌的信号，由此对于前期买入该股票的短线操盘者必须果断在此位置进行卖出操作。

No.008 孕线短线反转操作

孕线是和抱线形态相反的K线组合，第一根K线实体较长，第二根K线实体较短，且第一根K线实体完全包裹住第二根K线实体，且第二根K线的最高价和最低价不能超过第一根K线的最高价和最低价。若第一根K线为阳线，则为阳孕线；若第一根K线为阴线，则为阴孕线。

- 当阳孕线出现在股价上涨后的高位区域时，显示的是短线看跌信号，因此投资者要卖出股票。
- 当阴孕线出现在股价下跌后的低位区域时，显示的是见底信号，因此投资者可以进行短线买入操作。

实例分析

贵州百灵（002424），高位阳孕线为短期看跌信号

图2-27所示为贵州百灵2019年8月至10月的K线图。

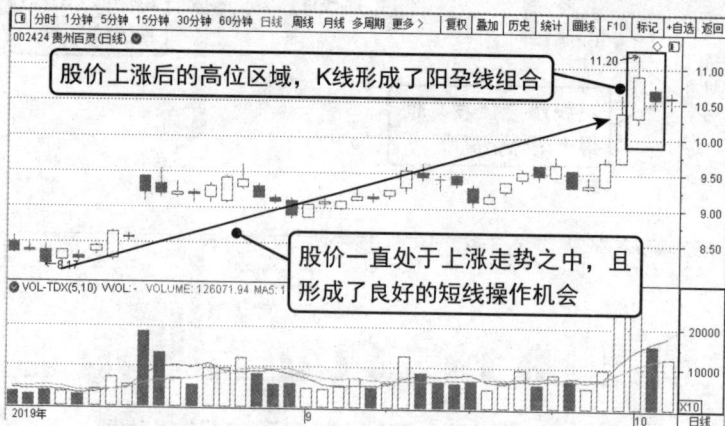

图2-27 贵州百灵2019年8月至10月的K线图

从图中可以看出，该股在此阶段中始终处于上涨走势之中，股价不断上涨并连续收于阳线，出现了短线操作的良好机会，投资者需及时建仓。

然而在股价上涨后的高位区域，即图中矩形区域，K线形成了阳孕线组合，这显示出市场顶部出现，需要引起投资者警惕。

图2-28所示为贵州百灵2019年9月至11月的K线图。

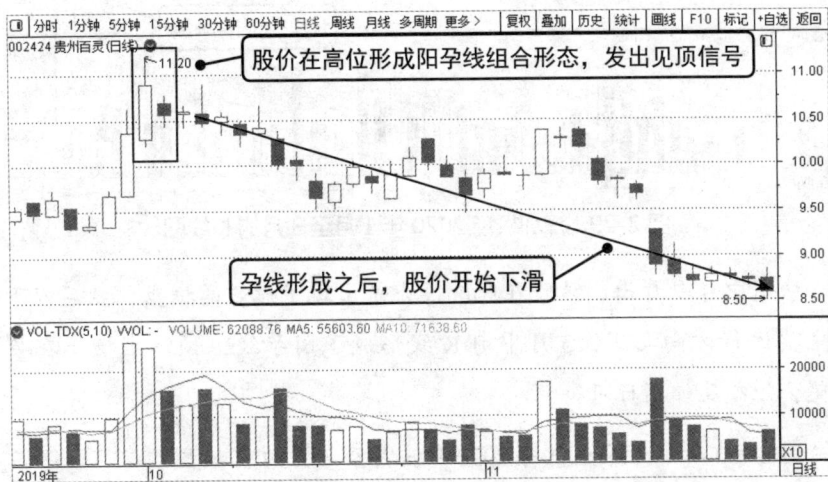

图2-28 贵州百灵2019年9月至11月的K线图

由图中可知，该股前期经历了不小的上涨，在上涨走势中也出现了短线操作的机会。当K线在高位形成阳孕线之后，预示着市场方向将反转向下，由此前期买入的短线筹码必须全部清仓卖出，以锁定盈利。

与阳孕线相反，阴孕线出现在股价下跌后的低位区域，显示见底信号。

实例分析

深圳机场（000089），低位阴孕线为短期看涨信号

图2-29所示为深圳机场2020年1月至3月的K线图。

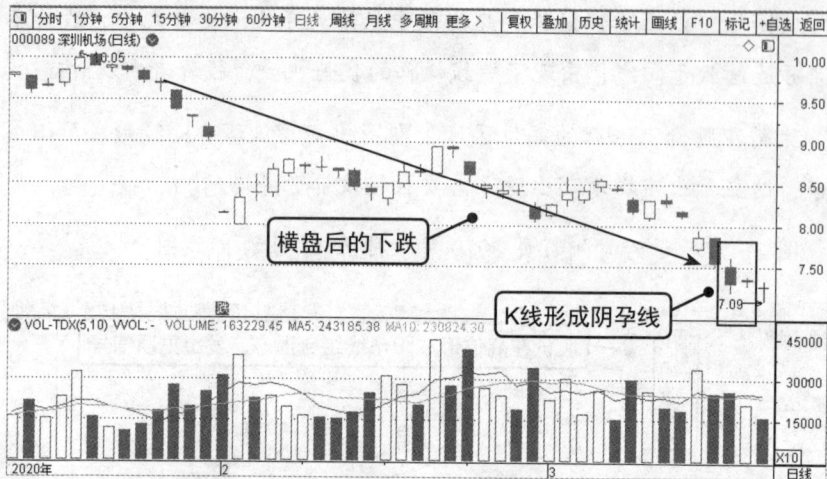

图 2-29　深圳机场 2020 年 1 月至 3 月的 K 线图

从图中可以看出，该股在此阶段先是出现了短暂的横盘，然后以下跌为主要运行方向向下，3 月中旬 K 线形成了阴孕线，预示市场正在孕育希望，短线反弹指日可待。

图 2-30 所示为深圳机场 2020 年 3 月至 5 月的 K 线图。

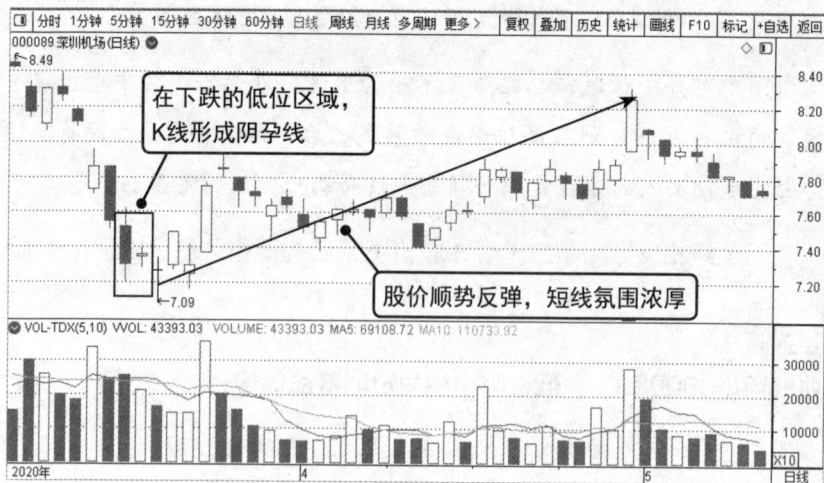

图 2-30　深圳机场 2020 年 3 月至 5 月的 K 线图

由图中可知，在股价下跌后的低位区域，阴孕线成功地发出了短线反转的信号，尽管在阴孕线出现后又出现一波横向整理，但很快便企稳回升。

而且在回升期间，成交量出现明显的放大，由此更增加了短线反转的可信度，短线投资者依据这样的信号可以进行准确的短线买入操作，以此斩获利润。

拓展知识 *孕线中第二根 K 线的阴阳*

前面我们只强调了孕线中第一根 K 线的阴阳性质，并没有强调第二根 K 线的阴阳性质，其实在孕线中第二根 K 线可为阴线也可为阳线，也就是说，第二根 K 线的阴阳不影响孕线的整体市场意义，同时对阴孕线和阳孕线的判定也没有任何影响。

No.009　双针探底之短线抄底

双针探底由两根都带有较长下影线的 K 线组成，且这两根 K 线的下影线位置相同或者相近。双针探底 K 线组合是一个比较常见的底部 K 线组合，当这样的底部 K 线组合形成时，股价短线反转上涨的概率极大。

双针探底的操作意义如下。

◆ 双针探底 K 线组合是很重要的底部反转组合，短线操作的买点在双针探底之后是显而易见的。

◆ 双针探底的前提是出现在股价的下行途中，其关键是股价的最低价位基本相同，显示出市场下方对于股价强有力的支撑。

实例分析

天音控股（000829），下跌末期双针探底为短期看涨信号

图 2-31 所示为天音控股 2019 年 4 月至 8 月的 K 线图。

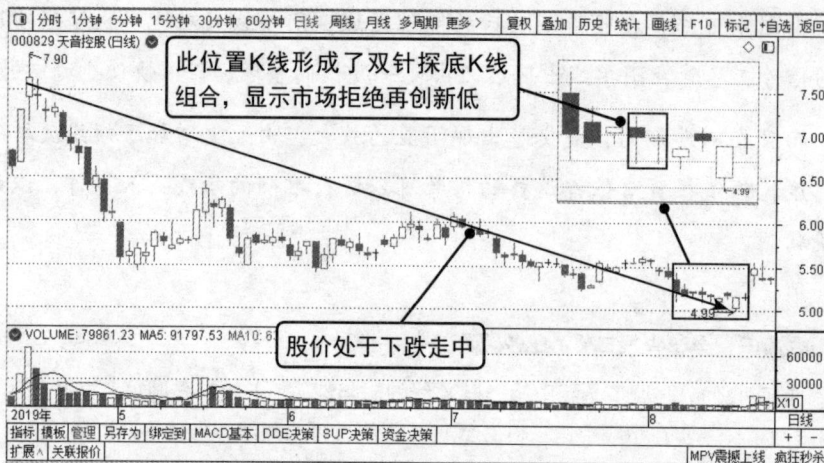

此位置K线形成了双针探底K线组合，显示市场拒绝再创新低

股价处于下跌走中

图 2-31　天音控股 2019 年 4 月至 8 月的 K 线图

从图中可以看出，股价整体上始终处于下跌走势之中，说明市场资金在不断外流，但是成交量的不断缩小也反映出市场抛压在减轻。

当股价下滑到 5.2 元左右时，K 线形成了双针探底的组合形态，即图中矩形区域所示，双针探底组合的出现显示了市场拒绝再创新低，由此显示市场下方支撑明显，发出短线看涨买入信号。其后市走势如图 2-32 所示。

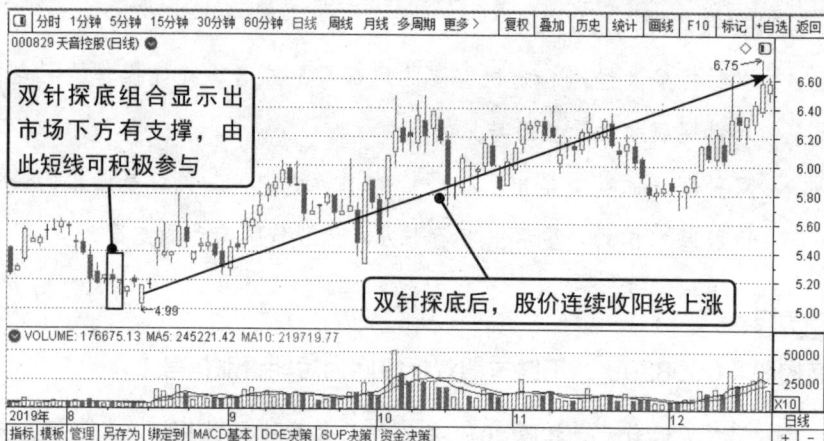

双针探底组合显示出市场下方有支撑，由此短线可积极参与

双针探底后，股价连续收阳线上涨

图 2-32　天音控股 2019 年 7 月至 12 月的 K 线图

从图中可以看出，在大幅下跌的低位出现双针探底形态后，该股短暂横盘4个交易日后便出现跳空向上放量拉高股价的走势，随后股价反转向上步入良好的上涨趋势中。因此，当双针探底组合形成后，市场显示出了强势的反弹信号，短线投资者可果断进行买入。

双针探底也可能存在于强势股的上涨途中，这是股价中途整理的写照。

实例分析

天山股份（000877），强势股上涨途中双针探底为短期看涨信号

图2-33所示为天山股份2020年2月至3月的K线图。

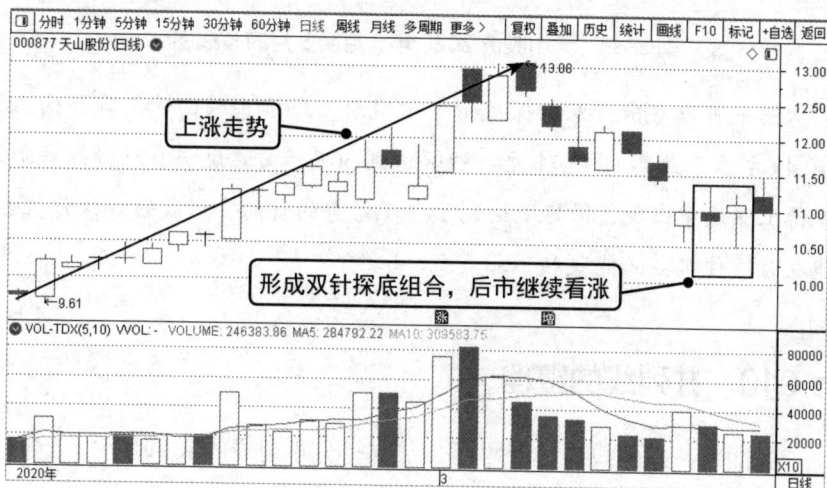

图2-33 天山股份2020年2月至3月的K线图

从图中可以看出，该股前期处于上涨趋势中，股价涨至13.08元止涨下跌回调。3月中旬股价跌至11元附近止跌横盘，K线形成双针探底形态，说明股价回调结束，后市继续看涨。根据这些信号短线投资者可及时购入该股斩获利润，后市走势如图2-34所示。

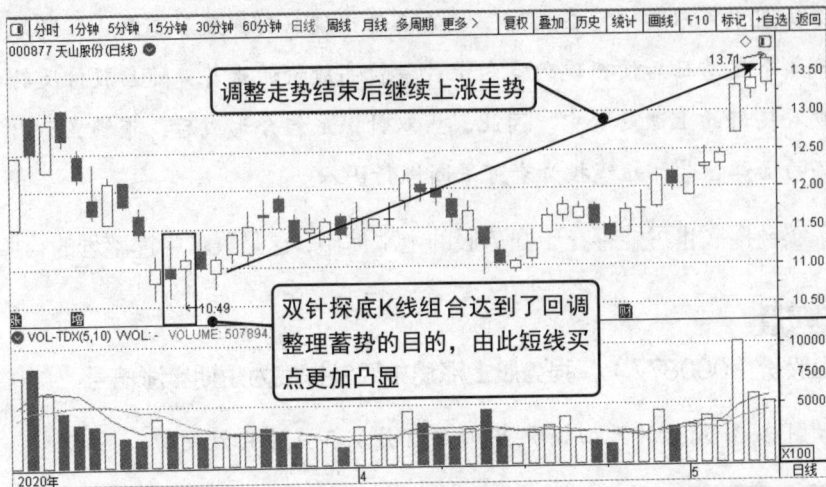

图 2-34 天山股份 2020 年 3 月至 5 月的 K 线图

从图中可以看出，双针探底形态出现后，股价止跌回升，震荡向上，从 10.49 元涨至最高的 13.71 元、涨幅达到 30%。由此说明，双针探底形态在股价上涨途中出现，很好地达到了整理蓄势的目的，形成短线操作机会。若能及时抓住机会必能获利不菲。

No.010　并列线的整理

一般而言，并列线都是由两根 K 线并排分布组成的 K 线组合，这两根 K 线不区分阴线和阳线，只需两者实体并排分布即可。特殊的并列线由多根 K 线组合而成，这些 K 线同样不分阴线和阳线。股价突破并列线是短线上涨的信号。

- ◆ 并列线可以出现在任何位置，并且所处的位置并不影响并列线的意义，只有当股价向上脱离并列线或者向下摆脱并列线时才有明确的市场意义。

- ◆ 股价向上脱离并列线是短线走强的信号，股价向下摆脱并列线是短线弱势向下的信号。

实例分析

亿帆医药（002019），股价突破并列线为短期看涨信号

图 2-35 所示为亿帆医药 2019 年 6 月至 8 月的 K 线图。

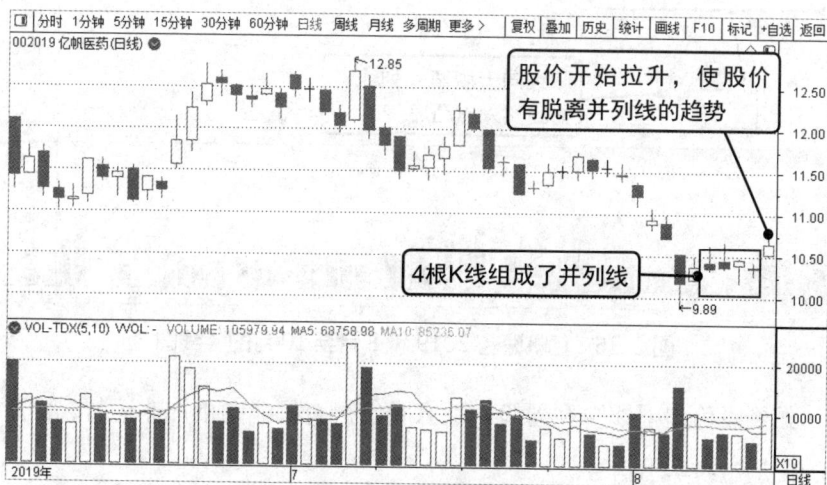

图 2-35　亿帆医药 2019 年 6 月至 8 月的 K 线图

从图中可以看出，在股价下探到 9.89 元左右后，该股止跌开始出现横盘调整，随后 K 线形成了并列线。

之后股价开始向上拉升有脱离并列线整理的趋势，显示出市场步入强势，预示着短线上攻窗口即将打开。

图 2-36 所示为亿帆医药 2019 年 8 月至 10 月的 K 线图。

由图中可知，下跌低位时股价形成并列线整理态势，之后股价向上脱离并列线，由此打开短线加速上涨的窗口，从 10.50 元左右上涨至 13.00 元左右形成一波加速拉升之后又形成短暂回落，创造出良好的短线买入机会。

随后该股呈现出极其强势的上攻走势，股价从 13.00 元左右再次上涨到 14.56 元附近。

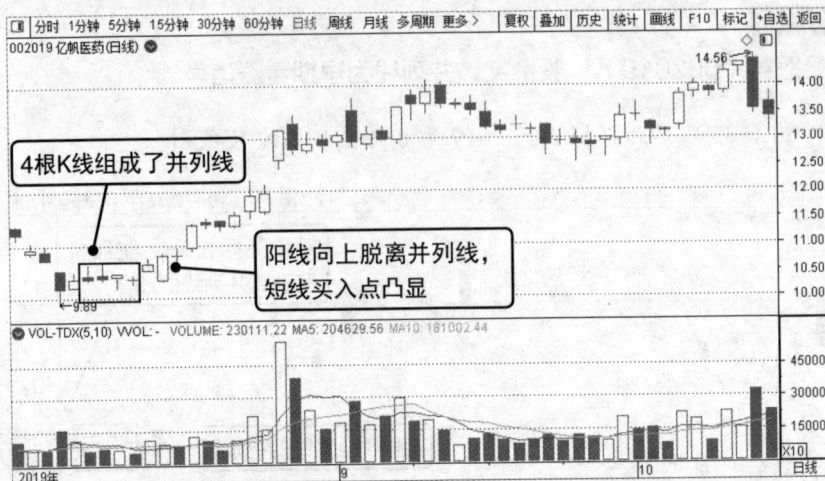

图 2-36　亿帆医药 2019 年 8 月至 10 月的 K 线图

如果股价向下摆脱并列线，那么股价很有可能向下加速运行，由此发出的便是短线卖出信号。

实例分析

紫鑫药业（002118），股价向下摆脱并列线为短期看跌信号

图 2-37 所示为紫鑫药业 2020 年 2 月至 3 月的 K 线图。

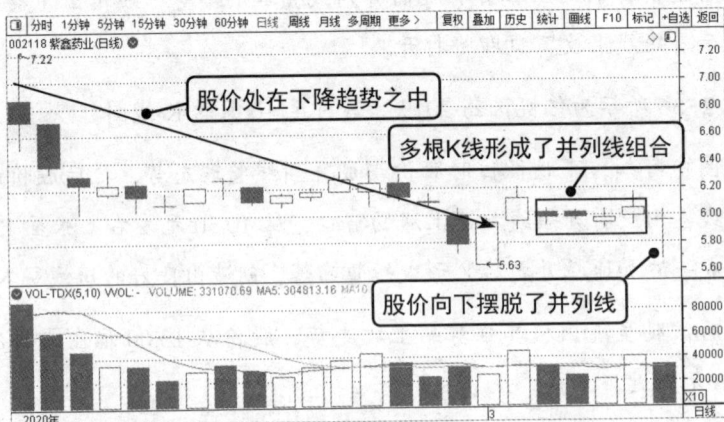

图 2-37　紫鑫药业 2020 年 2 月至 3 月的 K 线图

从图中可以看出，该股处于下降趋势之中，在股价下跌到 6.00 元附近时，K 线形成了一串并列线，但是这样的并列线只是下跌途中的中继平台，且之后股价击穿了并列线，由此短线继续看跌。

图 2-38 所示为紫鑫药业 2020 年 2 月至 5 月的 K 线图。

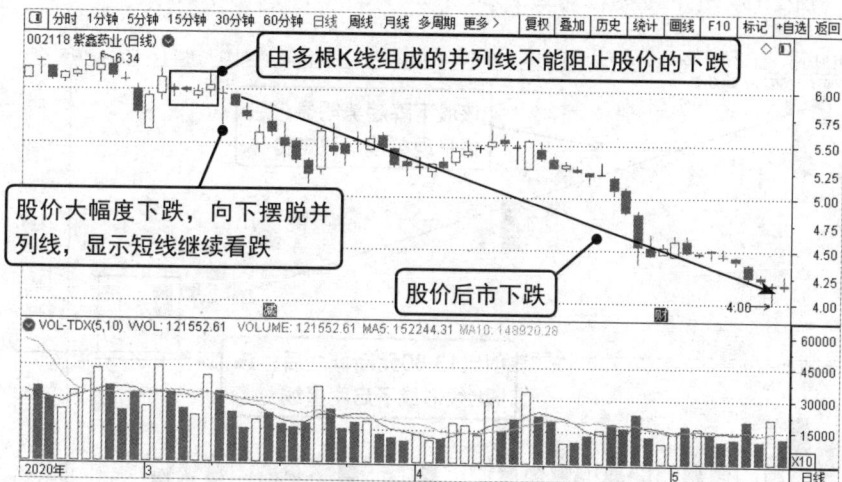

图 2-38　紫鑫药业 2020 年 2 月至 5 月的 K 线图

由图中可知，K 线收出十字线使得股价向下摆脱了并列线，该股整体下降的趋势并没有被改变，股价在下降趋势中不断创出新的低点，可见之前出现的并列线是一个看跌信号，短线操盘者若不及时止损很可能被套牢。

No.011　启明星线势头转变

启明星线由 3 根 K 线组成，标准的启明星线的第一根 K 线为中或大阴线，第二根 K 线为跳空低开的小 K 线，第三根 K 线是一根中或大阳线，阳线的实体已经深入或者完全超过第一根阴线的实体。

启明星线常常出现在股价的下跌行情末期，一般都是股价短期反转的准确信号。启明星线的短线看涨氛围浓厚，投资者可以在第三根 K 线，即中阳线或大阳线形成的当天或者之后强势上攻时短线买入。

实例分析

葵花药业（002737），低位出现启明星组合短期看涨

图 2-39 所示为葵花药业 2020 年 2 月至 3 月的 K 线图。

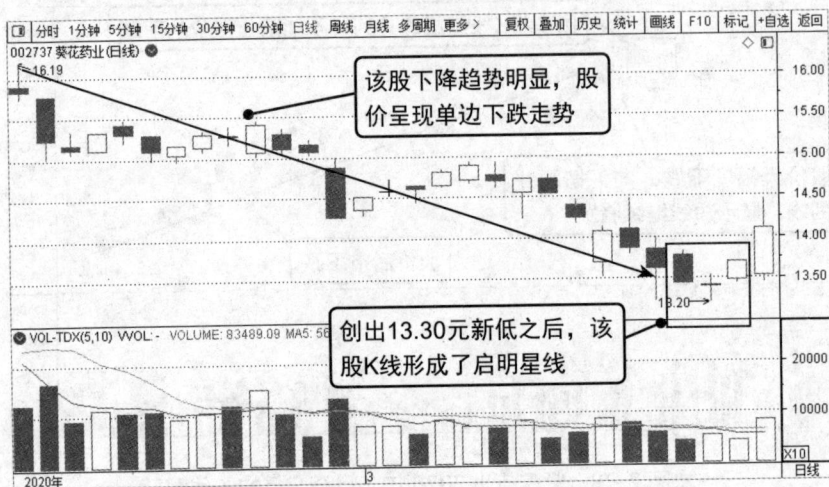

图 2-39　葵花药业 2020 年 2 月至 3 月的 K 线图

从图中可以看出，该股在此阶段中处于单边快速下跌走势之中，股价从 16.00 元左右直线下跌到了 13.50 元附近。

在股价跳空低开创出 13.20 元的新低之后，立即被拉起，K 线形成了明显的启明星线，由此显示出股价的短线上涨欲望，短线买入机会出现。

图 2-40 所示为葵花药业 2020 年 3 月至 5 月的 K 线图。

从图中可以看出，股价在启明星线位置出现了反弹，下一个交易日股价收出大阳线，单日涨幅为 2.92%，从成交量上可以看到当日的成交量相对于前几日有所放大，由此验证前期短线买入位置的判断。

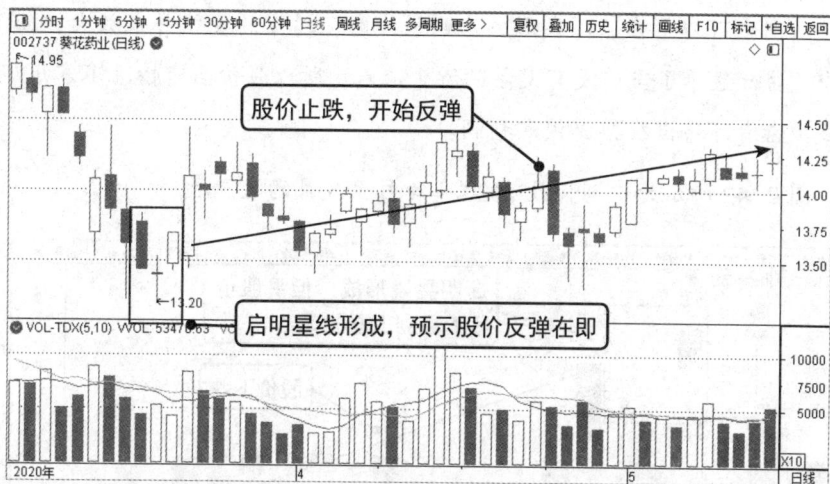

图 2-40　葵花药业 2020 年 3 月至 5 月的 K 线图

　　启明星线可以发出短线买入的信号，但并不是说启明星线就一定是股价见底回升的信号。

实例分析

中洲控股（000042），启明星组合需要配合成交量放大

　　图 2-41 所示为中洲控股 2020 年 3 月至 4 月的 K 线图。

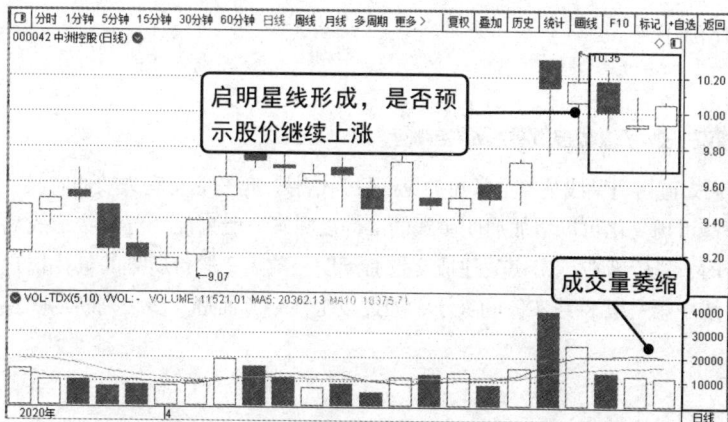

图 2-41　中洲控股 2020 年 3 月至 4 月的 K 线图

从图中可以看出，K线形成启明星线时，对应的量能并未放大，而是缩小，这就显示了当前没有大量的资金流入，所以股价后市情况不容乐观，短线操盘者可售出股票以锁定利润。

图2-42所示为中洲控股2020年4月至5月的K线图。

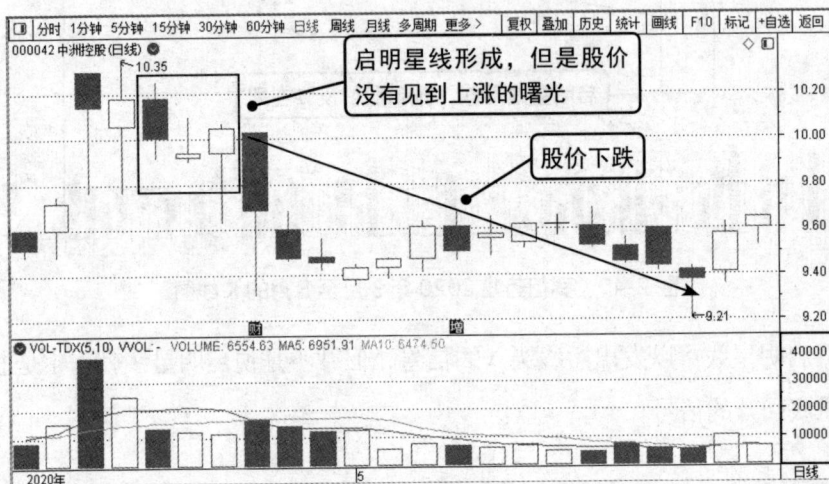

图2-42 中洲控股2020年4月至5月的K线图

由图中可知，该股并没有因为启明星线的形成而形成强势上涨，反而连续下跌，萎缩的成交量说明盘内量能并未积聚，因此启明星组合的预示失败，股价下跌。

拓展知识 *如何增加启明星线的准确度*

我们知道启明星线是一个常见的见底反弹信号，但是它也有失效的时候，那么抓住哪些市场变化可以增加启明星线的准确度呢？一般来说，当K线形成启明星线组合时，投资者应该密切关注成交量有无明显放大、股价所处的具体位置以及启明星线中第三根K线实体的大小，通过以上几个方面进一步去判断启明星线的准确度。

No.012 三川线短线强势

短线强势看涨的三川线由三根K线组成，第一根和第三根K线为阳线，第二根K线一般为阴线，其中第三根K线的实体一般都超过了前面两根K线的实体，显示出短线上攻的态势。

短线强势看涨的三川线一般处于股价的上涨阶段，当这样的K线组合出现时，投资者可以大胆进行短线买入。

实例分析

山河药辅（300452），三川线组合短期看涨

图2-43所示为山河药辅2020年2月至3月的K线图。

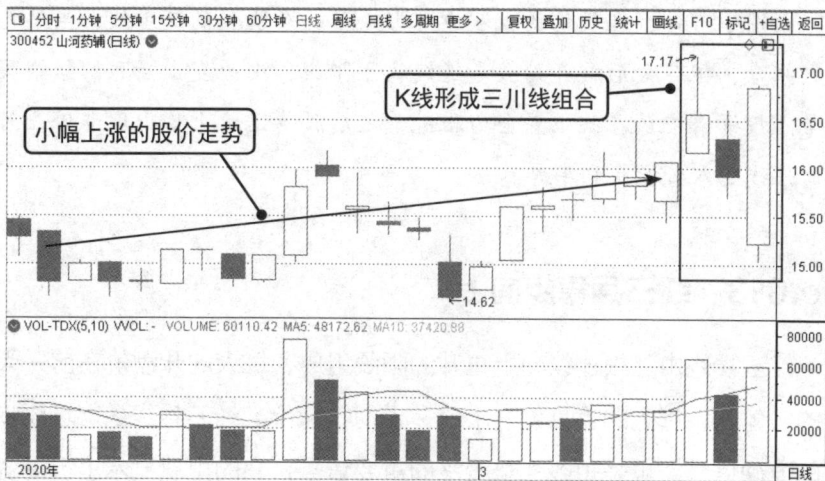

图2-43　山河药辅2020年2月至3月的K线图

从图中可以看出，该股整体上处于持续上涨的走势之中，K线形成了明显的三川线。

图2-44所示为山河药辅2020年2月至4月的K线图。

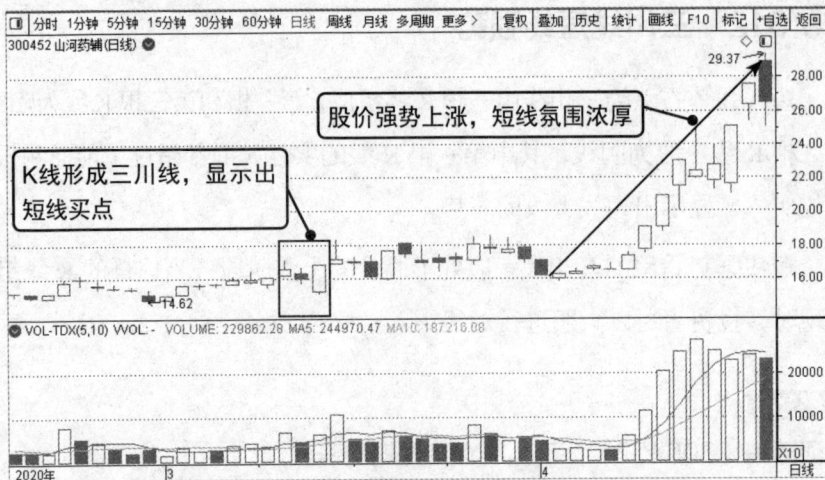

图2-44　山河药辅2020年2月至4月的K线图

由图中可知，在股价的上涨途中形成了一个明显的三川线，虽然之后继续横盘，但不久后就开始放量连续收于阳线，由此发出强烈的短线买入信号。投资者应该在此位置全力跟进，之后股价迅速上攻出现涨停，若能及时短线购入必能获利丰厚。

No.013　红三兵稳步向上

红三兵线由三根连续向上拉升的阳线组成，每天的开盘价在前一天阳线的实体内，每天的收盘价高于前一天的收盘价。红三兵线是市场逐步走强的准确信号，也是短线强势看涨的重要信号，它的出现显示出市场资金的持续流入，投资者应该追随主力快速进行短线建仓。

实例分析

三德科技（300515），红三兵组合短期看涨

图2-45所示为三德科技2019年7月至2020年2月的K线图。

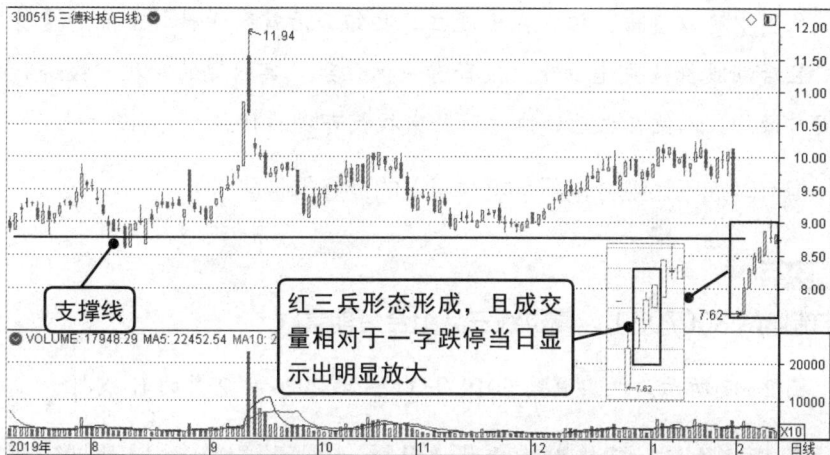

图2-45　三德科技2019年7月至2020年2月的K线图

从图中可以看出，该股前期经历了长时间的横盘震荡走势，在横盘阶段，股价始终受到9元价位线的支撑。受疫情影响，2020年春节休市至2月2日，2月3日照常开市。在开市当日，该股一字跌停跌破前期支撑位，成交量出现地量。次日股价继续低开后持续走高收出大阳线创出7.62元的最低价。随后该股连续多日收出阳线拉升股价的走势，K线形成红三兵组合，成交量相对于一字跌停当日也出现明显放大，显示股价下跌遇阻，短线强势看涨，短线买点凸显。下面继续观察其后市走势，如图2-46所示。

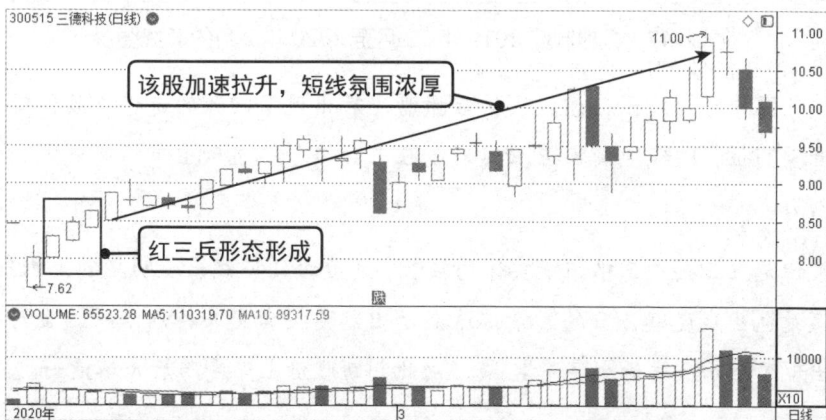

图2-46　三德科技2020年2月至3月的K线图

从图中可以看出，该股在出现红三兵组合后就处于持续上涨的走势之中，且后期股价被快速拉升，投资者应抓住红三兵出现的时机积极进行短线买入操作，以便在之后的快速拉升中收获可观的利润。

但有时红三兵组合也不是短线买入的良好信号。

实例分析

九典制药（300705），高位红三兵组合短期看跌

图 2-47 所示为九典制药 2019 年 11 月至 2020 年 2 月的 K 线图。

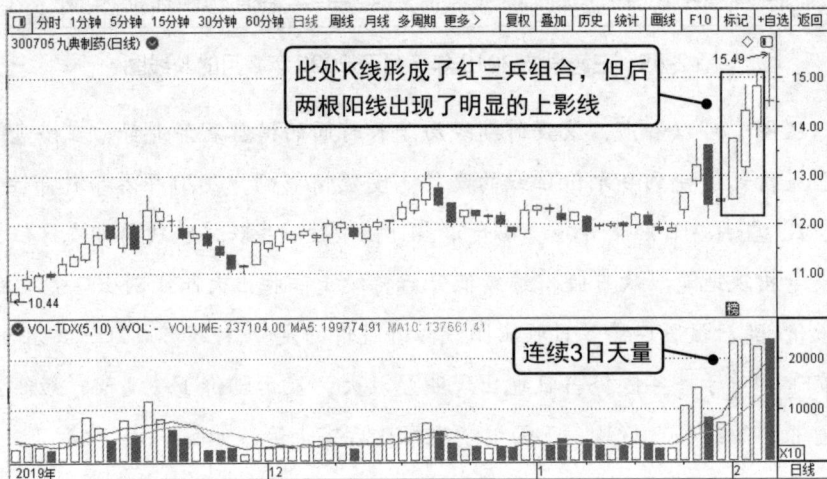

图 2-47　九典制药 2019 年 11 月至 2020 年 2 月的 K 线图

从图中可以看出，该股股价在横盘之后出现了回升的走势将股价继续拉升至高位，K 线连续收出阳线形成红三兵组合，显示出市场有一定的上涨动力。

但是红三兵的三根阳线实体均较长，且后两日 K 线出现明显的上影线，成交量也出现连续 3 日的天量，这显示出盘内买卖交易特别活跃，且后一日出现了预示反转的十字星 K 线，由此判断股价上涨受阻后市不看好。

此位置短线不宜追入，甚至短线操盘者需要抛售股票以锁定收益。

图 2-48 所示为九典制药 2020 年 1 月至 3 月的 K 线图。

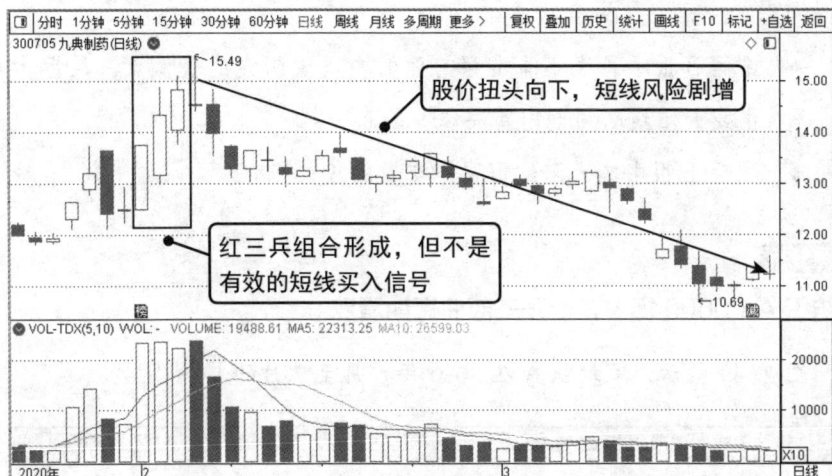

图 2-48　九典制药 2020 年 1 月至 3 月的 K 线图

由图中可知，该股在红三兵组合之后没有继续上涨，反而出现了下跌，由此判断，此处的红三兵不是一个有效的短线看涨信号。

拓展知识　*受阻红三兵组合*

在上面的实例分析中，红三兵组合出现后股价反而下跌，仔细观察红三兵组合可知，此处红三兵组合中的后两根阳线的上影线明显，这显示出股价上方的巨大压力，由此不能作为股价短线看涨的信号。红三兵组合上影线明显，这样的红三兵组合就称为受阻红三兵组合，尤其在股价大幅上涨的高位，其短线看涨的意义会大打折扣，因此不是可靠的短线买入信号。

No.014　上升三部曲赚钱术

一般而言，上升三部曲由五根 K 线组成，第一根为中或大阳线，之后三根为小 K 线，最后一根为中或大阳线。上升三部曲组合出现在股价的上涨行情之后，是市场强势表现的写照。

上升三部曲组合是比较准确的短线买入信号，运用上升三部曲进行短线操作需要注意下面两点。

- ◆ 中间 3 根小 K 线不能击穿前面的中或大阳线的最低点，最后 1 根中或大阳线必须创出新高。

- ◆ 最后 1 根中或大阳线需要成交量的放大配合。

实例分析

深纺织 A（000045），上升三部曲短期看涨

图 2-49 所示为深纺织 A 在 2020 年 6 月至 7 月的 K 线图。

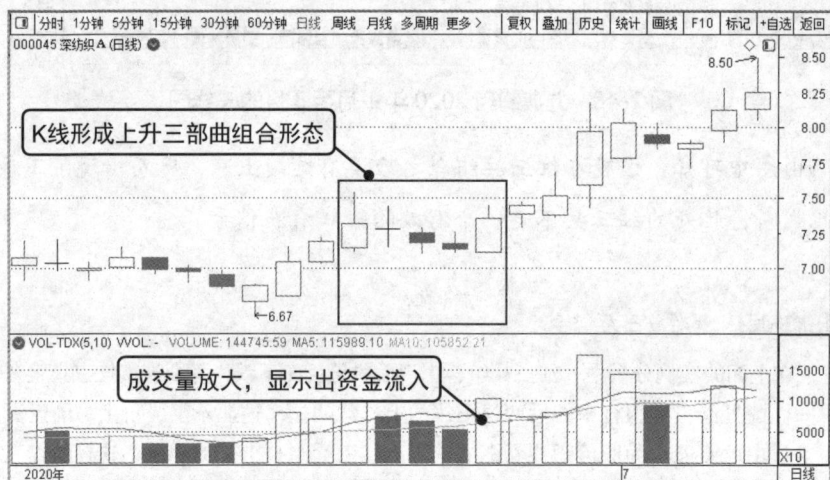

图 2-49　深纺织 A 在 2020 年 6 月至 7 月的 K 线图

从图中可以看出，该股在 6 月中旬创出阶段性的高价后出现整理并带有微幅下调的态势，在连续 3 根阴线下探后的几天 K 线开始形成上升三部曲，显示市场转入强势。

该股在上升三部曲之后出现了逐步增强的上攻行情，由此形成良好的短线操作机会。

第 3 章

技术图形的短线买入细节

技术图形就是K线形态，一般的技术分析都将技术图形作为中长线操盘的工具，但是技术图形中的关键信号也对短线操盘至关重要。在这一章中，我们将利用技术图形去挖掘短线操盘的技巧和细节，进而指导短线实战。

No.001　W 底突破颈线买入

W 底是一种外形和字母"w"相似的 K 线形态，它包括两个位置基本相同的低位，由此形成两个底部，W 底出现在股价下跌之后的低位区域。

W 底是一个十分可信的筑底形态，当股价走势形成了 W 底时，意味着股价后市有一定幅度的上涨。

对于短线操作而言，W 底的形成也提供了绝佳的买入机会，即股价突破 W 底颈线之后的快速拉升阶段。需要注意的是，股价突破 W 底颈线位置后，一般会回踩颈线，这也是一个极佳的短线买入机会。

实例分析

江中药业（600750），W 底短期看涨

图 3-1 所示为江中药业 2020 年 2 月至 4 月的 K 线图。

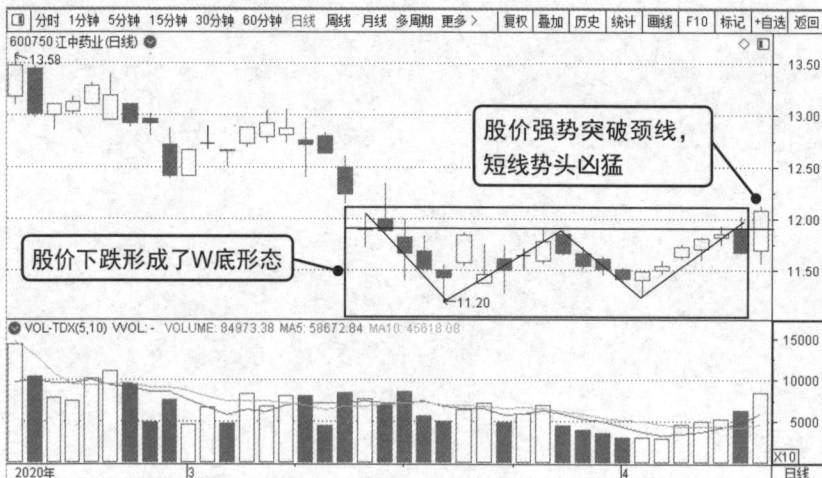

图 3-1　江中药业 2020 年 2 月至 4 月的 K 线图

从图中可以看出，该股持续下跌至 11.20 元时降至最低点，之后股价

上升又再次下跌，然后再上涨形成一个很明显的 W 底形态。

股价形成第二个底部后，便开始了缓慢上涨，当股价逐步接近 W 底的颈线位置时，市场开始积极上攻，K 线放量收出连续大阳线，并一举突破了 W 底的颈线，这样的底部形态出现显示出市场趋势的转变，形成短线买点。

图 3-2 所示为江中药业 2020 年 2 月至 5 月的 K 线图。

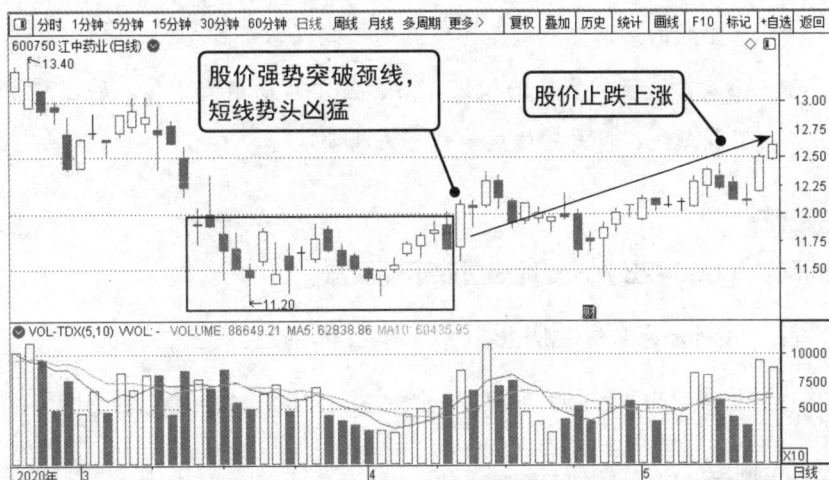

图 3-2　江中药业 2020 年 2 月至 5 月的 K 线图

由图中可知，该股以 W 底形态筑底成功，之后股价出现趋势性的转变。当该股以大阳线突破颈线位置时，市场短线买入点出现，投资者可在 12.00 元附近积极参与短线操作，必能获利不菲。

拓展知识　*W 底突破后回踩*

强势突破 W 底颈线位置，股价可能会出现直线强势上攻，不进行回踩的动作。但是如果突破回踩，这又是一个很好的短线获利机会。上个案例中便可发现，当股价在大阳线突破 W 底后，一段时间内股价经历了上涨后下跌，于前期颈线部位处止跌，再次开始上涨，此时便是突破后的回踩现象，也是短线操作的机会。

No.002 三重底短线诀窍

三重底和 W 底实质上是一样的，只是三重底又多出来一个底部，这个底部一旦确定，股价反转的可能性就会极大地提升。对于短线操作而言，三重底具有独特的判断效果。

三重底不仅仅是股价趋势性的反转形态，同时也是指导短线操作良好的技术形态，在使用时需要把握以下两点。

◆ 三重底的第三个底部是比较好的短线买入位置。

◆ 在股价突破三重底的颈线之后，显示市场信心十足，若出现下跌回踩颈线，就是短线的绝佳买入机会。

实例分析

东阿阿胶（000423），出现三重底短期看涨

图 3-3 所示为东阿阿胶 2020 年 2 月至 4 月的 K 线图。

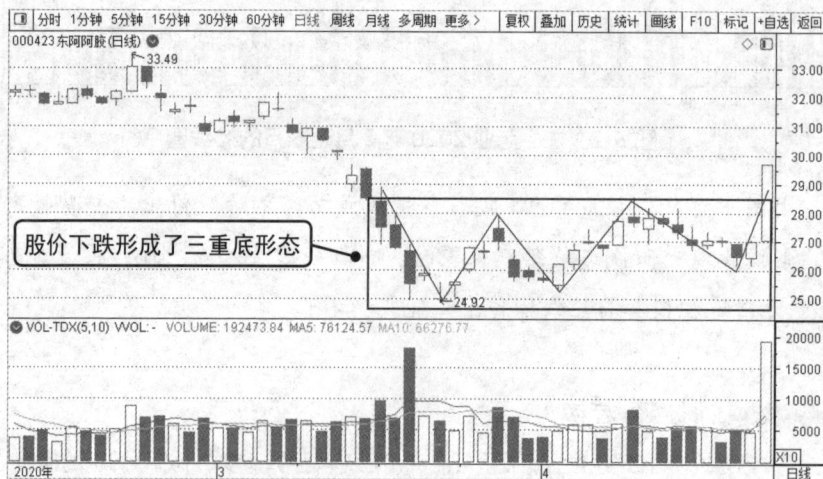

图 3-3　东阿阿胶 2020 年 2 月至 4 月的 K 线图

从上图中的方框区域可以看出，该股在股价下跌后的低位区域形成三重底形态，3 次在 25.00 元附近止跌回升。第三次止跌回升时，这是很好的

短线操盘机会，投资者可以进行适当的短线操作。

图 3-4 所示为东阿阿胶 2020 年 3 月至 5 月的 K 线图。

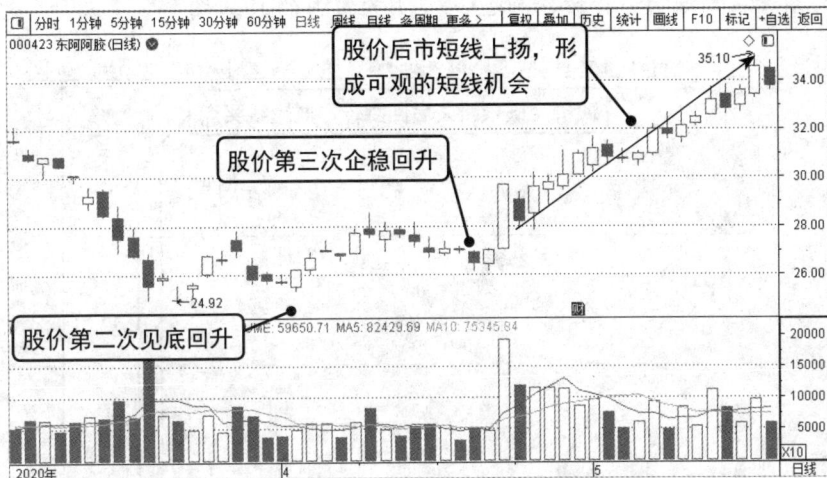

图 3-4　东阿阿胶 2020 年 3 月至 5 月的 K 线图

由图中可知，该股在第三次止跌后形成短线操作机会，股价跳空高开并连续收阳，出现了明显的短线强势走势，股价从 28.00 元飙升至 35.10 元左右，上涨幅度达到了 25%。若能在第三次见底回升时果断购入股票进行短线操作，即可获利不菲。

拓展知识　*第三个底部适当参与即可*

在三重底形态中，当股价第三次止跌反弹时，投资者可以进行适当地参与。参与的理由是：前期的两个低位形成有力支撑，K 线形态有望出现三重底；即使不能形成三重底，股价也是在箱体中运行，其低位支撑一样有效。适当参与的理由是：K 线没有正式形成三重底，股价后市走势不确定性因素存在，由此短线适当参与即可。

股价突破三重底颈线后还可能出现回调低位，这同样是一个不错的短线买点。

实例分析

万泽股份（000534），三重底突破回踩为短期操作信号

图 3-5 所示为万泽股份 2019 年 7 月至 9 月的 K 线图。

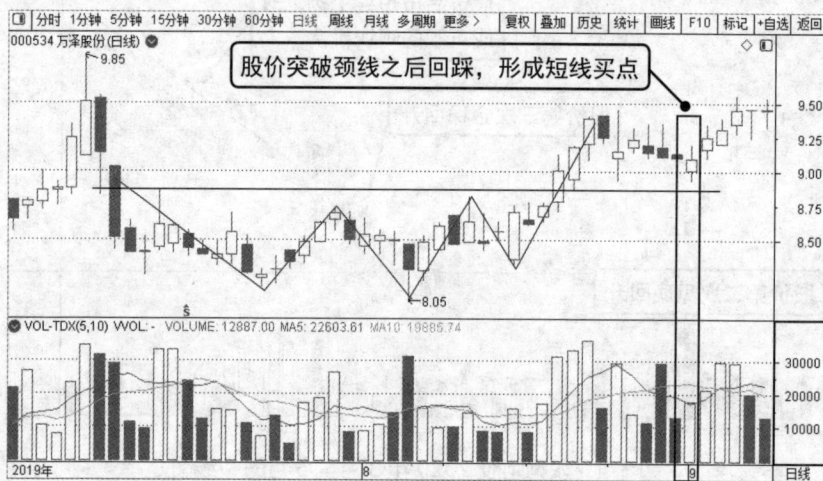

图 3-5　万泽股份 2019 年 7 月至 9 月的 K 线图

由图中可知，该股形成的三重底形态奠定了反转基础，随后股价在持续升高中出现回踩颈线的走势，后市继续看涨，此时即可进行短线买入。

图 3-6 所示为万泽股份 2019 年 6 月至 9 月的 K 线图。

从图中可以看出，K 线在前期形成了很明显的三重底形态。随着第三个底部的形成，股价加快了上涨的速度，并放量突破了颈线。

之后该股出现了下跌回踩颈线的动作，即图中标识位置。当股价下跌回踩颈线后，获得颈线的支撑而走强，同时成交量并没出现明显缩小，说明市场短期看涨，于是短线投资者可以进行操盘以求短期获利。

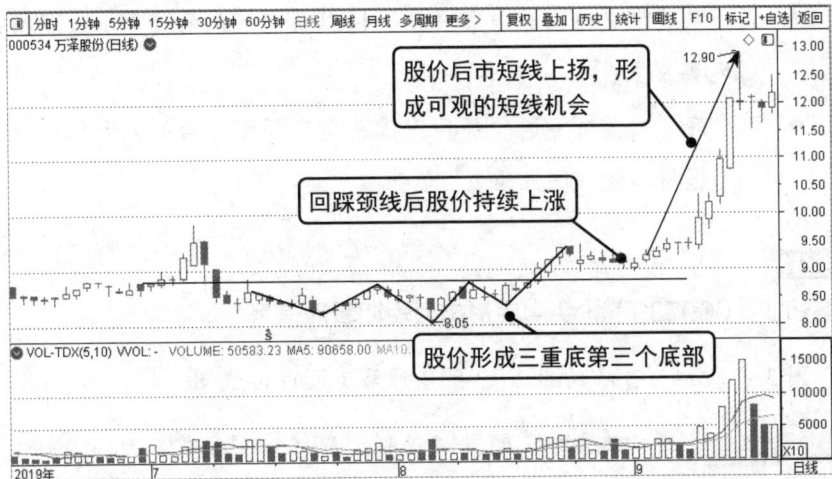

图 3-6　万泽股份 2019 年 6 月至 9 月的 K 线图

拓展知识　*三重底的三个底部*

　　顾名思义，三重底就是由三个底部组成的 K 线形态，这三个底部位置充分显示出了市场下方的强大支撑。三重底的三个底部应基本处于同一水平线上，也可以呈现出逐步抬高的特点，但是第二、第三个底部一般不会击穿第一个底部。

No.003　头肩底的短线操作

　　头肩底形态出现在股价下跌行情之中，属于股价的筑底反转形态，当头肩底形态正式形成后，股价将展开快速拉升。头肩底形态和其他筑底形态一样，孕育了很多短线操作的机会。

　　头肩底形态是一个可靠的筑底形态，通过头肩底形态筑底之后，股价会进入上升的趋势之中。

　　尽管头肩底形态常常被用作中长期操作的信号，但此形态也可以作为短线操作的武器之一。

◆ 由于头肩底的底部有支撑作用，所以头肩底的右底是一个很好的短线买入位置。

◆ 同 W 底、三重底一样，股价突破头肩底颈线之后的回调低位也是一个很好的短线买入位置。

实例分析

普洛药业（000739），头肩底形态为短期看涨信号

图 3-7 所示为普洛药业 2019 年 4 月至 7 月的 K 线图。

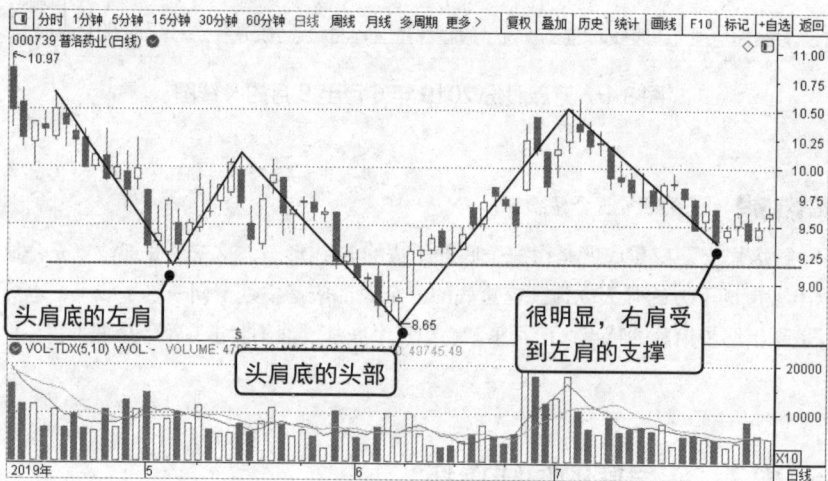

图 3-7　普洛药业 2019 年 4 月至 7 月的 K 线图

从图中可以看出，该股的股价在此运行阶段中正在形成头肩底的筑底形态，且头肩底的左肩和头部已经明显形成。

同时，右侧区域股价向下运行，当接近头肩底形态的左肩位置时，股价获得有效的支撑，收于阳线并出现明显的止跌迹象。这就是短线操盘者梦寐以求的短线买点。

图 3-8 所示为普洛药业 2019 年 4 月至 10 月的 K 线图。

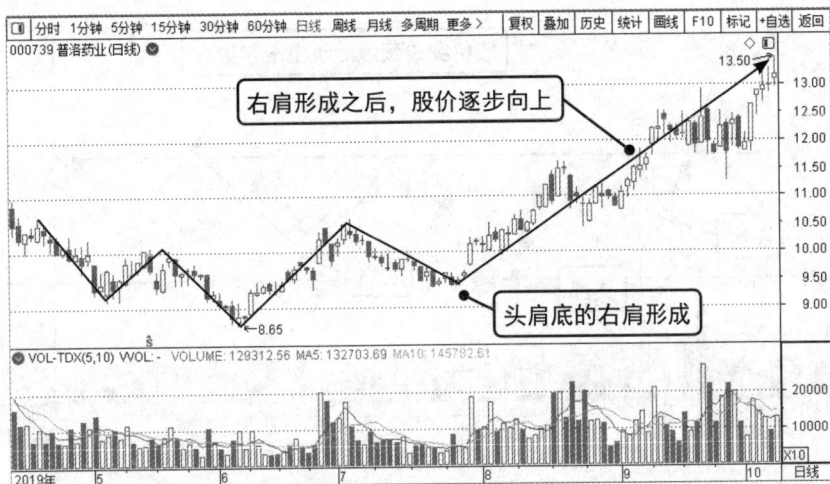

图 3-8　普洛药业 2019 年 4 月至 10 月的 K 线图

由图中可知，该股在头肩底的右肩出现了止跌反弹，多次收于阳线后股价逐渐上涨且伴随着成交量放量，显示出短线势头有效。

由此可知，在前期股价回调至左肩位置正在形成右肩时，投资者短线买入的操作为准确的买入判断，后市获利机会明显。

股价突破头肩底形态的颈线预示了市场的强势上涨特征，在很多情况下，在突破后股价又回踩颈线寻求支撑，同样形成了短线的极佳买点。

实例分析

华润三九（000999），头肩底形态突破后回踩为短期买点

图 3-9 所示为华润三九 2019 年 10 月至 12 月的 K 线图。

从图中可以看出，该股从 33.00 元左右下跌，在 29.00 元左右形成头肩底左肩，之后股价在反弹受阻后继续下跌，于 28.00 元附近的低位形成头肩底头部，最后股价趋势扭转一路上行又下跌调整，最终在 12 月上旬形成了右肩。

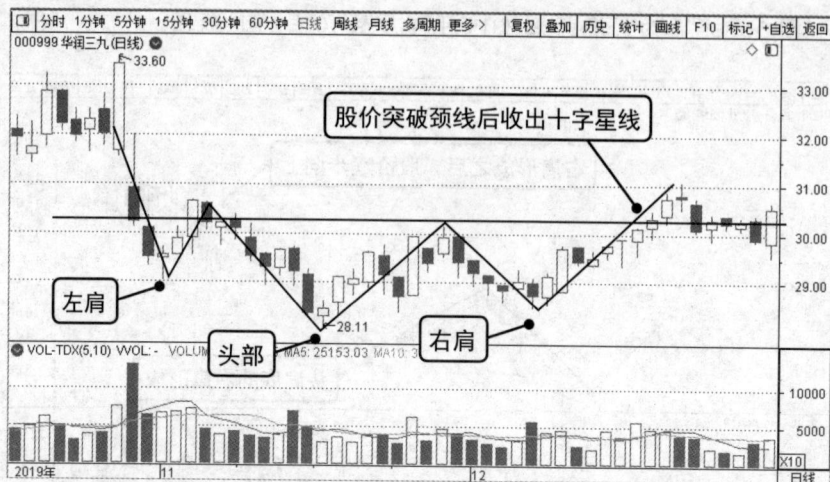

图 3-9 华润三九 2019 年 10 月至 12 月的 K 线图

股价在头肩底右肩止跌回升，并向上突破颈线，随后收出一根十字星线，这时就需要引起投资者注意。

图 3-10 所示为华润三九 2019 年 10 月至 2020 年 1 月的 K 线图。

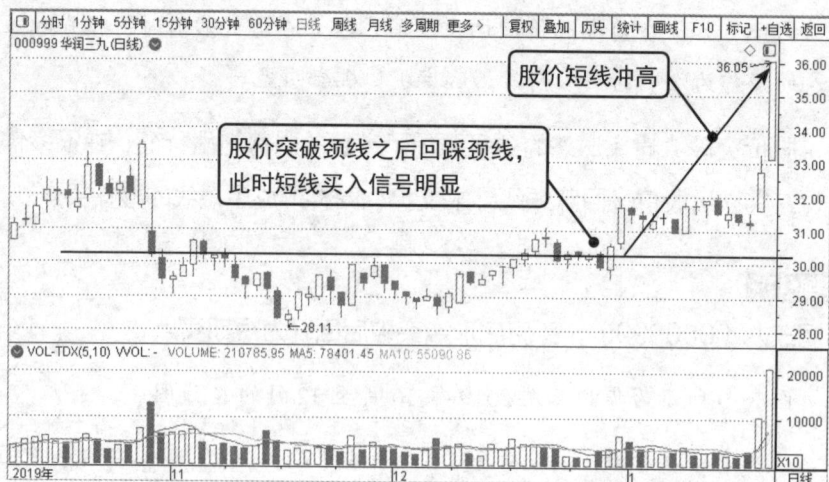

图 3-10 华润三九 2019 年 10 月至 2020 年 1 月的 K 线图

由图中可知，当股价突破颈线收出十字星线后向下回踩颈线，但受到颈线的支撑，然后继续向上攀升创出新高，由此发出强烈的短线买入信号。

No.004　V形底短线快速抢入

V形底就是运行形态如字母"V"的K线形态，此形态一般都是由于股价的强势反弹造成的。在股价V形反弹走势中，投资者可以获得很好的短线操作机会，但是必须快速出手。

V形底是股价急剧爆发力的反弹上攻走势，股价在该走势形态中会出现快速拉升，由此强烈地激发出市场的人气。V形底显著的特征就是股价触底快速拉升且成交量不断放大，短线投资者可以根据这样的特征抓住V形底进行短线操作。

实例分析

力生制药（002393），V形底形态为短期买点

图3-11所示为力生制药2019年7月至8月的K线图。

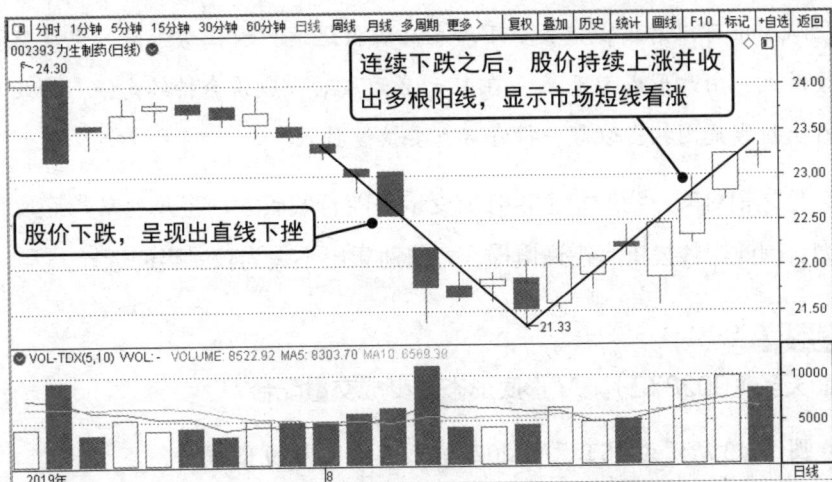

图 3-11　力生制药 2019 年 7 月至 8 月的 K 线图

从图中可以看出，该股开始时连续下跌，之后股价触底反弹，K线连续收出阳线上涨，由此K线呈现出V形底形态，此位置成交量不见减少，显示出有资金在进场抄底，市场做多热情高涨，该股短线继续看涨，因此，投资者可以在此进行短线买入操作。

图3-12所示为力生制药2019年7月至8月的K线图。

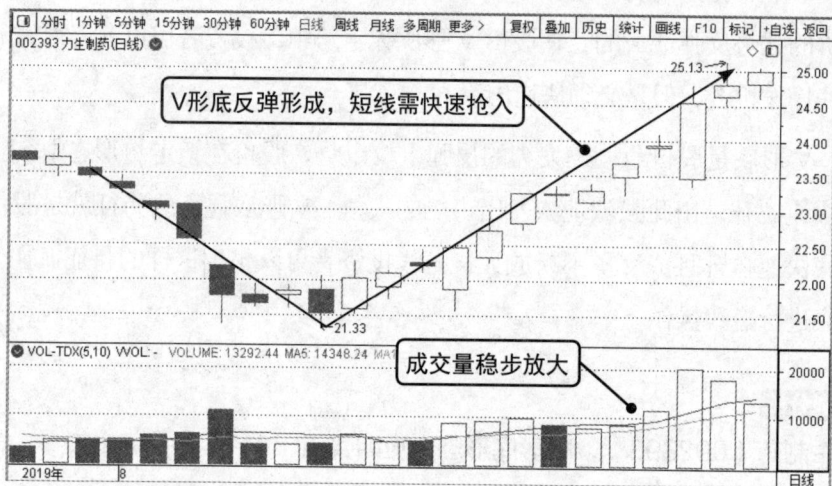

图3-12　力生制药2019年7月至8月的K线图

从图中可以看出，该股在下跌之后股价迅速出现强势上涨，且成交量持续放大，由此形成V形底。在V形底形成后，股价会持续走强，由此可以看出短线氛围相当浓厚，投资者需要快速抢入。

与之相对的，当股价上攻时成交量不能有效放大，将显示V形底反弹乏力，因此短线投资者需谨慎操作，快速卖出不失为较妥当的选择。

实例分析

*ST天圣（002872），V形底形态缺少成交量配合

图3-13所示为*ST天圣2020年3月至4月的K线图。

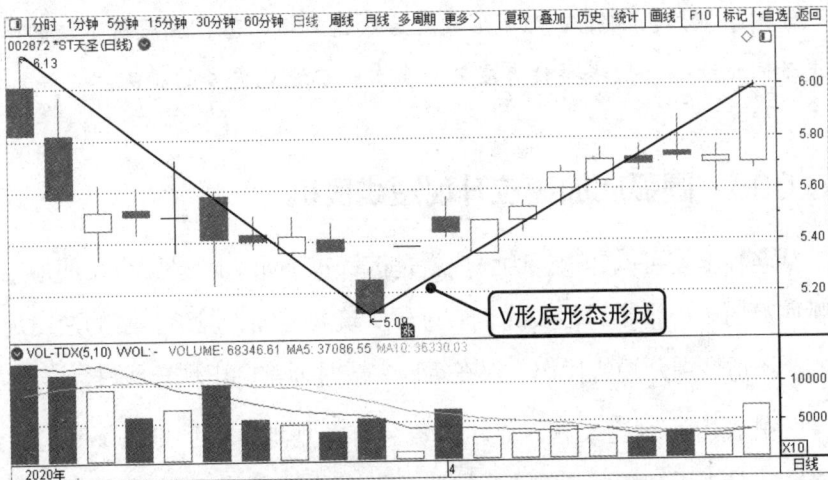

图 3-13 *ST 天圣 2020 年 3 月至 4 月的 K 线图

从图中可以看出，该股在 5.00 元左右触底反弹形成 V 形底形态。在 V 形底的作用下，股价从 5.00 元附近上涨到了 5.80 元附近。

仔细观察可以发现，股价在反弹上升过程中成交量并没有放大，反而表现为缩量，由此显示出市场上涨乏力，预示着股价即将下跌，发出短线卖出信号。

图 3-14 所示为 *ST 天圣 2020 年 3 月至 5 月的 K 线图。

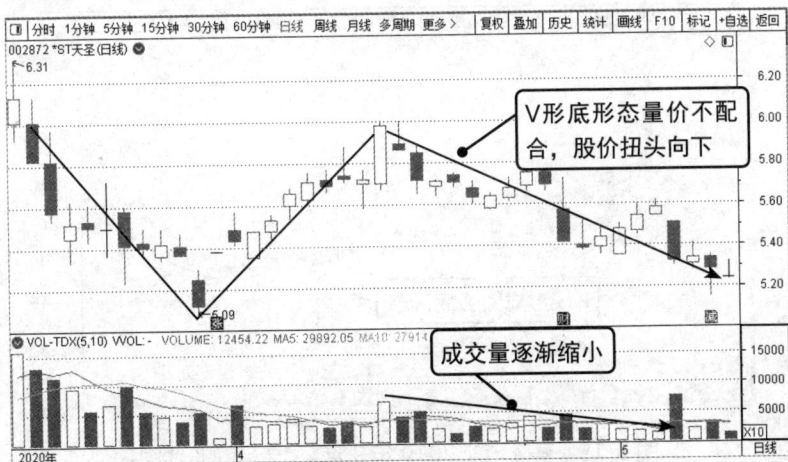

图 3-14 *ST 天圣 2020 年 3 月至 5 月的 K 线图

由图中可知，该股 V 形底形成之后快速见顶回落，且股价下跌的同时成交量同步缩小，短线操盘者应果断卖出股票避免更多的损失。

No.005　圆弧底加速拉升现短线良机

从名称上就可以知道，圆弧底就是运行轨迹如一段圆弧的 K 线形态。圆弧底经历了一个相对漫长的筑底过程。筑底期间，股价上涨的速度是有限的，不适合展开短线操作，但在筑底完成时通常会出现短线机会。

圆弧底运行轨迹柔和，显示出资金有计划地、持续地进场建仓。反过来，正是由于持续不断的资金推动，才使得 K 线形成了圆弧底形态。

当圆弧底形态逐步形成，股价运行到圆弧底的右侧时，市场做多情绪就会爆发出来，反映到股价走势上就表现为加速拉升，呈现出摆脱圆弧底的态势，右侧就形成短线操作机会。

实例分析

赛隆药业（002898），圆弧底形态为短期看涨信号

图 3-15 所示为赛隆药业 2019 年 9 月至 12 月的 K 线图。

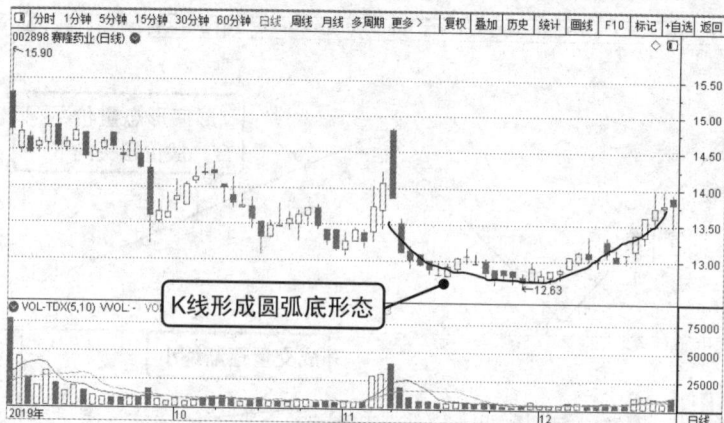

图 3-15　赛隆药业 2019 年 9 月至 12 月的 K 线图

从图中可以很清晰地看出，该股在此阶段的走势中形成了圆弧底 K 线形态，且在右侧圆弧区域股价连续收出阳线，脱离圆弧底部，开始加速向上拉升。

当股价加速拉升时，显示市场短线积极做多，预示着股价后市短线上攻欲望强烈，短线投资者即可趁机买入。

图 3-16 所示为赛隆药业 2019 年 11 月至 2020 年 1 月 K 线图。

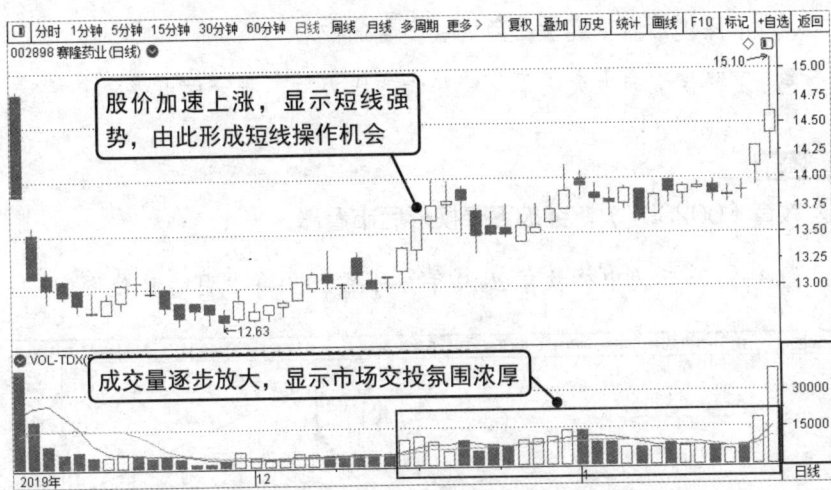

图 3-16　赛隆药业 2019 年 11 月至 2020 年 1 月的 K 线图

如上图所示，该股在圆弧底形态的作用下，股价逐步摆脱前期的弱势走势，并连续收出阳线，呈现出放量的上涨走势。

当股价在圆弧底形态中出现明显的加速拉升时，显示市场主力在拉抬股价，由此造成市场短线人气激增，短线操作机会凸显，若适时追涨必能获利。

拓展知识　*圆弧底的失败类型*

需要注意的是，在股价的下降趋势中，有时会出现失败的圆弧底形态。缩量的圆弧底很可能不是短线操作的有利时机，很可能反转下跌。

No.006　下降楔形买入

下降楔形是一种整理形态，通常出现在长期升势的途中，股价经过一段大幅上涨后，出现了技术性回调，股价从高点回落，跌至某一低点即止跌回升，但回升高点较前次为高点更低，形成两条同时向下倾斜直线，组成了一个下倾的楔形。下降楔形的特征有以下几点。

◆　多发生在多头行情，在整理过程中会出现空头占优势的假象。
◆　下降楔形向上突破必须有成交量的配合。
◆　下降楔形向上突破下降趋势线的压力后，股价后市将向上发展。

实例分析

中公教育（002607），突破下降楔形后市看涨

图 3-17 所示为中公教育 2019 年 6 月至 2020 年 2 月的 K 线图。

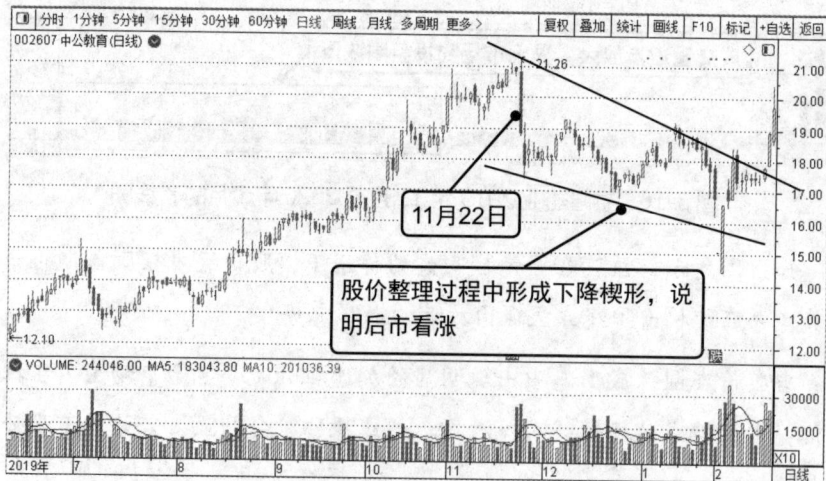

图 3-17　中公教育 2019 年 6 月至 2020 年 2 月的 K 线图

从图中可以看出，该股处于上升行情中，股价一路向上攀升，2019 年 11 月 22 日，股价高开低走，创下 21.26 元新高的同时，收出巨量大阴线，有变盘迹象。随后股价一改之前的涨势，转入下跌行情。

但是仔细观察可以发现，股价跌至 18 元价位线附近后便止跌回升，但每次回升的高点较前次都更低，随后再次回落，回落的低点较前次也更低，形成后浪低于前浪的态势。将短期高点和短期低点分别相连，可以发现，组成了一个下降楔形形态。

在上涨途中出现下降楔形整理形态，说明此时的下跌并非真正意义上的行情变盘，而是上升途中的回调整理，整理结束后股价将继续上涨。2020 年 2 月成交量突然放量，带动股价向上攀升，突破下降楔形的的上边压力线，此时为投资者介入的良好机会。

图 3-18 所示为中公教育 2019 年 11 月至 2020 年 7 月的 K 线图。

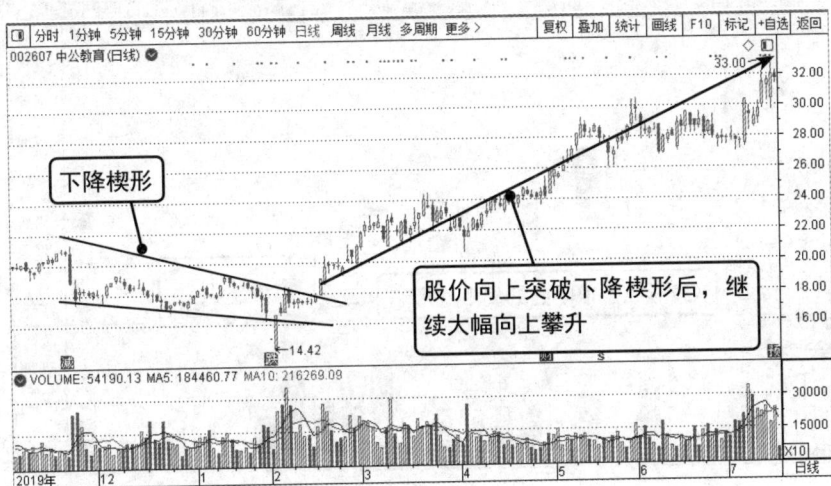

图 3-18　中公教育 2019 年 11 月至 2020 年 7 月的 K 线图

由图中可知，股价向上突破下降楔形后，股价继续之前的涨势，大幅向上攀升。最高涨至 33 元，如果投资者在 18 元附近买进，将获利不菲。

No.007　岛形底短线机会

岛形底属于反转形态，由下跌末端的跳空缺口和上涨初期的跳空缺口孤立中间的 K 线组成。

岛形底出现在下跌行情末期，是股价反转向上的重要信号。在出现岛形底后，股价会迎来一波快速拉升行情，由此形成短线操作机会。

◆ 一般而言，岛形底的两个缺口基本位于同一水平线上。

◆ 有时岛形底的两个缺口也可以不处于同一水平线，但也同属筑底形态。

实例分析

中信海直（000099），岛形底形态为短期看涨信号

图 3-19 所示为中信海直 2020 年 3 月至 4 月的 K 线图。

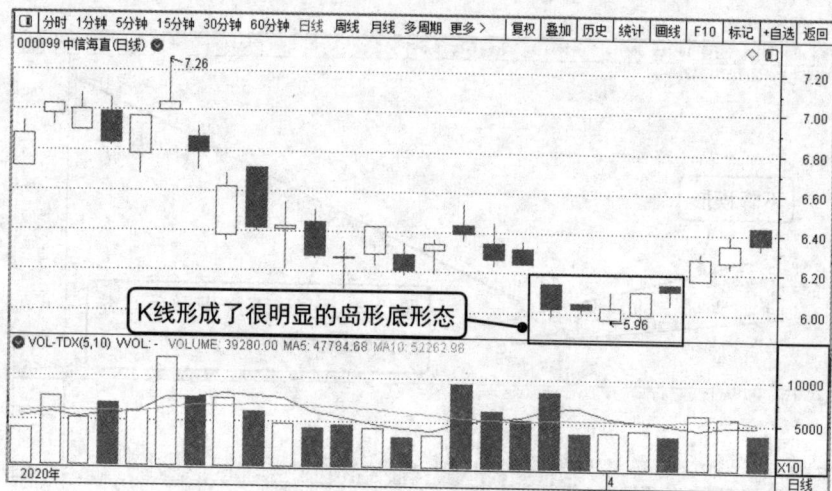

图 3-19　中信海直 2020 年 3 月至 4 月的 K 线图

从图中可以看出，该股前期出现了明显的下跌走势，之后 K 线形成了岛形底形态。

由此显示出反转信号，随后股价放量上涨收于阳线，由此预示着短线操盘机遇的到来。

图 3-20 所示为中信海直 2020 年 3 月至 5 月的 K 线图。

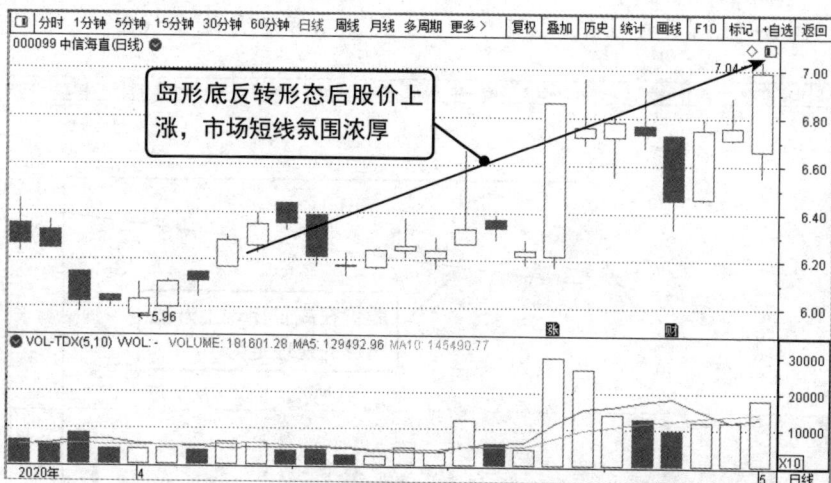

岛形底反转形态后股价上涨，市场短线氛围浓厚

图 3-20　中信海直 2020 年 3 月至 5 月的 K 线图

　　由图中可知，该股的股价果然在岛形底反转形态之后继续上涨，由此可见，若投资者在岛形底形成当天进行的短线买入，会获利不菲。

　　在上面的实例中，岛形底的两个缺口基本处于同一水平线上，其实，即便岛形底的两个缺口不在同一水平线上时，其市场意义也相同。

No.008　上升三角形短线操作

　　上升三角形出现在股价上涨行情之中，指的是股价高点基本处于同一水平线，低点逐步抬高的 K 线运行状态，是整理形态的一种。

　　在使用上升三角形形态寻找短线操作机会时，需把握以下两点。

- ◆　强势突破上升三角形上边，显示强烈的短线买入信号。
- ◆　一般突破上升三角形上边，股价都会进行回踩确认，由此形成短线买点。

实例分析

司太立（603520），上升三角形为短期看涨信号

图 3-21 所示为司太立 2019 年 8 月至 2020 年 2 月的 K 线图。

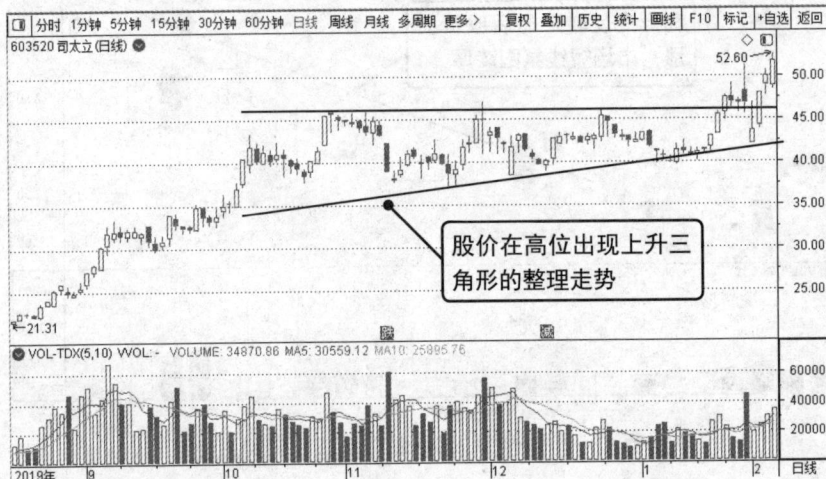

图 3-21 司太立 2019 年 8 月至 2020 年 2 月的 K 线图

从图中很容易看出，该股在持续上升趋势中的相对高位区间形成上升三角形的整理走势，且这一上升三角形的两条边不断收敛。

在 1 月下旬，K 线连续向上跳空收阳突破了上升三角形上边的压制，如图 3-22 所示，由此发出短线买入信号，短线操盘者应积极关注。

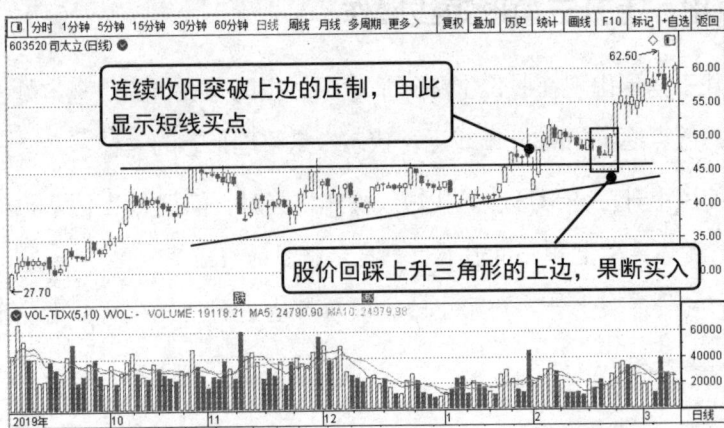

图 3-22 司太立 2019 年 9 月至 2020 年 3 月的 K 线图

该股在强势突破上升三角形上边的压制之后，股价多次收于阳线持续强势上涨，显示出市场上涨动力十足，由此验证了前面短线买入点的判断。

之后，股价出现回踩三角形上边线的情况，即图中矩形形态处，在回踩上边线受到支撑后，再次获得了上攻的动能，连续大阳线、小阳线强势拉升股价，显示出后市看涨。显然，当回踩上边确认放量拉升时就是一个绝佳的短线操盘时机，投资者需要果断参与其中。

No.009　下降三角形的短线思维

下降三角形形态指的是股价高点逐步降低，低点基本位于同一水平线的 K 线形态，它和上升三角形一样都属于整理形态。

下降三角形出现在股价下跌行情之中，它的出现显示的是股价重心不断下移，是股价下降趋势的写照。

◆ 股价突破下降三角形的上边，显示市场反转，短线机会出现。

◆ 下降三角形形态整体反映出股价重心的不断下移，但是在股价下移的过程中，下降三角形的下边会对股价形成支撑。

实例分析

厦门钨业（600549），下降三角形形态上边线被突破为短期看涨信号

图 3-23 所示为厦门钨业 2018 年 8 月至 2019 年 2 月的 K 线图。

从图中可以看出，该股在大幅下降的末期股价下跌低点逐渐趋于同一水平线，即 12 元的价位线，而反弹高点不断下移，股价逐步形成了一个下降三角形形态，再结合成交量在下跌过程中不断减小的表现，由此判断下跌行情逐渐结束，反转行情即将来临，投资者需引起注意。

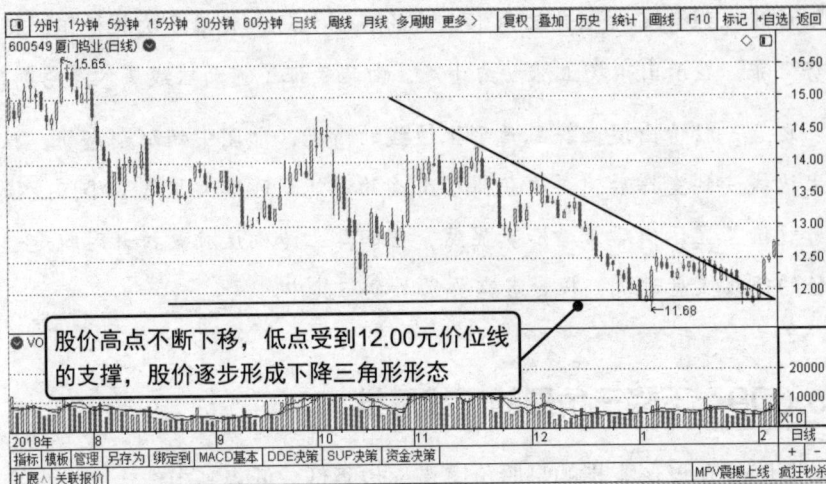

图 3-23　厦门钨业 2018 年 8 月至 2019 年 2 月的 K 线图

图 3-24 所示为厦门钨业 2018 年 9 月至 2019 年 3 月的 K 线图。

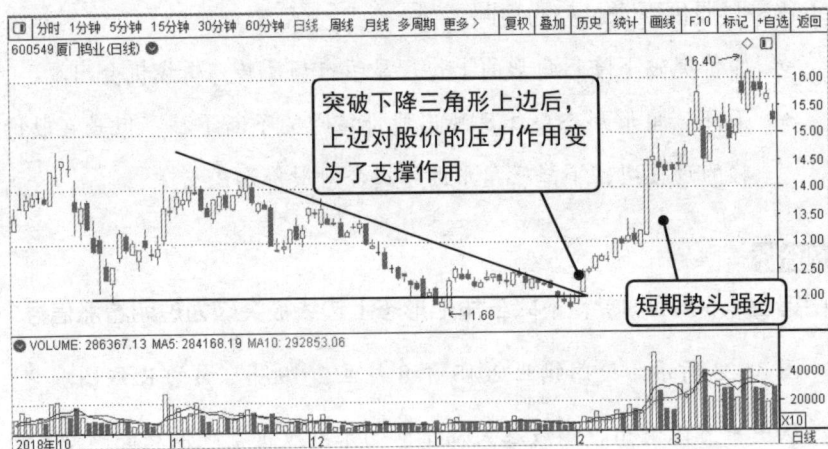

图 3-24　厦门钨业 2018 年 9 月至 2019 年 3 月的 K 线图

　　由图中可知，该股在 2018 年 10 月至 2019 年 1 月期间形成了一个明显的下降三角形形态，股价绝大部分时间都在下降三角形规定的区域内运行，在 2019 年 2 月初，当股价放量向上连续收阳拉升股价突破下降三角形的上边时，显示出市场有大量资金流入，预示股价下跌行情结束，上涨行情来临，短线机会出现，投资者可逢低吸纳短线买入。

此外，下降三角形的下边对于股价的继续下行有着强有力的支撑作用，因此当股价触及下降三角形下边时，就会步入反弹，由此形成短线的买入机会。

实例分析

济川药业（600566），下降三角形下边线的支撑力量

图 3-25 所示为济川药业 2019 年 5 月至 10 月的 K 线图。

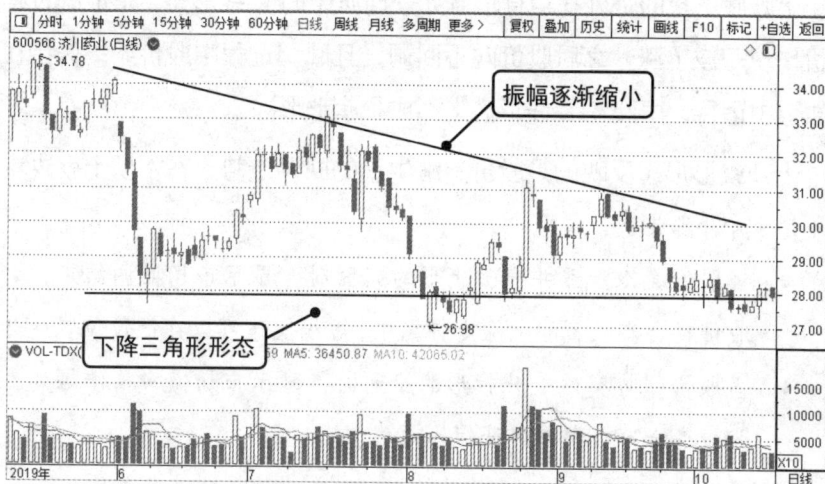

图 3-25　济川药业 2019 年 5 月至 10 月的 K 线图

从图中可以看出，该股在一轮下跌走势中出现了下降三角形形态，股价向下回调，然而下跌空间逐步收窄，股价每一次触及下边线，都会随即反转上涨，形成短线机会。

结合以上两个案例，我们可以发现，股价利用下降三角形形态进行了充分的回调整理，之后又在下降三角形的下边附近受到支撑，因此在突破上边之后股价立即展开强势拉升，由此短线投资者可更加确信短线机会的形成。

No.010 上升旗形的突破

上升旗形指的是外在运行形态如一面旗子的 K 线形态，形成的过程是股价出现一波上涨，之后股价向下回调，且回调过程中股价始终保持在水平轨道中运行，由此在 K 线形态上形成了旗形形态。

上升旗形形态反映的是股价上涨中途的回调走势，在本质上就决定了它不是一个下跌形态。

◆ 当股价缓慢上涨并突破旗形的旗面时，显示市场回调结束，之后股价将会步入新的上涨走势之中，短线操作可以在低位位置展开。

◆ 当股价强势突破上升旗形的旗面时，显示市场做多情绪爆发，由此投资者可以果断展开短线操作。

实例分析

奥翔药业（603229），股价突破上升旗形，短期看涨

图 3-26 所示为奥翔药业 2019 年 12 月至 2020 年 3 月的 K 线图。

从图中可以看出，该股前期出现了明显的上涨走势，股价从 19.00 元左右上涨到了 32.00 元左右。之后股价向下回调，形成一个紧密、狭窄并向下倾斜的价格密集区域。分别连接高点和低点发现形成两条平行直线，由此旗形形态形成。

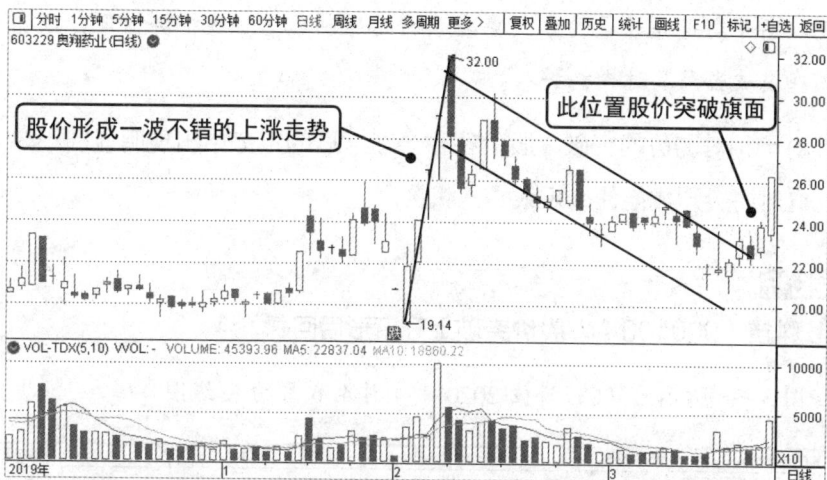

图 3-26　奥翔药业 2019 年 12 月至 2020 年 3 月的 K 线图

　　股价在旗面轨道中运行，3 月下旬该股突然上涨并收于阳线，将旗形形态的旗面突破，由此显示出市场强劲的上涨动力，短线机会出现。

　　图 3-27 所示为奥翔药业 2020 年 2 月至 5 月的 K 线图。

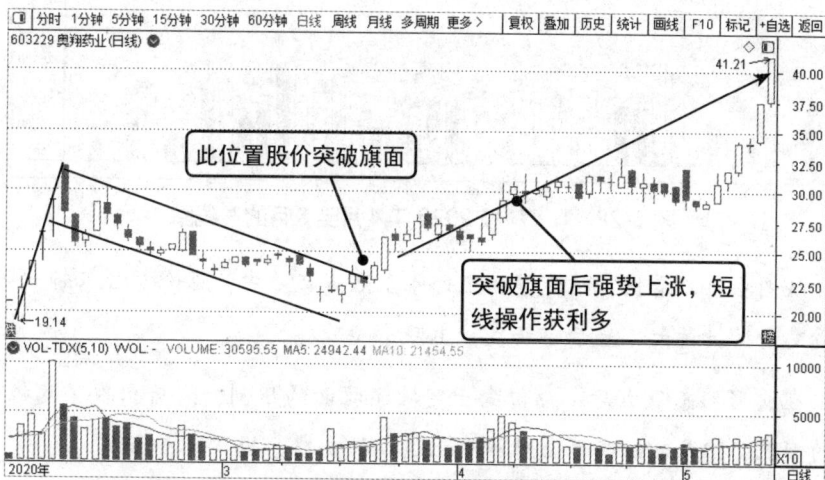

图 3-27　奥翔药业 2020 年 2 月至 5 月的 K 线图

　　由图中可知，该股在此阶段的走势中形成了一个标准的上升旗形形态，

K 线以高开高走并放量的方式突破旗面的压制后，短线机会出现，投资者应该在突破当天及时择机买入。

对于相对弱势的突破，股价往往会在之后的走势中出现明显的小幅回调，此时将会形成绝佳的短线买入机会。

实例分析

TCL 科技（000100），股价突破上升旗形后回踩

图 3-28 所示为 TCL 科技 2020 年 4 月至 6 月的 K 线图。

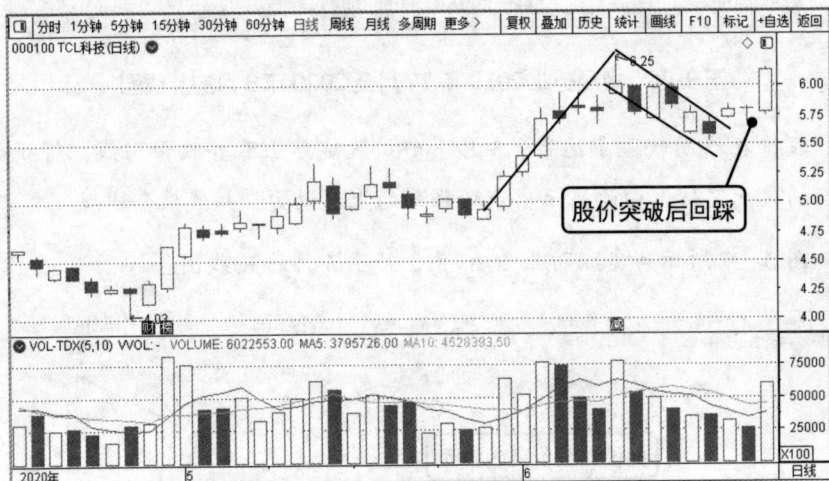

图 3-28 TCL 科技 2020 年 4 月至 6 月的 K 线图

从图中可以看出，该股整体上处于上涨走势之中，股价重心不断上移，且成交量持续放大，显示市场良性上涨。

在旗形形态形成后，股价向上突破了旗面的压制，随后出现了两根 K 线的回踩，但是回踩受到上升旗形上边线的支撑，短线买点出现。

图 3-29 所示为 TCL 科技 2020 年 5 月至 7 月的 K 线图。

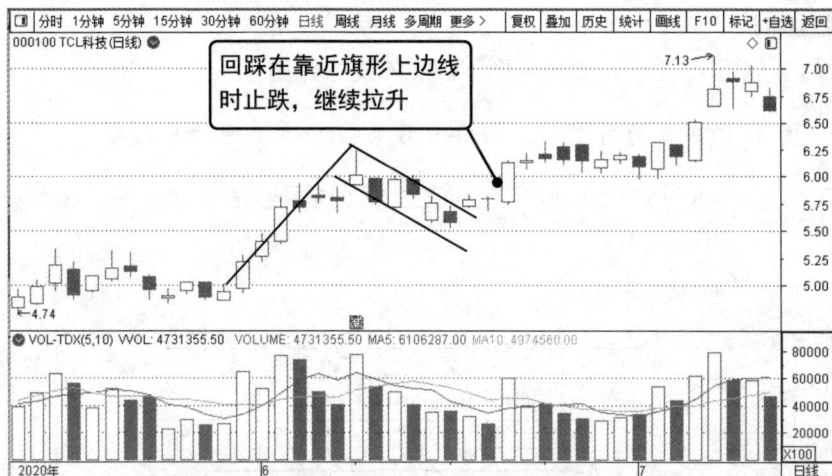

图 3-29 TCL科技2020年5月至7月的K线图

由图中可知，该股在突破旗形形态旗面的压制后，在回踩受到支撑后，之后又被拉起，突破了前期旗形顶部，由此显示出市场短线看涨欲望强烈，投资者可大胆介入。

拓展知识 *股价突破旗面后的回调*

在突破了旗形形态旗面的压制之后，股价一般都会持续上扬，当接近旗形形态顶部位置时，股价将会遇到顶部高点的压制。在股价继续突破顶部高点的压制后，该股势必会进行回调整理，由此确认对旗形形态顶部的突破。此时若股价成功止跌企稳，则显示出绝佳的短线买入机会。

No.011 矩形下方支撑买入

矩形形态又称为箱体，反映的是股价在一个特定的水平轨道中进行横向整理运动。矩形形态也可以被用作短线操作。

矩形形态规定了股价在水平通道中的上下运行，因此股价在矩形通道的下边会得到强力支撑，此位置就是一个良好的短线买入机会。

实例分析

司太立（603520），上升矩形下边线的支撑作用

图 3-30 所示为司太立 2019 年 9 月至 2020 年 3 月的 K 线图。

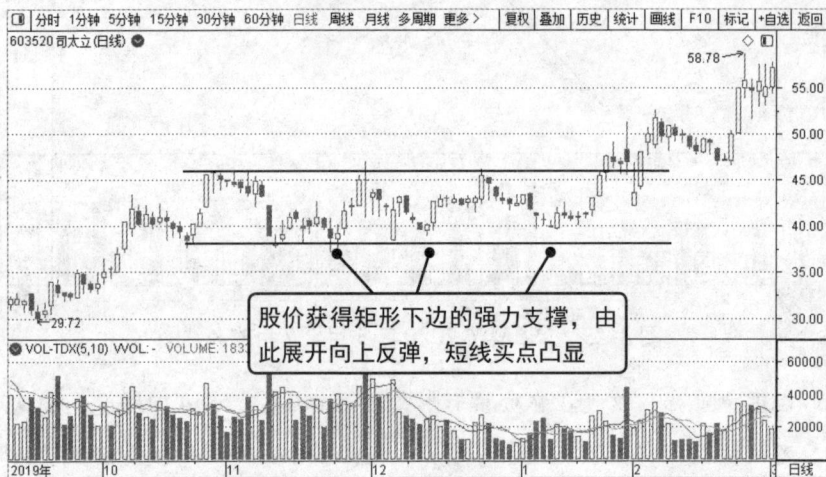

图 3-30　司太立 2019 年 9 月至 2020 年 3 月的 K 线图

从图中可以看出，该股在 2019 年 10 月中旬至 2020 年 1 月这个时间段中展开了矩形整理走势，股价在矩形框架中进行着上下波动。

当股价在 2020 年 1 月中旬再次接近矩形形态的下边时，该股又一次止跌企稳并收出连续阳线，由此可见股价获得了矩形下边的支撑，而且随后股价继续上涨突破矩形上边，后市短线上涨成为可能，因此投资者可以进行短线买入。

第 4 章

短线操盘术之移动平均线

移动平均线是十分重要的技术分析工具，利用移动平均线指标可以清晰地掌握股价运行位置和一定周期内平均成交价格的关系，并根据这种关系进一步分析出市场发展的方向，进而确立有效的短线操盘策略。

No.001　5 日均线的突破

5 日均线是股票在最近 5 个交易日中的平均成交价格的连线，反映出股价在短时间内价格的变化趋势。5 日均线是一个短期均线，生动地刻画出股价短时间内的波动方向，对于短线操作意义重大。

当股价运行于 5 日均线下方时，显示出股价受到 5 日均线的压制，整个市场处于弱势之中；当股价向上突破 5 日均线时，预示股价脱离弱势步入强势，显示出短线机会。

◆ 强势放量突破 5 日均线，显示股价短线上涨势头凶猛，由此短线追涨就可以展开。

◆ 一般性的突破发生后，股价一般都会回踩 5 日均线，由此形成较好的短线买入机会。

实例分析

健友股份（603707），放量突破 5 日均线短期看涨

图 4-1 所示为健友股份 2020 年 3 月至 4 月的 K 线图。

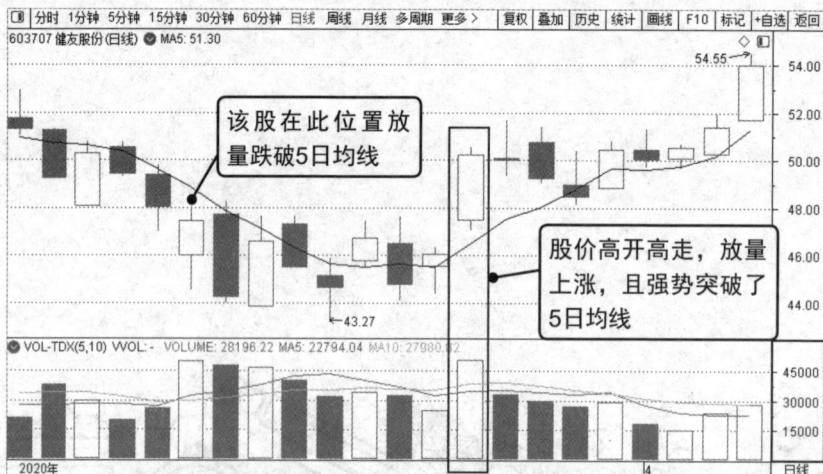

图 4-1　健友股份 2020 年 3 月至 4 月的 K 线图

该股前期处于下跌行情中，3月中旬股价放量下跌，跌破了5日均线，说明股价受到5日均线的压制，整个市场处于弱势中。当该股运行到图中右侧的矩形区域时，股价高开高走，放量上涨突破5日均线并收于大阳线，显示出市场强劲的上涨动力，发出短线买入的信号。

图4-2所示为健友股份2020年3月至5月的K线图。

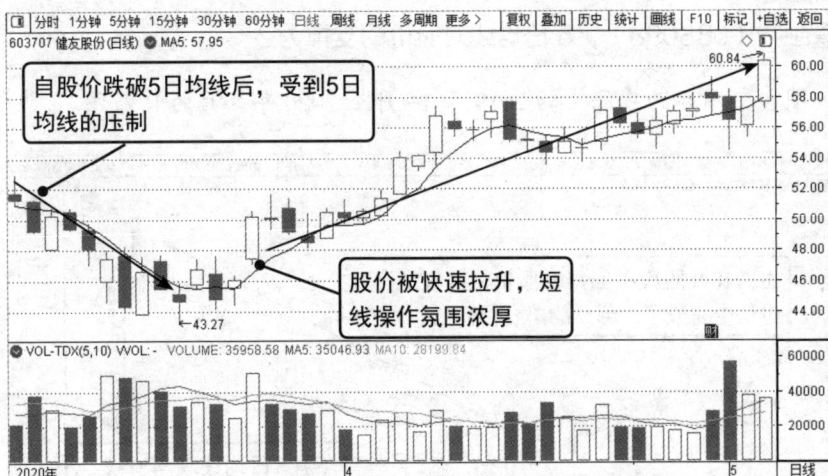

图4-2　健友股份2020年3月至5月的K线图

由图中可知，股价放量突破了5日均线，显示市场有大量资金在关注，同时在突破5日均线时股价大幅高开上涨，之后多次收于阳线，显示出市场多头气氛浓厚，短线操盘者适时追涨必能收获不菲。

No.002　5日均线支撑位短线买入

在主力强势拉升股价的过程中，5日均线就是主力的生命线，即股价一般不会击穿5日均线的支撑，都会在5日均线位置成功止跌回升，由此形成短线操作的良好机会。

在股价强势拉升阶段，当股价向下回调至5日均线的位置时，主力不会允许股价跌破5日均线,由此股价一般都会止跌,在此形成短线买入机会。

◆ 利用 5 日均线的支撑作用进行短线操作的前提是股价必须处于强
势拉升阶段。

◆ 在股价 5 日均线止跌回升时,成交量要有明显放大。

实例分析

申联生物（688098），5 日均线对股价的支撑力

图 4-3 所示为申联生物 2019 年 11 月至 2020 年 2 月的 K 线图。

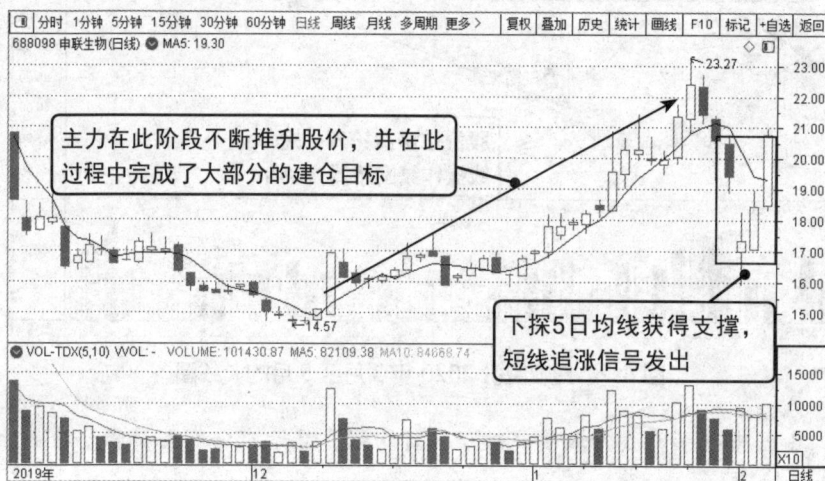

图 4-3　申联生物 2019 年 11 月至 2020 年 2 月的 K 线图

从图中可以看出,该股前期处于下跌,12 月上旬转入上涨走势之中,
且股价向上放量突破 5 日均线收于大阳线呈现出逐步强势的上涨趋势,后
市看涨。

尽管在图中矩形所示区域股价下探 5 日均线进行了短暂的整理,但之
后股价又再次向上突破 5 日均线收于大阳线,说明该股即将步入强势拉升
阶段,由此显示出良好的短线追涨机会。

图 4-4 所示为申联生物 2019 年 12 月至 2020 年 2 月的 K 线图。

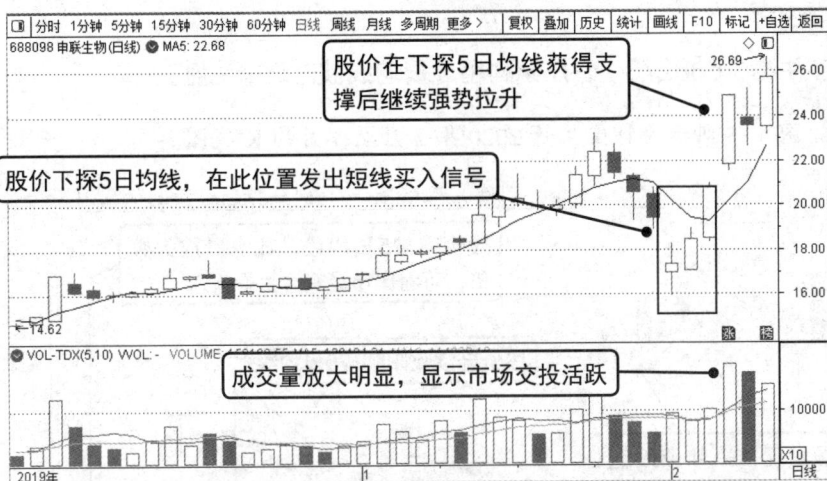

图 4-4　申联生物 2019 年 12 月至 2020 年 2 月的 K 线图

由图中可知，该股在洗盘整理之后股价连续收于大阳线，出现了爆发性上涨。

在股价强势拉升阶段，该股在中途下探了 5 日均线，由此形成了良好的短线追涨机会，所以投资者应该果断买入股票，抓住之后的上涨。

拓展知识　*股价对 5 日均线的下探*

这里所说的股价对 5 日均线的下探和前面的股价回踩 5 日均线不同，此处的下探显示的是主力向下试探性打压股价，而不是前面股价自动回踩 5 日均线，以寻求 5 日均线的支撑。

在这里，主力打压股价下探 5 日均线具有特别的用意，即主力在打压股价洗盘，通过这样的洗盘操作后，主力继续强势拉升股价的阻力就变小了。

在股价的强势拉升阶段，主力一般不会允许股价跌破 5 日均线，但有时主力反而会洗盘制造下跌走势，展示出击穿 5 日均线的陷阱以欺骗普通短线投资者。

实例分析

特宝生物（688278），庄家利用5日均线被击破来洗盘

图4-5所示为特宝生物2020年2月至4月的K线图。

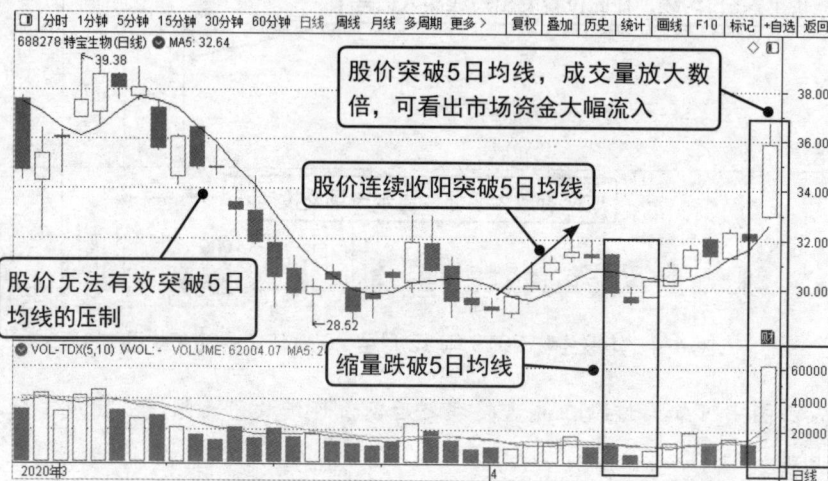

图4-5 特宝生物2020年2月至4月的K线图

从图中可以看出，该股在3月中旬之前呈现出缩量下跌的走势，同时股价完全受制于5日均线的压制，无法进行有效突破。

在3月底短暂横盘后，股价开始试探性上攻，最终在4月初以连续收阳线的方式突破5日均线。

之后该股冲高后又再次向下运行，K线连续收出阴线，跌破了5日均线，同时成交量呈现出缩量的态势。

在阴线击穿5日均线之后，该股收出了缩量的中阳线然后再次向上突破了5日均线，之后收出大阳线，同时成交量出现了3倍以上的放量，说明市场资金在大幅流入该股，由此显示出市场回暖，出现短线盈利的良机。

图4-6所示为特宝生物2020年2月至5月的K线图。

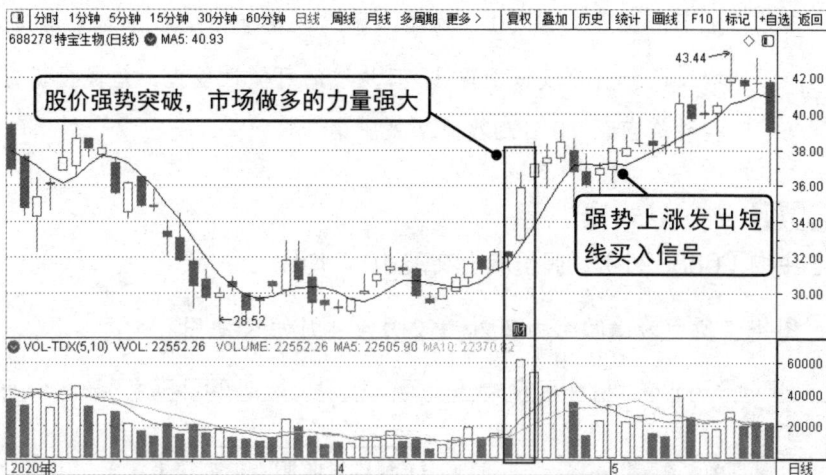

图4-6　特宝生物2020年2月至5月的K线图

由图中可知，该股在4月中旬突破5日均线后出现了爆发性的上涨走势，股价从28.52元上涨到了43.44元，上涨幅度达到了近52%。

在股价爆发前，该股主力巧妙地运用击穿5日均线的手法进行了洗盘，由此大举清洗了市场中的浮筹。当股价再次强势上涨的前后，投资者若能择机进行短线操作必能获利。

No.003　10日均线的突破

10日均线是股票在最近10个交易日中平均成交价格的连线，也是一个短期均线，反映的是股价短期的运行变化趋势。10日均线和5日均线一样，也是短线操作的重要均线指标，值得投资者重视。

股价向上突破10日均线，是市场强势的信号，当这样的走势出现时，预示着市场短期有望走强，投资者可以寻找短线操作机会。

◆　股价向上强势突破10日均线，同时成交量显著放量，这显示的是市场短线资金的大幅流入，之后股价会持续上涨，短线买入信号显现。

◆ 股价不能强势突破 10 日均线，显示市场谨慎上行，对于突破 10
日均线还会有分歧，回踩 10 日均线的可能性较大，短线投资者可
以在股价回踩 10 日均线时买入股票。

实例分析

微芯生物（688321），股价向上突破 10 日均线

图 4-7 所示为微芯生物 2020 年 2 月至 4 月的 K 线图。

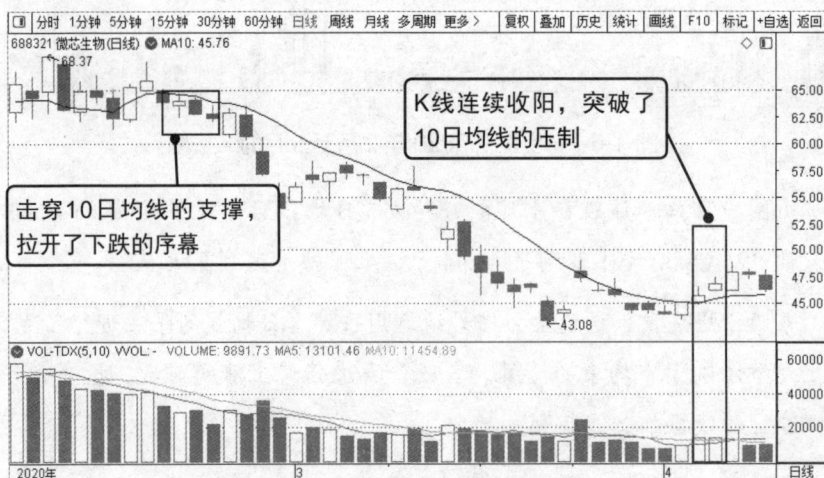

图 4-7　微芯生物 2020 年 2 月至 4 月的 K 线图

从图中可以看出，该股股价转入下跌行情中，且在 2 月下旬有效击穿
了 10 日均线的支撑，虽偶有反弹却没能突破均线。

当股价向下运行至 43.08 元的最低点时止跌横盘，股价上涨在 10 日均
线上运行几日后，K 线连续收出 4 根阳线拉升股价上涨，最终突破了 10 日
均线的压制，由此显示出市场短线上涨的势头强劲。

图 4-8 所示为微芯生物 2020 年 3 月至 5 月的 K 线图。

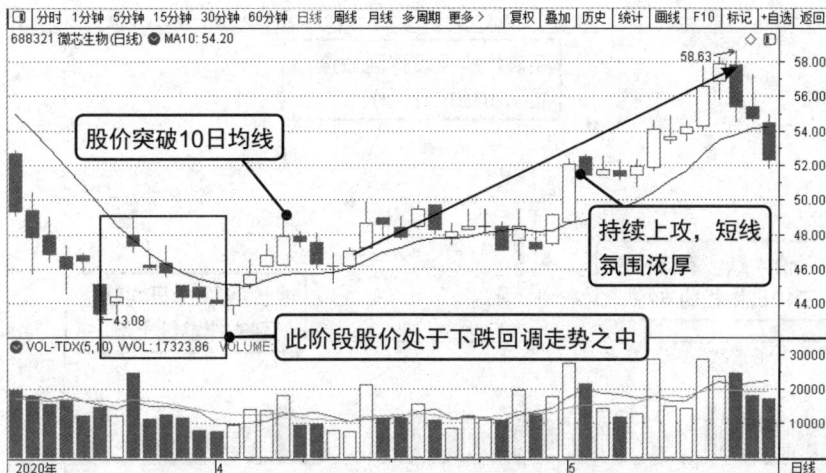

图 4-8　微芯生物 2020 年 3 月至 5 月的 K 线图

由图中可知，该股在 4 月初连续收阳突破 10 日均线的压制，显示出短线强势爆发，由此发出短线买入信号。

在强势突破 10 日均线后，股价持续上攻，从 46.00 元左右上涨到了 58.00 元左右，若投资者及时进行短线购入操作，必能获利不菲。

强势放量突破 10 日均线，股价一般会持续维持上涨。若股价谨慎性突破 10 日均线，市场将对 10 日均线进行回踩确认，这也将是个短线获利的良机。

实例分析

华东医药（000963），股价向上突破 10 日均线后回踩

图 4-9 所示为华东医药 2020 年 2 月至 4 月的 K 线图。

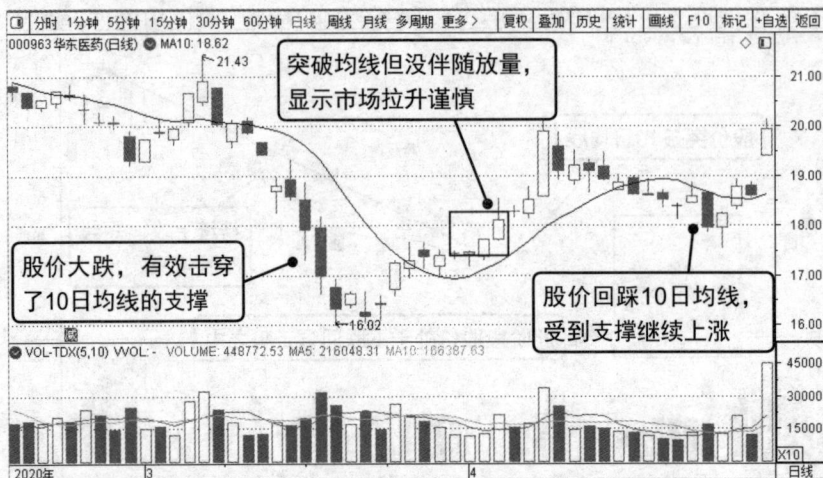

图 4-9　华东医药 2020 年 2 月至 4 月的 K 线图

从图中可以看出，该股在 3 月跌破 10 日均线后经历一波快速下跌行情，之后股价被拉升突破 10 日均线，在 4 月股价经过回踩后在当月下旬股价成功收复 10 日均线，显示出市场走强，不失为短线操盘良机。下面具体分析股价突破 10 日均线及回踩的走势。

图 4-10 所示为华东医药 2020 年 3 月至 5 月的 K 线图。

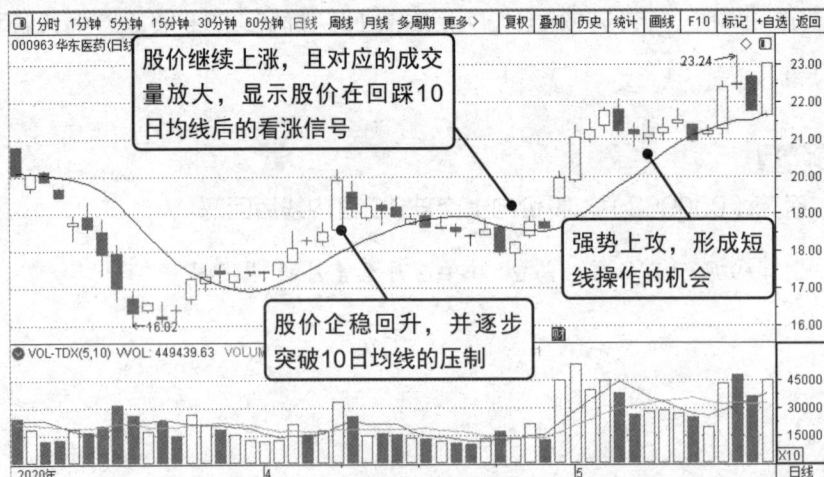

图 4-10　华东医药 2020 年 3 月至 5 月的 K 线图

从图中可以看出，该股前期在 3 月底突破 10 日均线的走势并不强势，K 线实体较小，上涨幅度不大，也没有出现放量，这显示出市场对于突破 10 日均线的谨慎态度，由此后市一般都会回踩 10 日均线，短线投资者可在回踩时果断购入股票。

果然，当股价回踩 10 日均线后伴随成交量的放大，股价继续上扬，由此显示后市看涨，投资者适时出售股票即可获利。

No.004　股价破位 10 日均线的短线信号

市场处于强势时，股价一般不会有效击穿 10 日均线的支撑，由此当股价向下击穿 10 日均线时，市场就发出了明确的看空信号，此时短线投资者要及时清仓卖出股票，锁定前期利润。

如果说 5 日均线是超强势个股的短线生命线，那么 10 日均线就是一般强势个股的生命线。

在主力控盘操作中，主力不会允许股价跌破 10 日均线，这样才能确保市场其他资金低位介入。

- ◆ 当股价放量击穿 10 日均线的支撑时反映出市场资金在逢高出逃，由此发出卖出信号。

- ◆ 有时市场主力会借助 10 日均线进行洗盘，这样的洗盘具有一个特点，即成交量不会有效放大，而且洗盘不会持续很长时间，一般都只有 1 ～ 3 个交易日，在洗盘之后股价还会继续上涨，由此形成新的短线操作机会。

- ◆ 判断是否是市场主力的洗盘陷阱的关键在于成交量的变化，洗盘时筹码锁定，量能不会出现明显放大；真实下跌时，资金外逃，量能会放大。

实例分析

天宇股份（300702），股价向下跌破10日均线

图4-11所示为天宇股份2020年3月至4月的K线图。

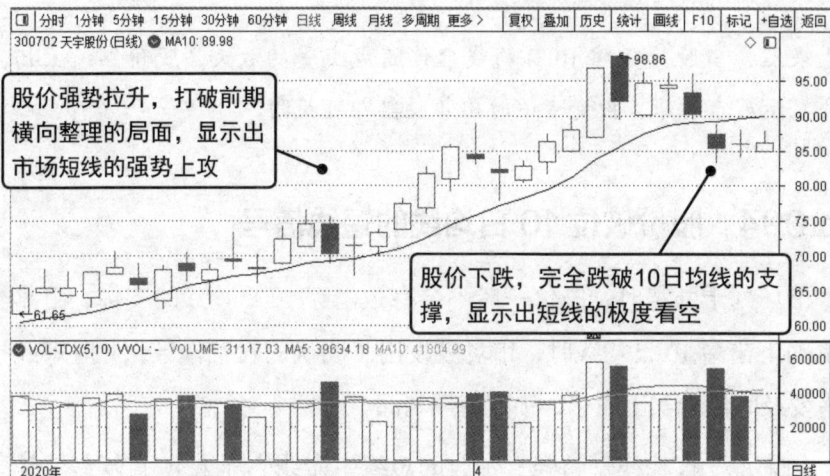

图4-11　天宇股份2020年3月至4月的K线图

从图中可以看出，该股连续收于阳线处于强势上涨走势之中，伴随着成交量的有效配合，仿佛很适合短线继续追涨，但是，该股在短暂横盘后忽然放量下跌，落于10日均线下方。

这样的走势严重破坏了股价的运行形态，完全跌破10日均线的支撑，成为股价短线极度看空的信号，因此前面买入的投资者必须短线快速卖出，避免之后的下跌。

图4-12所示为天宇股份2020年4月至5月的K线图。

由图中可知，该股在放量跌破10日均线后，股价出现了连续下跌，短短几个交易日，股价从90.00元下跌到了75.00元左右，下跌幅度达到了16%左右。

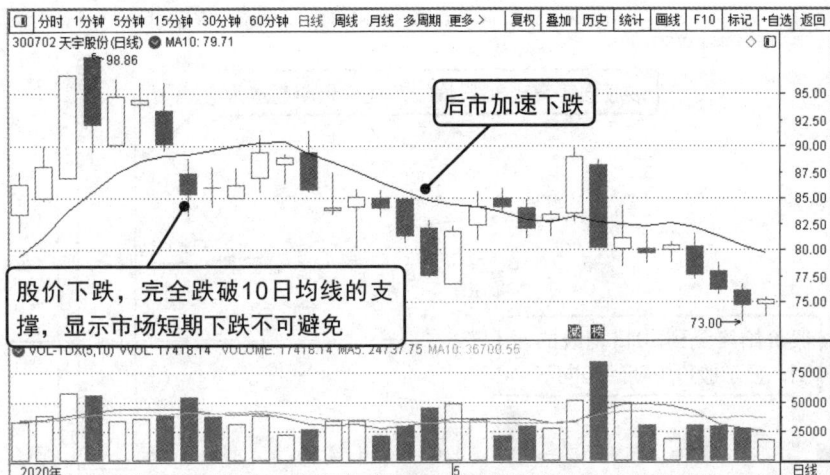

图 4-12　天宇股份 2020 年 4 月至 5 月的 K 线图

可见，市场在跌破 10 日均线时已发出了明确的卖出信号，短线投资者无论有盈利还是已经出现亏损都应进行快速卖出操作，否则之后继续下跌会损失惨重。

No.005　30 日均线是短线的保障

30 日均线是股票在最近 30 个交易日中平均成交价格的连线，反映的是股价走势变化的中期趋势，因此常常作为一个中线操作的均线指标，但是在短线操作中，投资者也不能忽视 30 日均线的重要意义。

股价在 30 日均线之上运行，显示了股价良好的中长期上涨趋势，保证了短线操作的成功率。同时当股价下跌到 30 日均线附近时，股价会受到 30 日均线的强力支撑，为短线操作提供机会。

实例分析

海正药业（600267），股价向上放量突破 30 日均线

图 4-13 所示为海正药业 2019 年 11 月至 2020 年 1 月的 K 线图。

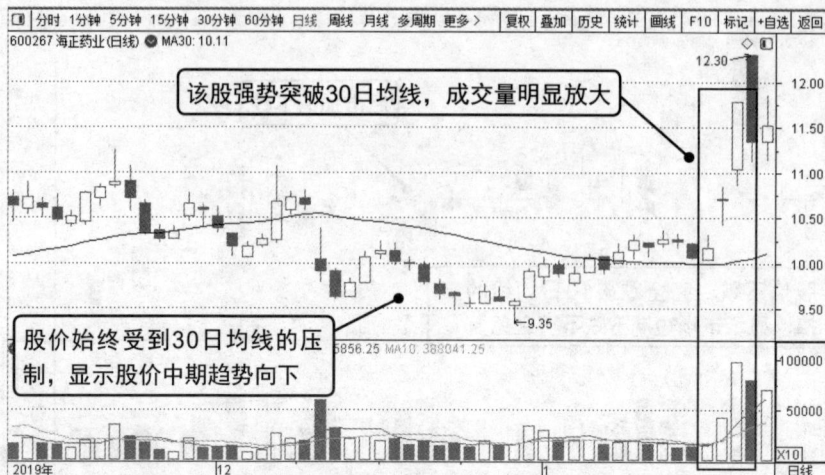

图 4-13　海正药业 2019 年 11 月至 2020 年 1 月的 K 线图

从图中可以看出，该股在 2019 年 12 月开始，股价走势中始终处于 30 日均线的下方，由此显示了市场中期弱势向下的特点，所以短线操作的大环境不具备。当股价创出 9.35 元的新低之后，该股缓慢上涨，2020 年 1 月下旬，该股强势放量上攻突破了 30 日均线的压制，股价中期趋势得到改变，短线操作的大环境开始形成。

图 4-14 所示为海正药业 2019 年 12 月至 2020 年 3 月的 K 线图。

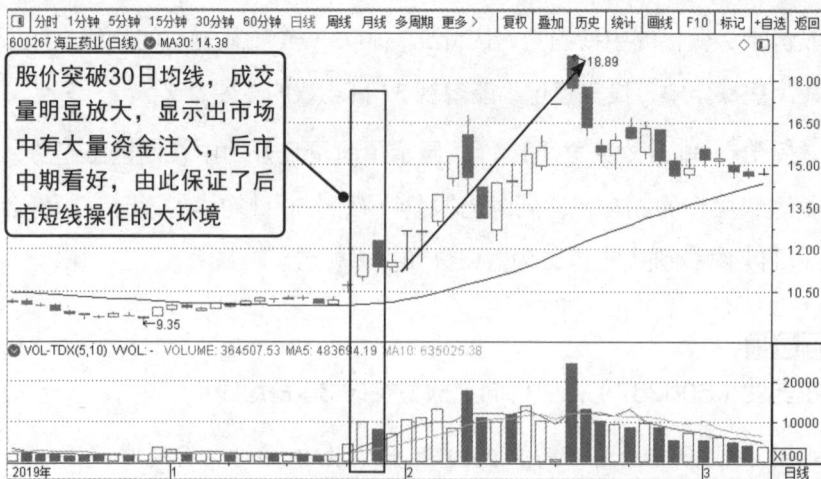

图 4-14　海正药业 2019 年 12 月至 2020 年 3 月的 K 线图

图中透露出了股价中期趋势的转变，其转折点就是股价放量突破30日均线时，由此形成了股价中期向上的趋势。把握住股价的中期上涨走势，投资者可以在股价回调低位大胆进行短线买入操作。

另外，30日均线对于股价的下行产生强力支撑，因此当股价下跌到30日均线位置时，市场反弹概率会大增，会创造出极好的短线操盘机会，可以投资获利。

实例分析

海欣股份（600851），30日均线对股价的支撑作用

图4-15所示为海欣股份2019年10月至12月的K线图。

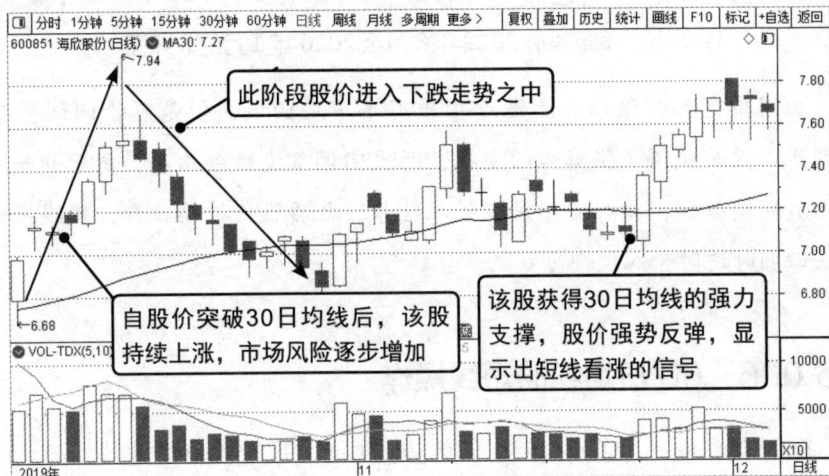

图4-15　海欣股份2019年10月至12月的K线图

从图中可以看出，该股股价在突破30日均线之后，股价开始转入上涨走势，从6.80元左右上涨到7.90元附近，之后股价掉头向下，当股价下跌到30日均线附近时，获得30日均线的强力支撑，出现放量反弹。

经过再一轮的上涨→下跌→支撑后，股价再次攀升，预示着短线有望继续走强。

图 4-16 所示为海欣股份 2019 年 8 月至 2020 年 1 月的 K 线图。

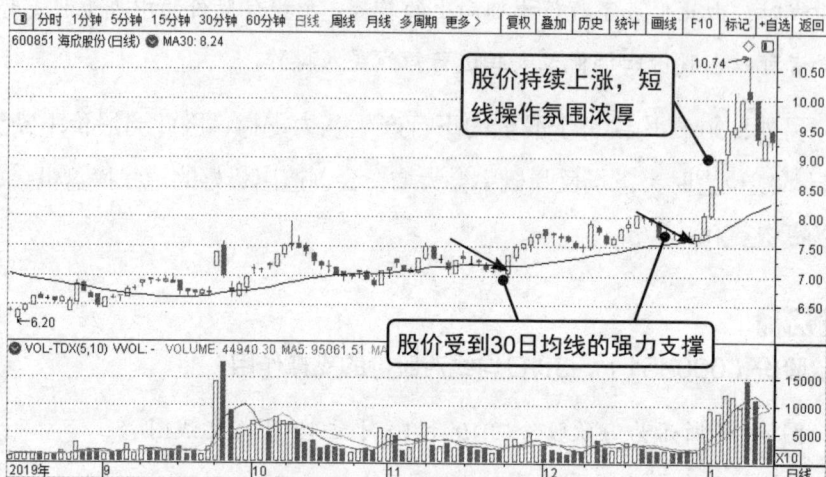

图 4-16 海欣股份 2019 年 8 月至 2020 年 1 月的 K 线图

由图中可知，该股在上涨途中出现了下跌回调，但是股价回调至 30 日均线附近时获得了强有力的支撑，两次回调都没跌破均线，之后开始放量上涨连续收阳，由此发出短线买入信号，之后股价持续拉升，短线投资者在回调时适时介入，即可获利。

No.006 60 日均线的短线操作

60 日均线是股票在最近 60 个交易日中平均成交价格的连线，显示的是股价长期运行趋势，一般是一个长线操作的均线指标。对于短线操作而言，60 日均线为短线操作有利背景的分界线。

60 日均线对于短线操作而言具有以下两重重要意义。

◆ 股价突破 60 日均线预示着股价短线具有持续上涨的动力。

◆ 股价向下运行至 60 日均线附近时，会得到 60 日均线的强力支撑，由此形成短线买入机会。

实例分析

药明康德（603259），股价突破60日均线为看涨信号

图 4-17 所示为药明康德 2019 年 6 月至 8 月的 K 线图。

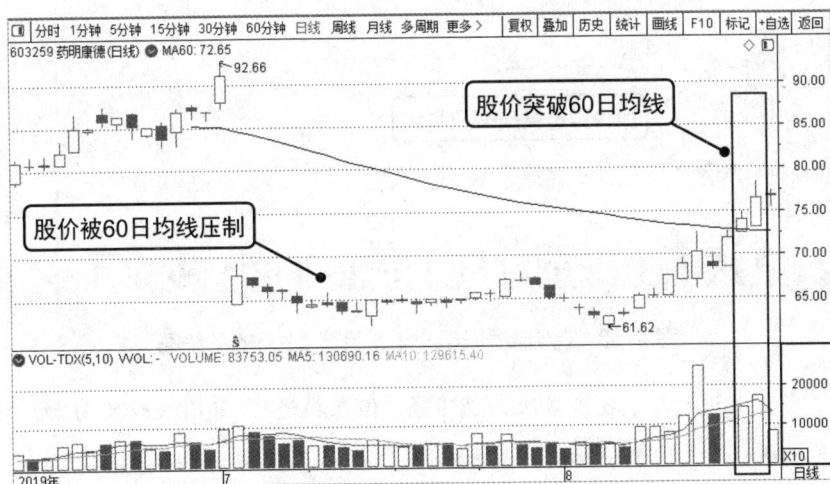

图 4-17　药明康德 2019 年 6 月至 8 月的 K 线图

从图中可以看出，股价跌破 60 日均线之后继续向下运行，显示出市场走势弱势。在股价跌至 61.62 元的低点之后，股价开始缓慢上涨。

在连续收于阳线且成交量不断放量的行情下，股价一举突破 60 日均线的强大压制，由此发出了短线看涨信号。

图 4-18 所示为药明康德 2019 年 8 月至 11 月的 K 线图。

由图中可知，该股在 2019 年 8 月下旬放量强势突破 60 日均线的压制，显示出市场短期的上涨欲望强烈，所以短线操盘者可在之后的交易日中果断买入股票，以期在后市中获利。

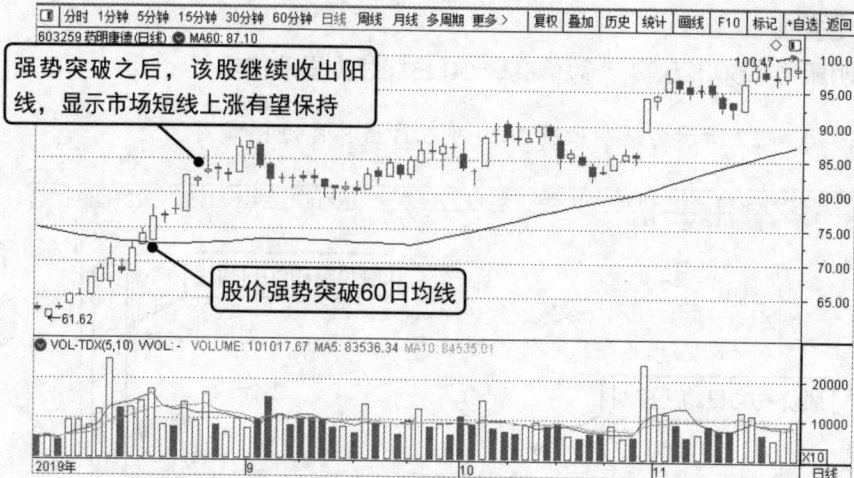

图 4-18　药明康德 2019 年 8 月至 11 月的 K 线图

在上涨过程中，股价多次回调下跌，但在接近 60 日均线时又向上发展，可见 60 日均线对于股价有一定的支撑作用，因此股价回调的时候，也是短期操作的信号。

拓展知识　*均线的支撑*

无论是短期均线还是中长期均线，对股价的下跌都有支撑作用，根据这样的支撑作用，投资者可以进行相应的短线买入操作。由于均线时间周期的长短有别，因此短期均线对于股价的支撑作用较小，所以短线买入信号的可信度较低；中长期均线对于股价的支撑作用较大，所以短线买入信号的可信度较高。

No.007　5 日和 10 日均线的交叉

5 日和 10 日均线交叉指的是 5 日和 10 日均线的交汇，根据 5 日均线运行方向的不同可以分为两种交叉。一是 5 日均线向上运行并与 10 日均线交叉，二是 5 日均线向下运行并与 10 日均线交叉，前面的交叉又称为金叉，后面的交叉又称为死叉。

5 日均线和 10 日均线的交叉对于短线操作具有很重要的参考价值，表现在以下两个方面。

◆ 当 5 日均线向上突破 10 日均线形成金叉时，这样的变化特点显示出市场短期走强，预示着股价短期有较强的上涨动力，投资者可以进行短线买入操作。

◆ 当 5 日均线向下击穿 10 日均线形成死叉时显示出市场短期走弱，预示着股价短期下行压力巨大，投资者应该短线卖出股票。

实例分析

健友股份（603707），5 日均线上穿 10 日均线

图 4-19 所示为健友股份 2020 年 1 月至 3 月的 K 线图。

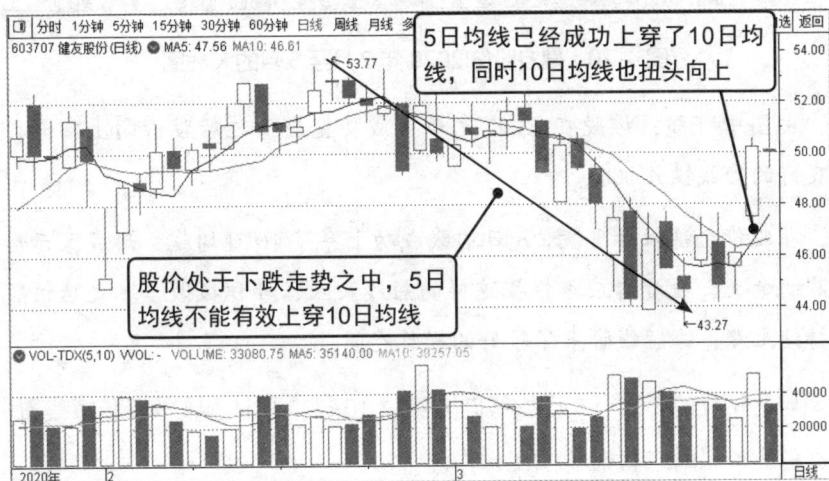

图 4-19　健友股份 2020 年 1 月至 3 月的 K 线图

从图中可以看出，该股在 2 月中旬的 53.77 元见顶后转入下跌，经过了较长时间的下跌之后，股价成功在 43.27 元附近止跌回升。

在股价逐步上涨后，5 日均线上穿 10 日均线，形成金叉，之后 K 线收出放量上涨大阳线，显示出市场短线上涨动力充足。同时 10 日均线已经

抬头向上，这也预示着后市股价将会继续看涨，由此短线买入信号发出。

图 4-20 所示为健友股份 2020 年 2 月至 5 月的 K 线图。

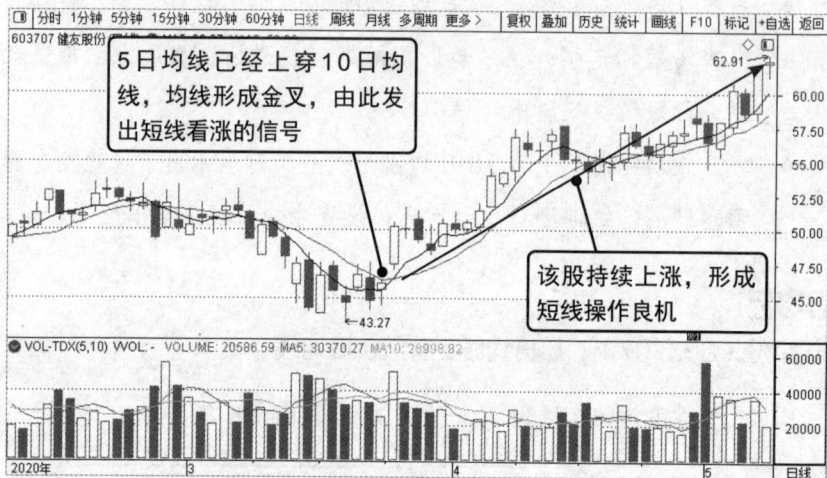

图 4-20　健友股份 2020 年 2 月至 5 月的 K 线图

由图中可知，该股在 43.27 元位置成功见底，之后股价向上回升，形成良好的短线操作机会。

在股价企稳拉升阶段，5 日均线成功上穿了 10 日均线，形成预示后市上涨的金叉，投资者应该根据这样的短线买入信号积极做多。之后该股果然持续上涨，给短线带来了较好的操作空间。

与之相反的是，当 5 日均线向下穿过 10 日均线时，显示市场短线看空，投资者应该果断进行短线卖出操作。

实例分析

国农科技（000004），5 日均线下穿 10 日均线

图 4-21 所示为国农科技 2020 年 2 月至 3 月的 K 线图。

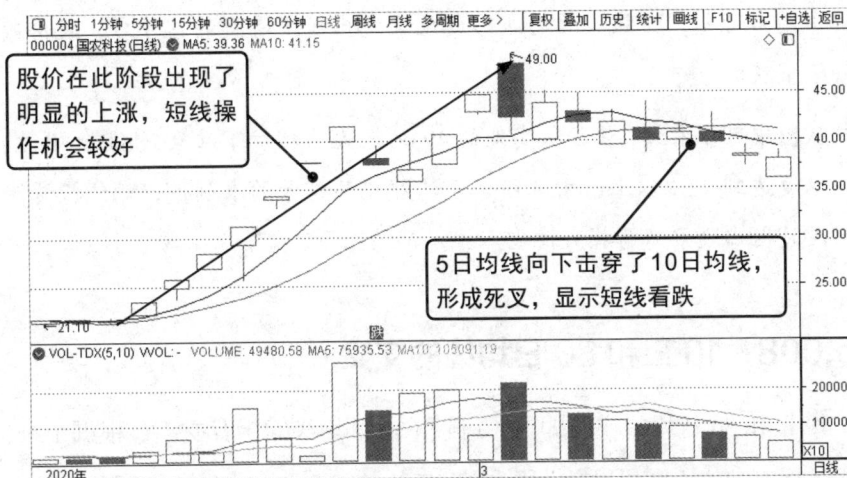

股价在此阶段出现了明显的上涨，短线操作机会较好

5日均线向下击穿了10日均线，形成死叉，显示短线看跌

图4-21 国农科技2020年2月至3月的K线图

从图中可以看出，该股在前期出现了明显上涨，由此也形成了良好的短线操作机会，短线操盘者可在此期间获利。

股价在上升至49.00元左右后开始下跌，成交量出现缩量，同时5日均线向下击穿了10日均线，均线形成死叉，这样的均线交叉发出了明确的看跌信号。

图4-22所示为国农科技2020年2月至3月的K线图。

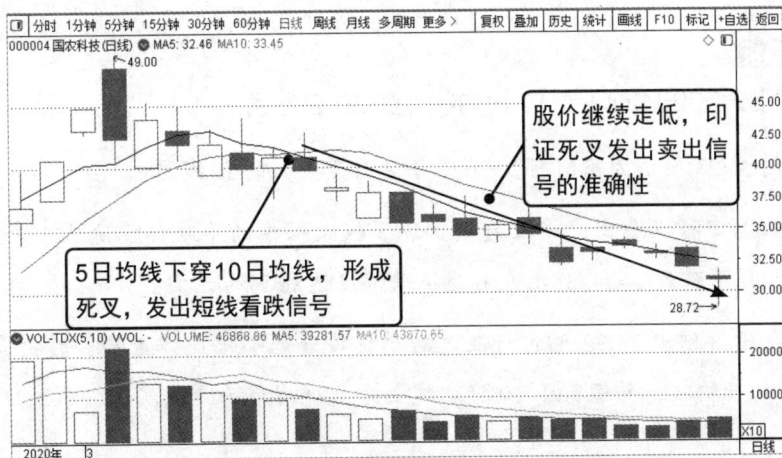

股价继续走低，印证死叉发出卖出信号的准确性

5日均线下穿10日均线，形成死叉，发出短线看跌信号

图4-22 国农科技2020年2月至3月的K线图

由图中可知，当该股的均线形成死叉发出短线看空的信号后，股价确实持续下跌。

从图中可以看到，该股从高处的 49.00 元左右持续下跌至 28.00 元附近，下跌幅度达到 42% 以上，由此印证了均线死叉信号的准确性，短线投资者若不及时抛出股票必将损失惨重。

No.008　10 日和 30 日均线的交叉

10 日和 30 日均线交叉即是 10 日和 30 日均线的相互交汇，根据 10 日均线运行方向的不同可以分为两种交叉。

一是 10 日均线向上运行并交叉 30 日均线；二是 10 日均线向下运行并交叉 30 日均线。第一种交叉称为金叉，第二种交叉称为死叉。

以下为两种交叉形态的预示意义。

◆ 10 日均线上穿 30 日均线形成金叉，显示出市场短线继续强势，是短线买入的信号。

◆ 10 日均线下穿 30 日均线形成死叉，显示市场短线持续疲弱，成为短线卖出信号。

实例分析

东阿阿胶（000423），10 日均线上穿 30 日均线

图 4-23 所示为东阿阿胶 2020 年 2 月至 4 月的 K 线图。

从图中可以看出，该股前期出现了较大幅度的下跌，股价从 33.00 元以上直接下跌到了 24.00 元左右，下跌幅度达到 27% 左右。

在股价创出 24.92 元的新低之后，该股开始小幅反弹走势，股价向上突破 10 日均线，并运行于 10 日均线上方，说明市场回暖。

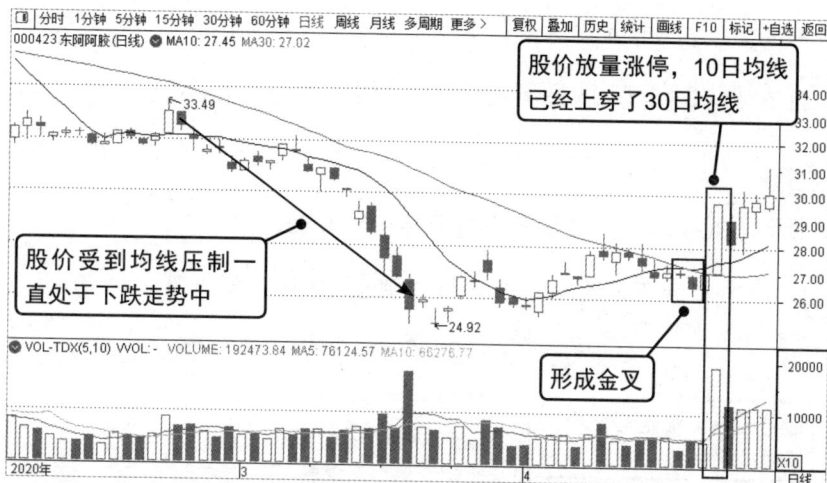

图4-23　东阿阿胶2020年2月至4月的K线图

之后该股在4月中旬小幅回调后，忽然放量涨停收出大阳线，且10日均线已经明显上穿了30日均线，形成金叉买入信号。

图4-24所示为东阿阿胶2020年3月至5月的K线图。

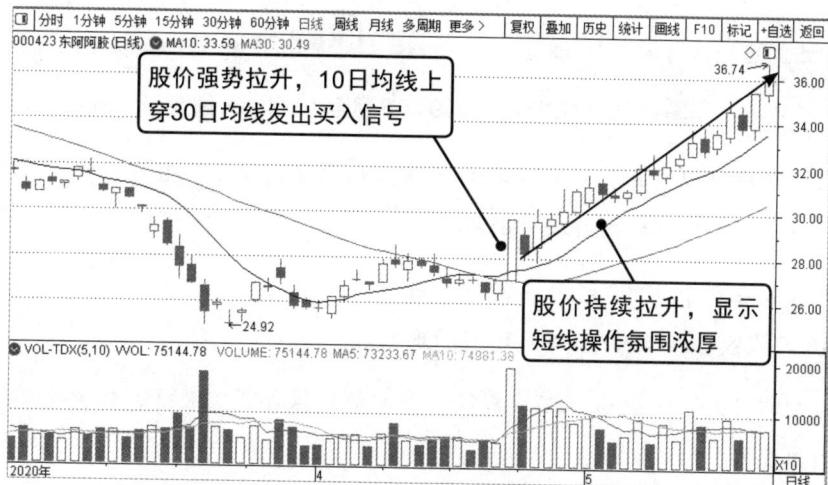

图4-24　东阿阿胶2020年3月至5月的K线图

由图中可知，当均线形成金叉之后，股价持续拉升，这样的上涨显示出金叉信号的准确性，短线操盘者若能积极参与其中，必能获利。

当10日均线下穿30日均线形成死叉时，显示市场看跌。

实例分析

万泽股份（000534），10日均线下穿30日均线

图4-25所示为万泽股份2019年8月至10月的K线图。

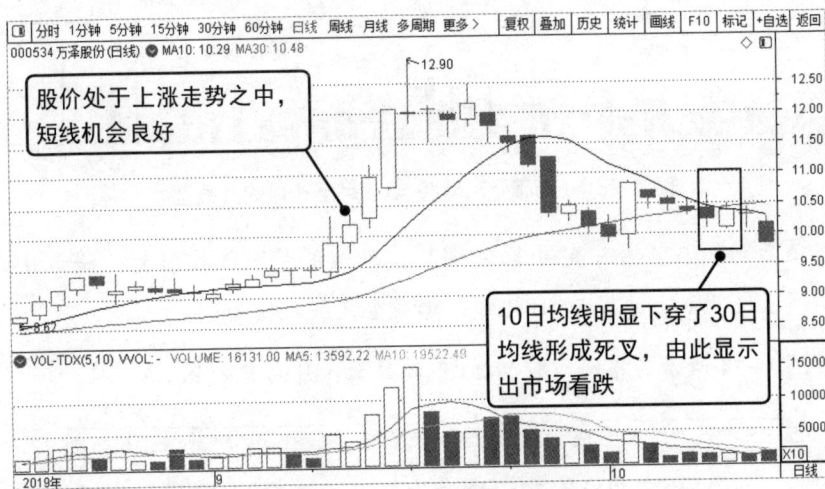

图4-25　万泽股份2019年8月至10月的K线图

从图中可以看出，该股前期处于明显的上涨走势中，且在这一波上涨走势中出现了良好的短线操作的机会。

该股在创下12.90元新高价位后股价开始下跌，在图中矩形区域内出现10日均线已经下穿了30日均线的现象。

由此可知，该股后市继续看跌，因此短线操作不宜展开，投资者需及时抛出股票。

图4-26所示为万泽股份2019年9月至12月的K线图。

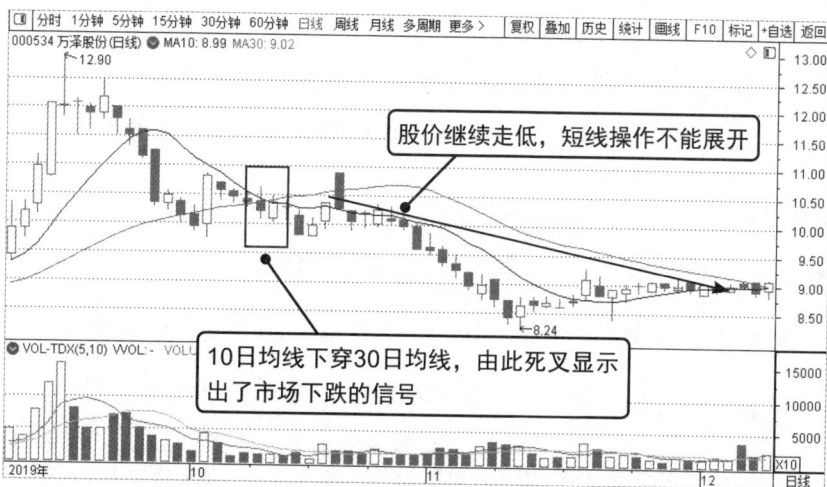

图 4-26 万泽股份 2019 年 9 月至 12 月的 K 线图

由图中可知，该股在矩形区域之后出现了一波短暂反弹，但是死叉依旧存在，该反弹没法成功扭转走势中的整体下跌局面，在持续 3 个交易日后便继续下跌。

从后市走势可见，该股后市依旧看跌，因此投资者不能进行短线买入操作，持有股票的投资者应该及时卖出股票，以避免损失。

No.009　30 日和 60 日均线的金叉

30 日均线向上运行并穿过 60 日均线形成的交叉也称为金叉。由于 30 日均线和 60 日均线都是较长周期的均线，因此金叉发出的买入信号可信度较高。

30 日均线和 60 日均线都是较长周期的均线，因此它们交叉所形成的金叉就是短线看涨买入的强烈信号。

以下为两种交叉形态预示的意义。

◆　在股价强势拉升，且 30 日均线上穿 60 日均线形成金叉时，显示是股价持续上涨的信号，投资者可短线追涨。

◆ 在股价一般性上涨，同时 30 日均线和 60 日均线形成金叉时，一般会回踩 30 日均线，在股价回踩 30 日均线时即可买入。

实例分析

仁和药业（000650），30 日均线上穿 60 日均线

图 4-27 所示为仁和药业 2019 年 11 月至 2020 年 2 月的 K 线图。

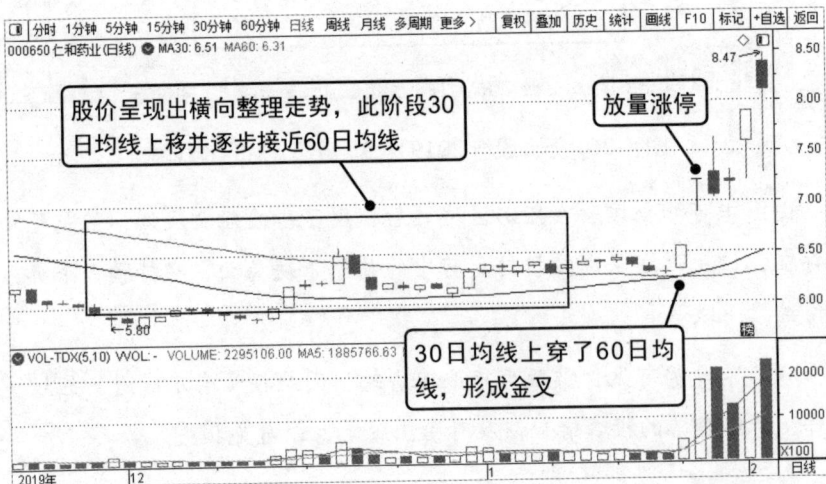

图 4-27 仁和药业 2019 年 11 月至 2020 年 2 月的 K 线图

从图中可以看出，该股先是出现了持续一段时间的横向整理走势，然后股价开始缓慢上涨，随后股价强势放量涨停，且 30 日均线已经上穿 60 日均线，由此发出金叉买入信号，后期走势看涨。

图 4-28 所示为仁和药业 2019 年 10 月至 2020 年 3 月的 K 线图。

由图中可知，该股以放量涨停的方式带动 30 日均线上穿 60 日均线，由此形成短线看涨的强势买入信号，因此投资者应该在当天或者第二天快速追涨买入，博取之后的短线上涨空间。

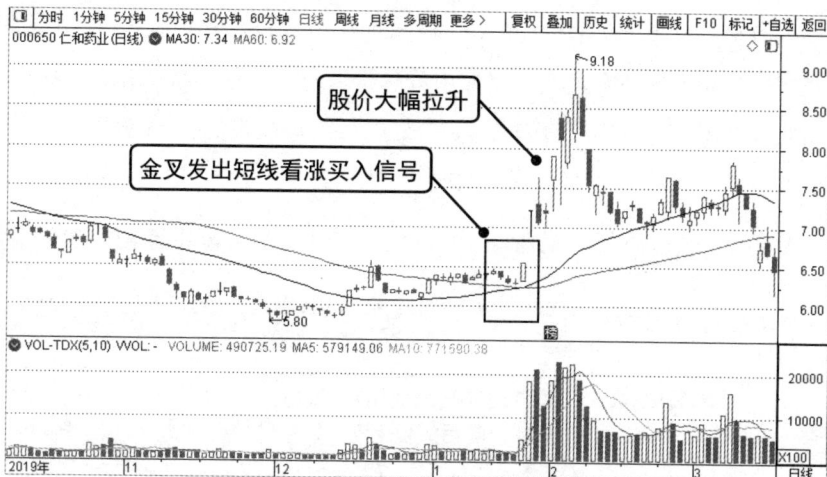

图 4-28　仁和药业 2019 年 10 月至 2020 年 3 月的 K 线图

在股价一般性上涨的带动下，30 日均线上穿 60 日均线，随后股价一般都会向下回踩 30 日均线进行确认，由此形成短线买入机会。

实例分析

新华制药（000756），股价回踩 30 日均线

图 4-29 所示为新华制药 2019 年 11 月至 2020 年 3 月的 K 线图。

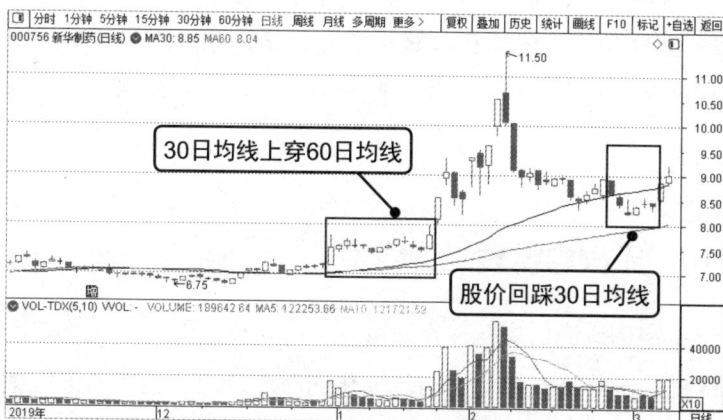

图 4-29　新华制药 2019 年 11 月至 2020 年 3 月的 K 线图

从图中可以看出，2020年1月初股价在平台横盘期间，30日均线上穿60日均线形成金叉，在上升一段时间后股价又向下运行，在2月底回踩30日均线，并成功在30日均线位置获得支撑，股价随即再次放量上涨，并连续收出阳线，由此发出短线买入信号。

图4-30所示为新华制药2019年12月至2020年4月的K线图。

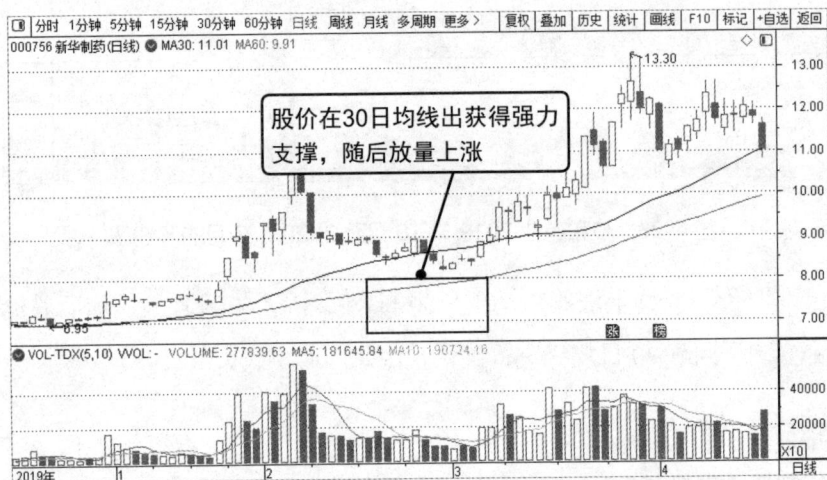

图4-30 新华制药2019年12月至2020年4月的K线图

由图中可知，当股价拉升促使30日均线上穿60日均线形成金叉后又向下回踩了30日均线，并在此获得强力支撑，若投资者果断买入股票，即可在稍后强力拉升连续收出阳线时获利，由此证明前期金叉买入信号的准确性。

No.010 多根均线短线赚钱术

利用多根均线进行短线操作主要强调的是股价对于多根均线的上穿和下穿，这样的走势特征显示出市场变化的特点，由此也发出了短线操作的准确信号。

多根均线组合判断短线操作机会时可参考以下两点。

◆ 当股价以上涨大阳线上穿多根均线时，显示市场短线上涨力量强大，后市短线看涨买入信号发出。

◆ 当股价以下跌大阴线下穿多根均线时，显示市场短期抛压严重，后市短线看跌卖出信号发出。

实例分析

长春高新（000661），上涨大阳线穿过多根均线

图 4-31 所示为长春高新 2019 年 7 月至 9 月的 K 线图。

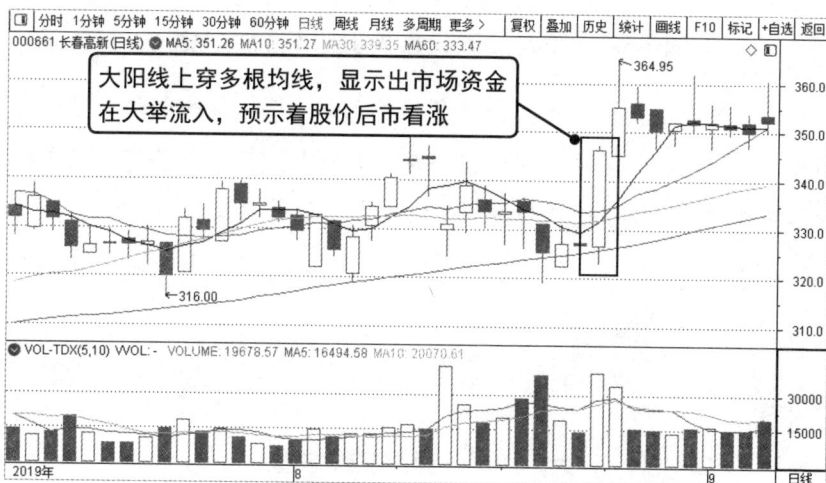

图 4-31 长春高新 2019 年 7 月至 9 月的 K 线图

从图中可以看出，K 线在矩形区域形成一根大阳线，且大阳线成功上穿 5 日、10 日、30 日和 60 日均线，并且伴随着放量。由此可以看出市场资金在大举流入，预示该股后市短线继续看涨，投资者可在此进行短线买入操作。

图 4-32 所示为长春高新 2019 年 8 月至 11 月的 K 线图。

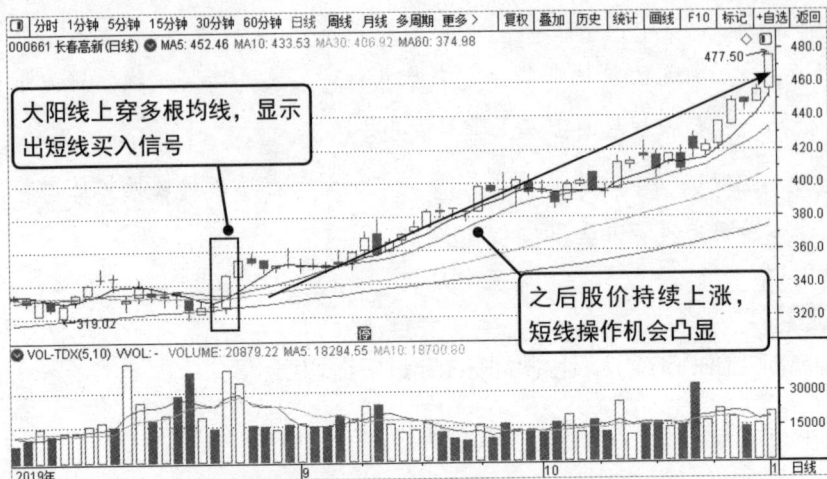

图4-32　长春高新2019年8月至11月的K线图

从图中可以看出，该股在出现了放量上穿多根均线的大阳线后确定了市场资金的流入。然后展开了一轮持续上涨走势，投资者若能积极进行短线买入操作，即可牢牢抓住后市的短线机会，获利不菲。

当股价以大阴线下穿多根均线时，市场就发出短线极度看空的信号，投资者需果断抛售筹码。

实例分析

华东医药（000963），大阴线向下穿过多根均线

图4-33所示为华东医药2019年11月至2020年1月的K线图。

从图中可以看出，该股在下跌之后出现了小幅的反弹，但此时多根均线均向下运行，且成交量缩量，说明股价下跌的趋势并未发生改变，因此后市看跌。

之后，该股以跌停走势的大阴线下穿了多根均线，结束反弹走势，更是发出了明显的看空信号，所以投资者不能进行短线买入，反而应该果断卖出股票。

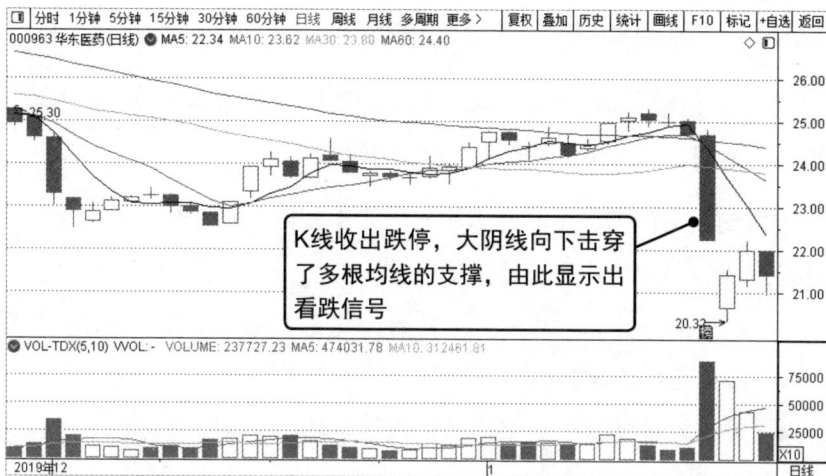

图 4-33　华东医药 2019 年 11 月至 2020 年 1 月的 K 线图

图 4-34 所示为华东医药 2019 年 12 月至 2020 年 3 月的 K 线图。

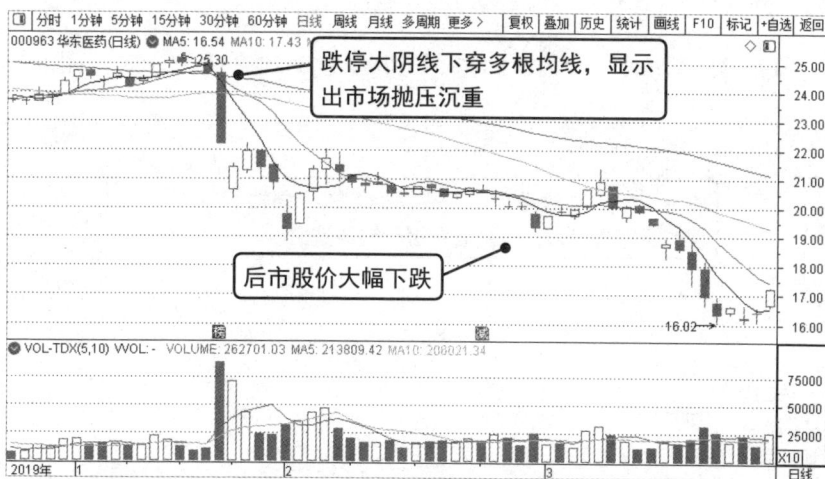

图 4-34　华东医药 2019 年 12 月至 2020 年 3 月的 K 线图

由图中可知，当股价以跌停大阴线向下击穿多根均线后，后市股价果然继续下跌，从阶段内最高的 25.30 元跌至 16.00 元左右，若投资者及时卖出股票则能避免损失。

No.011 均线多头排列短线赚钱术

均线的多头排列指的是均线按照从短周期到长周期的顺序由上到下逐次排列的情况，显示出了市场做多情绪逐步高涨。

均线的多头排列显示的是市场积极的上涨信号，反映出股价上涨速度的逐步加快，因此短线操作可以放心展开。

◆ 股价强势拉升，均线多头排列，投资者可以积极追涨，由此获得短线操作的收益。

◆ 股价没有爆发性地上涨，均线多头排列，投资者可以积极关注短周期均线的支撑位置，抓住短线买入机会。

实例分析

普洛药业（000739），多头排列短期看涨

图4-35所示为普洛药业2019年11月至2020年2月的K线图。

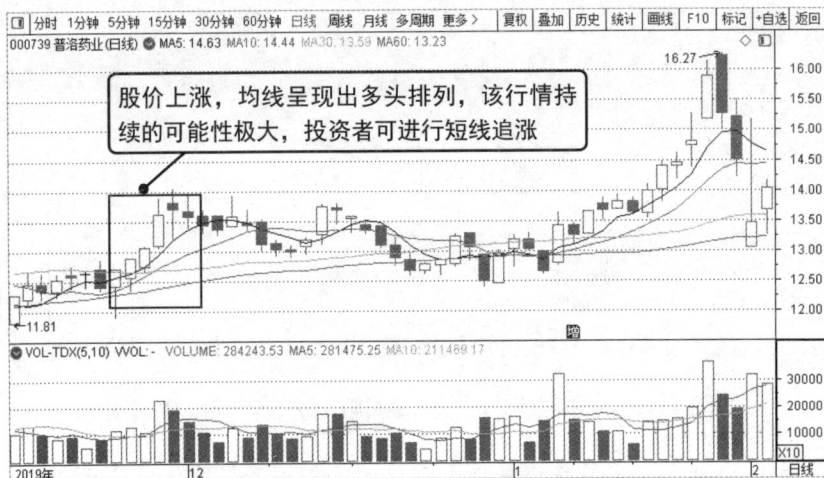

图4-35 普洛药业2019年11月至2020年2月的K线图

从图中可以看出，该股从2019年11月开始出现上涨走势，伴随着股价的拉升，均线逐步向上，呈现出多头排列并连续收出阳线，由此告诉投

资者短线还有上涨空间，应该积极追涨买入。

图 4-36 所示为普洛药业 2019 年 12 月至 2020 年 4 月的 K 线图。

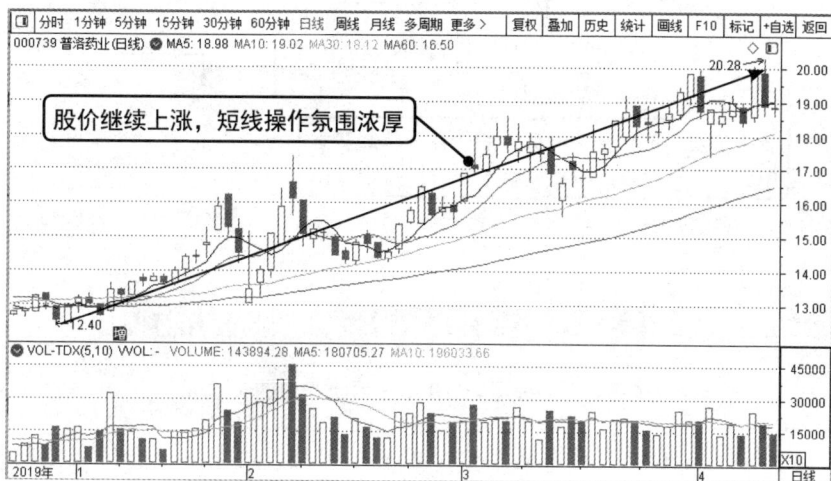

图 4-36　普洛药业 2019 年 12 月至 2020 年 4 月的 K 线图

由图中可知，均线呈现出多头排列后股价继续爆发性上涨，且上涨幅度很大，持续时间也长，超过一个季度。

No.012　均线空头排列短线赚钱术

均线的空头排列指的是均线按照从短周期到长周期的顺序由下至上逐次排列，显示出了市场做空情绪逐步高涨。

均线的空头排列显示出市场已经步入整体下跌的走势之中，因此，在均线空头排列的情况下投资者不宜进行短线操作，应以持币观望为主。

实例分析

ST 银河（000806），空头排列短期看跌

图 4-37 所示为 ST 银河 2020 年 1 月至 5 月的 K 线图。

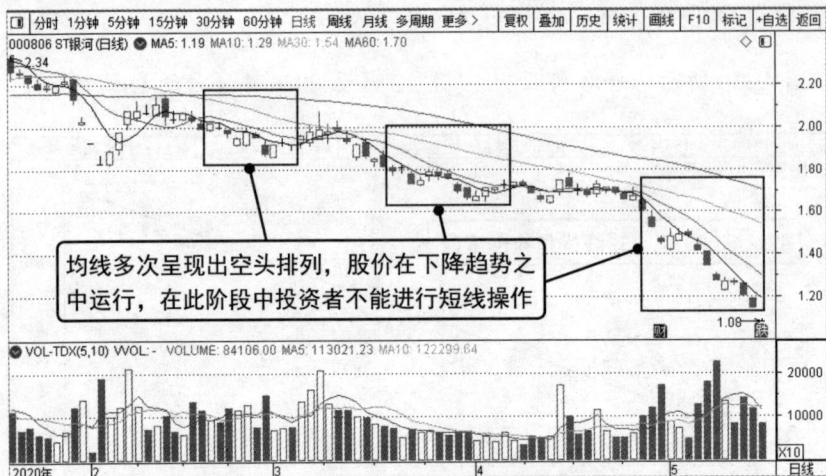

图 4-37　ST 银河 2020 年 1 月至 5 月的 K 线图

　　从图中可以看出，该股见顶之后就一路下跌，均线也开始形成空头排列。30 日和 60 日均线开始向下扭转，5 日和 10 日均线已经完成下移，均线形成空头排列，后市看空。

第 **5** 章

短线操盘术之技术指标

技术指标线是技术分析的重要工具,投资者在进行短线操盘时,利用技术指标线分析市场的变化是十分必要的。本章选择了4种短线操盘中经常用到的技术指标进行实战分析,以求达到提高投资者短线操盘技巧的目的。

No.001 MACD 金叉短线买入

MACD 指标是最常用的技术指标之一，由 DIF 线、DEA 线和 MACD 柱组成，当 DIF 线由下向上穿过 DEA 线形成交叉时，这样的交叉就称为 MACD 金叉。

在研究 MACD 金叉对短线操作的影响时需注意以下两点。

◆ 在股价见底上涨阶段，若 DIF 指标线由下向上穿过 DEA 指标线形成 MACD 金叉时，显示市场短线具有上涨的动力，由此发出短线买入信号。

◆ 在股价运行于下降趋势之中时，短时间的反弹也会使得 MACD 指标形成金叉，但是这样的 MACD 金叉不是一个看涨的信号，投资者不能进行短线买入操作。

实例分析

山大华特（000915），MACD 金叉短期看涨

图 5-1 所示为山大华特 2019 年 9 月至 11 月的 K 线图。

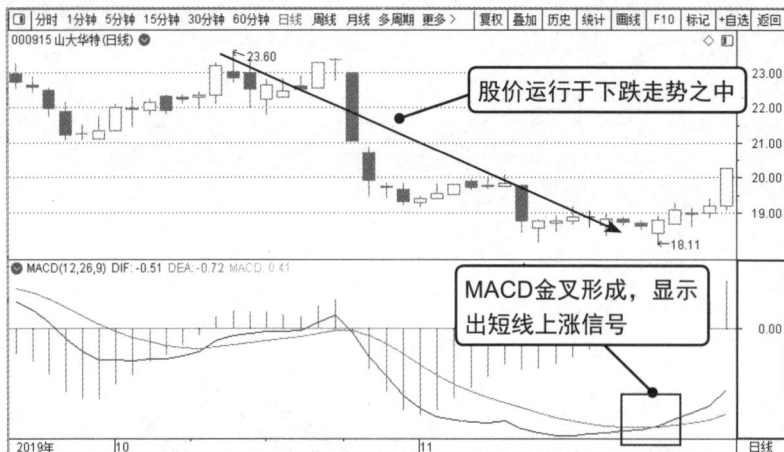

图 5-1 山大华特 2019 年 9 月至 11 月的 K 线图

从图中可以很清楚地看出，该股 10 月中旬至 11 月中旬出现一轮明显的下跌走势，期间多次收于阴线，虽偶有回升也没法改变下跌的趋势。直到股价创出 18.11 元的新低之后，这才终于止跌，并收出了中阳线，同时 MACD 指标也形成了金叉，由此发出短线看涨的信号。

图 5-2 所示为山大华特 2019 年 11 月至 12 月的 K 线图。

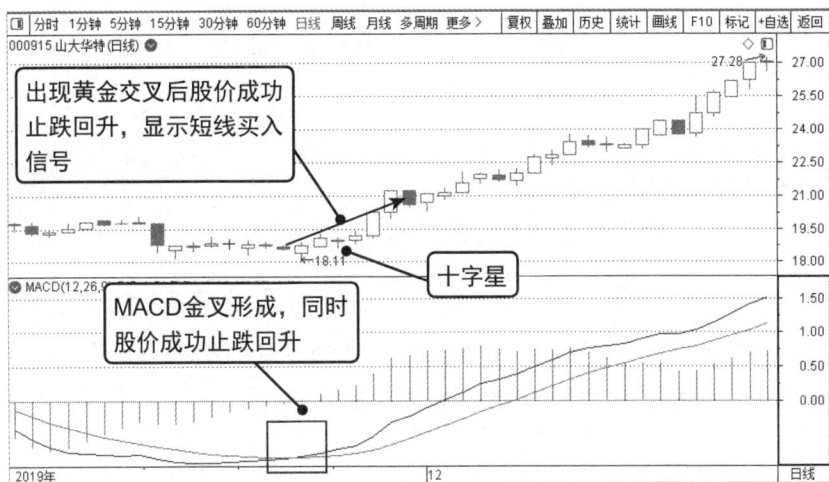

图 5-2　山大华特 2019 年 11 月至 12 月的 K 线图

由图中可知，股价止跌企稳之后收出预示反转的十字星，同时 MACD 指标线已经出现了金叉发出短线看涨信号。在金叉出现之后，投资者应进行短线买入。之后 K 线多次收出阳线，股价也从 18 元左右上涨到了 27 元附近，短线操盘者可以成功获利。

在整体下跌的走势中，股价的短暂反弹也可能使得 MACD 指标线形成金叉，但这样的金叉是无效的，需与前例进行区分。

实例分析

紫鑫药业（002118），MACD 金叉的短期反弹形态

图 5-3 所示为紫鑫药业 2020 年 1 月至 4 月的 K 线图。

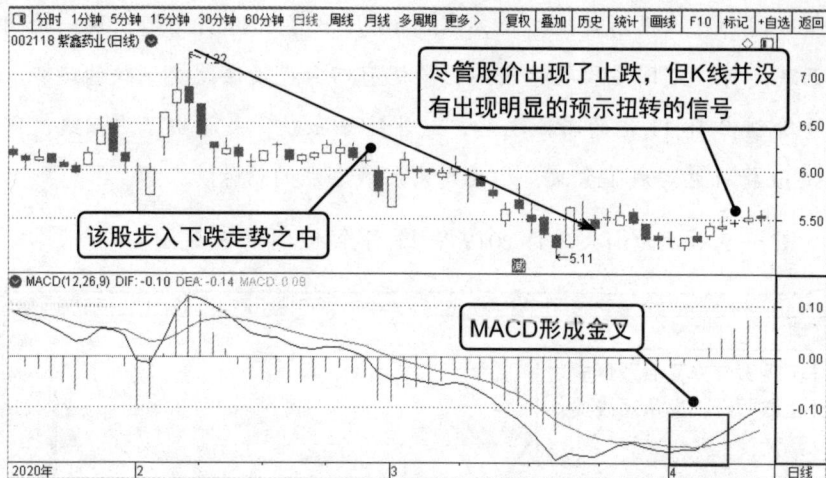

图 5-3　紫鑫药业 2020 年 1 月至 4 月的 K 线图

从图中可以看出，该股从上升通道中转入了漫漫下跌之中。尽管在跌至 5.5 元时出现了止跌企稳，但是这样的走势显然不足以改变股价的下行趋势。因此，虽然此时 MACD 指标线形成了金叉，但不会是一个有效的看涨信号。

图 5-4 所示为紫鑫药业 2020 年 2 月至 5 月的 K 线图。

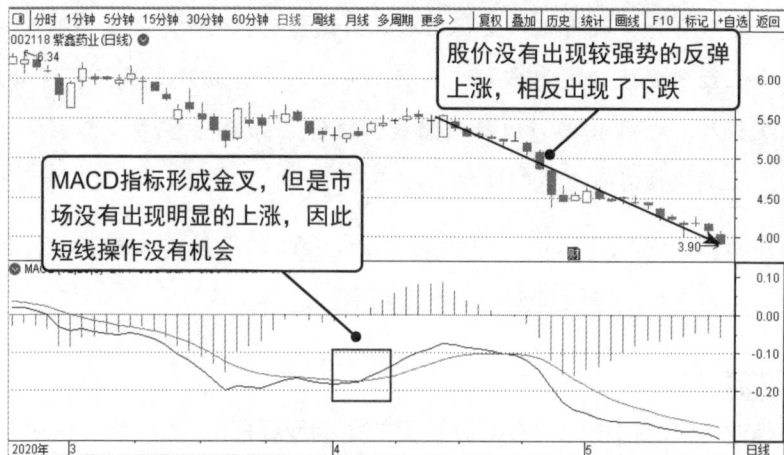

图 5-4　紫鑫药业 2020 年 2 月至 5 月的 K 线图

由图中可知，该股在短暂反弹的时候 MACD 指标形成金叉，但随即股价就连续收出阴线，可见这里的金叉并不是股价反转的信号，更不是一个短线买入的信号。

在 MACD 指标线金叉失效之后，股价继续下跌，若投资者草率根据 MACD 金叉购入股票，很可能短线操盘受损。

No.002 MACD 死叉短线卖出

MACD 指标线死叉指的是 DIF 指标线从上向下穿过 DEA 指标线形成的交叉，反映的是市场步入弱势。

MACD 指标死叉的判断要领有如下两点。

◆ MACD 死叉显示的是股价下跌的信号，因此投资者不能进行短线操作，应以持币观望为主。

◆ 在股价横向波动的走势中，MACD 的死叉失去研判市场变化的价值，不能作为操作的信号。

实例分析

汉森制药（002412），MACD 死叉的短期看跌信号

图 5-5 所示为汉森制药 2020 年 3 月至 4 月的 K 线图。

从图中可以看出，该股前期出现了一波上涨走势，MACD 指标的 DIF 线和 DEA 线均迎头向上运行。

股价创出 9.75 元的新高之后，开始向下运行并多次收于阴线，且随着股价的下跌，MACD 指标线形成死叉，由此发出继续市场看跌的信号，因此投资者不能进场操作。

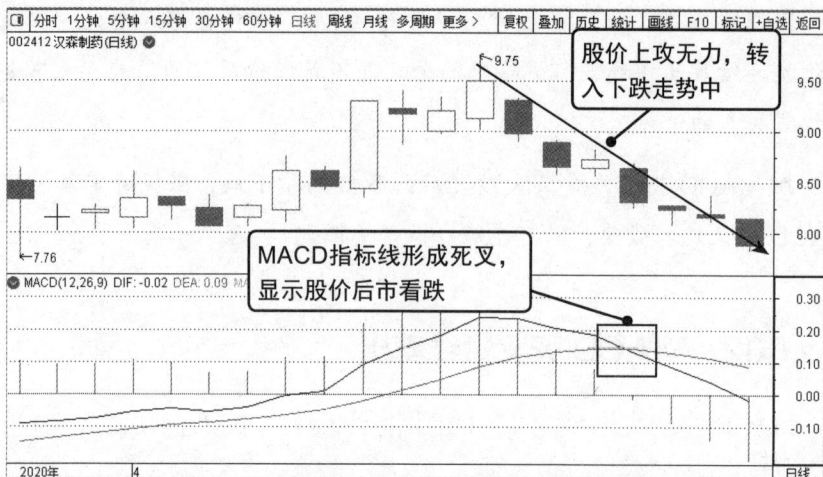

图 5-5　汉森制药 2020 年 3 月至 4 月的 K 线图

图 5-6 所示为汉森制药 2020 年 3 月至 5 月的 K 线图。

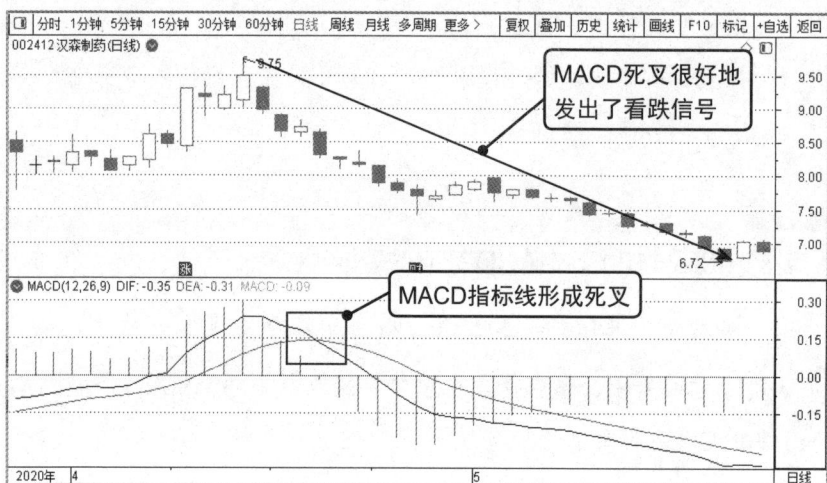

图 5-6　汉森制药 2020 年 3 月至 5 月的 K 线图

从图中可以看出，该股在 MACD 指标线死叉之后，股价继续下跌，从 8 元左右下跌到了 7 元附近。

从上面的实例分析中我们可以知道，当 MACD 指标线形成死叉时，显示市场趋势方向是向下的，由此决定了之后的短线操作不能展开，因此投资者应该采取保存既有收益的策略执行卖出操作。

然而，当股价进行横向波动时，MACD 指标线形成的死叉则不具备实战意义。

实例分析

佛慈制药（002644），横向波动时 MACD 死叉不具备实战意义

图 5-7 所示为佛慈制药 2019 年 9 月至 12 月的 K 线图。

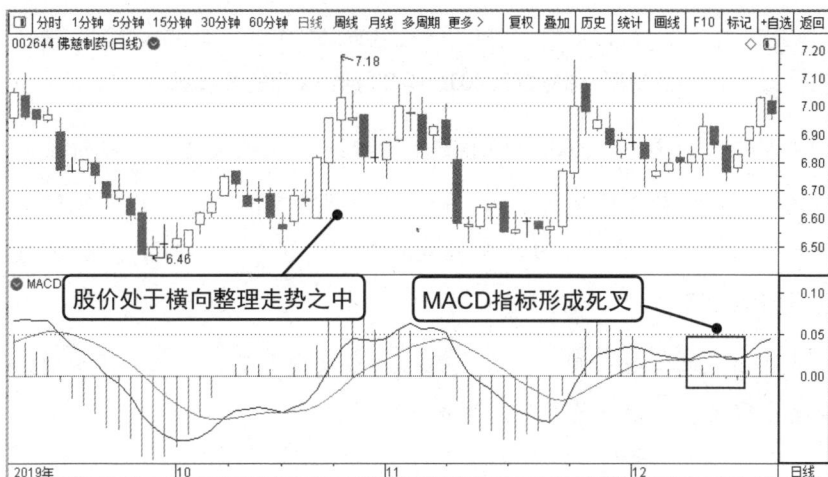

图 5-7　佛慈制药 2019 年 9 月至 12 月的 K 线图

从图中可以看出，该股在此阶段进行着横向整理走势，股价基本上处于一个矩形形态之中。

图中矩形区域，MACD 指标线在 12 月中旬形成死叉，但这是否预示着股价会破位下行呢？

图 5-8 所示为佛慈制药 2019 年 8 月至 12 月的 K 线图。

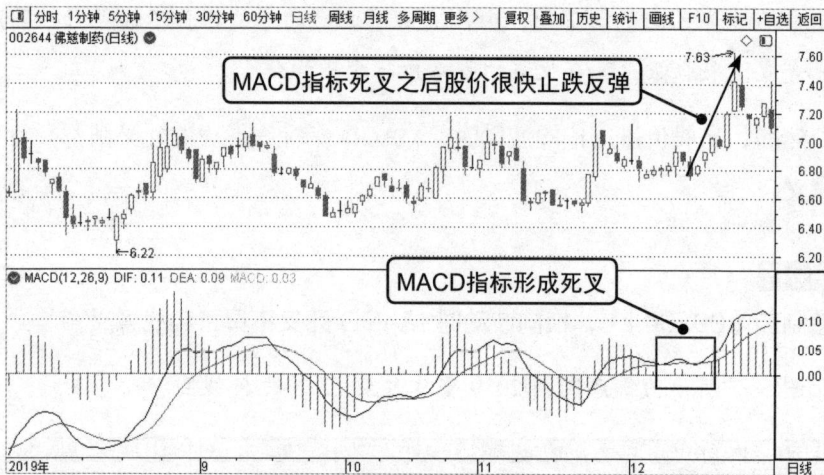

图 5-8　佛慈制药 2019 年 8 月至 12 月的 K 线图

从图中可以看出，该股在 MACD 指标线形成死叉之后，股价反而很快止跌反弹，并且连续收于阳线，甚至还出现了大阳线。这显然和 MACD 指标线死叉的意义相反，由此说明横向整理过程中的 MACD 指标线死叉是没有实战意义的。

其实该股此阶段在矩形形态中运行，当股价下跌到了矩形下边时，股价就会获得支撑，由此展开了反弹走势。

No.003　MACD 指标线上穿 0 轴短线操作策略

MACD 指标线上穿 0 轴指的是 MACD 指标线的 DIF 线和 DEA 线都已经运行到 0 轴以上，这样的变化特点显示出市场走强的信号。

MACD 指标线上穿 0 轴可以发出较为准确的短线看涨信号，但是有时 MACD 指标线上穿 0 轴的市场信号会有滞后性。

实例分析

东阿阿胶（000423），MACD 指标线上穿 0 轴为短期看涨信号

图 5-9 所示为东阿阿胶 2020 年 2 月至 5 月的 K 线图。

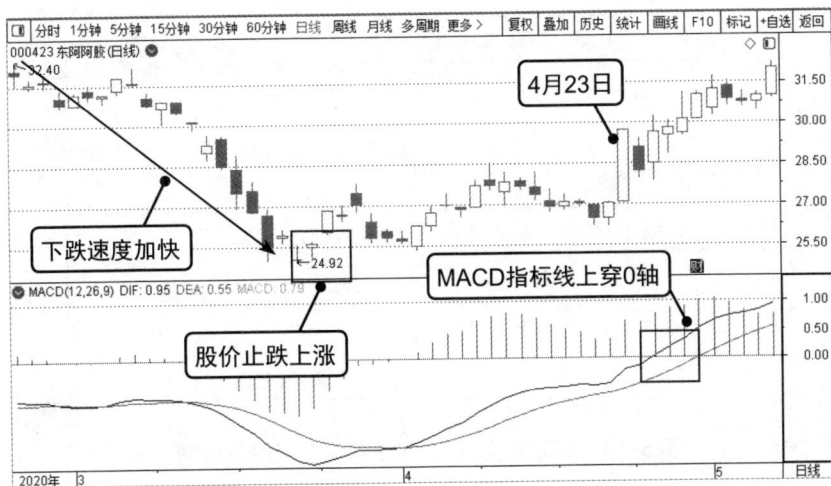

图 5-9　东阿阿胶 2020 年 2 月至 5 月的 K 线图

从图中可以看出，该股左侧处于下跌走势中，且下跌速度逐步加快，这样的下跌使得市场快速形成阶段性底部。

股价在 25.5 元附近止跌企稳，转入上升行情中。

4 月 23 日，K 线收出涨停大阳线大幅拉升股价，与此同时 MACD 指标线上穿了 0 轴，这显示出市场短线势头强劲，因此短线投资者可以在此位置买入该股，后市即可获利。

图 5-10 所示为东阿阿胶 2020 年 3 月至 5 月的 K 线图。

由图中可知，MACD 指标线在 4 月下旬上穿 0 轴时，市场发出明确的看涨买入信号，随后出现强势的上涨走势，形成良好的短线操作机会，短线操盘者若能及时购入股票，必能获利不菲。

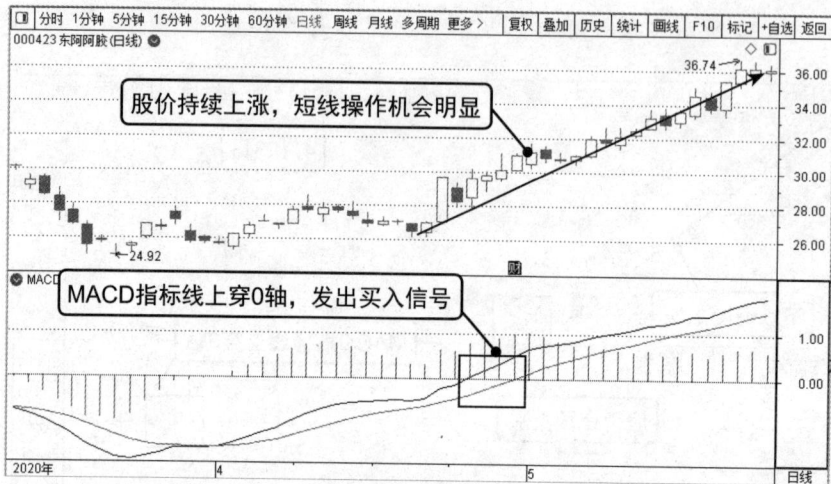

图 5-10　东阿阿胶 2020 年 3 月至 5 月的 K 线图

很多时候 MACD 指标线上穿 0 轴的看涨信号会出现滞后，这有可能导致短线操作失误。

实例分析

通化金马（000766），MACD 上穿 0 轴具有滞后性

图 5-11 所示为通化金马 2019 年 10 月至 2020 年 2 月的 K 线图。

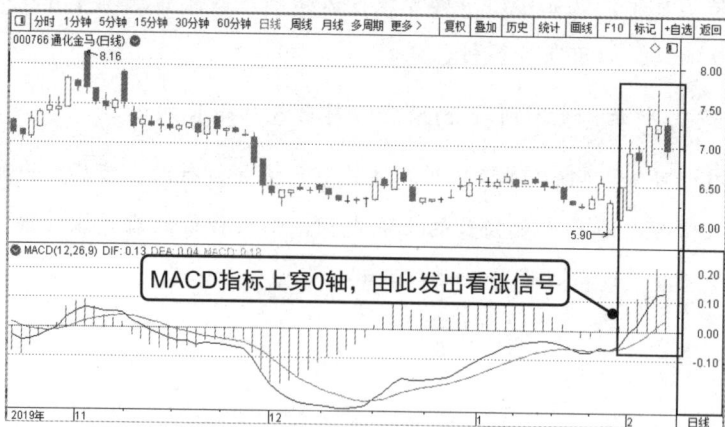

图 5-11　通化金马 2019 年 10 月至 2020 年 2 月的 K 线图

从图中可以看出，该股前期出现了较大幅度的下跌，然后开始了伴随回落调整的缓慢上涨。

股价在 5.9 元见底后，便开始出现较大幅度的上涨，在大幅上涨的第 3 个交易日，MACD 指标中的 DIF 线上穿 0 轴，两个交易日后 DEA 线也上穿 0 轴，显示出其上穿看涨信号的滞后性。

图 5-12 所示为通化金马 2019 年 12 月至 2020 年 4 月的 K 线图。

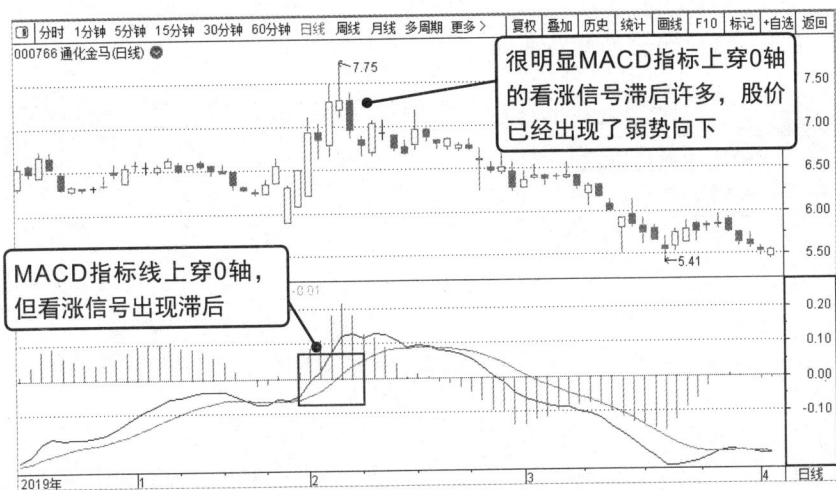

图 5-12　通化金马 2019 年 12 月至 2020 年 4 月的 K 线图

由图中可知，该股经过一轮上涨之后，MACD 指标线才完全上穿 0 轴，这样发出的看涨信号就严重滞后了。

在 MACD 指标线上穿 0 轴之后，股价不仅没有持续上涨，反而在出现两天的上升后就出现了大幅下跌，由此更加证明了此处 MACD 指标线上穿 0 轴看涨信号的滞后性。

No.004　MACD 指标线下穿 0 轴短线操作策略

MACD 指标线下穿 0 轴指的是 MACD 指标线的 DIF 线和 DEA 线都

下穿 0 轴，这样的变化特点显示出市场走弱的信号。

因此，投资者不能进行短线买入操作而应该看跌，积极卖出股票。但有时 MACD 指标线下穿 0 轴发出的看跌信号会出现滞后，导致失去其本来的效果。

实例分析

海翔药业（002099），MACD 下穿 0 轴短期看跌

图 5-13 所示为海翔药业 2019 年 12 月至 2020 年 2 月的 K 线图。

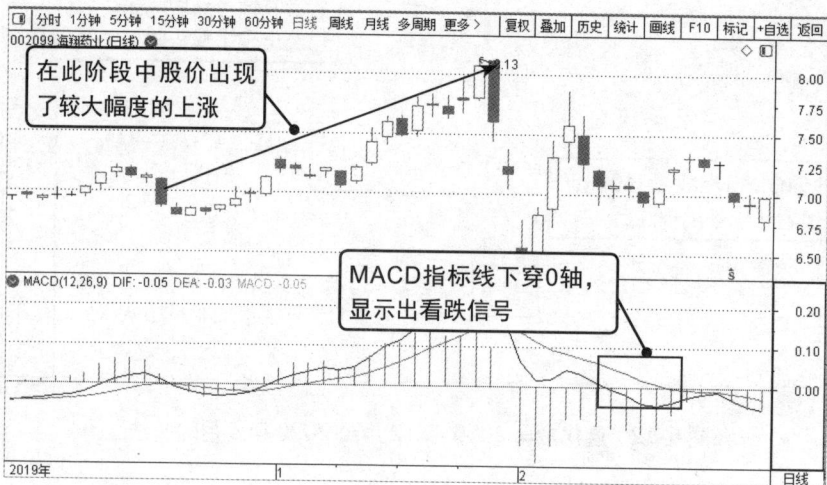

图 5-13　海翔药业 2019 年 12 月至 2020 年 2 月的 K 线图

从图中可以看出，该股前期出现不错的上涨走势，然后开始一波调整走势，在这期间短线操作可以灵活展开。

股价在 8.00 元左右见顶之后开始下跌，并在 6.5 元左右止跌回升，然后股价在 7 元位位线上下波动。但 MACD 指标线已经完全下穿 0 轴，由此显示出市场看跌信号，可推测此处止跌只是下跌中的中继整理，并没有改变股价整体的下跌走势。

图 5-14 所示为海翔药业 2020 年 1 月至 3 月的 K 线图。

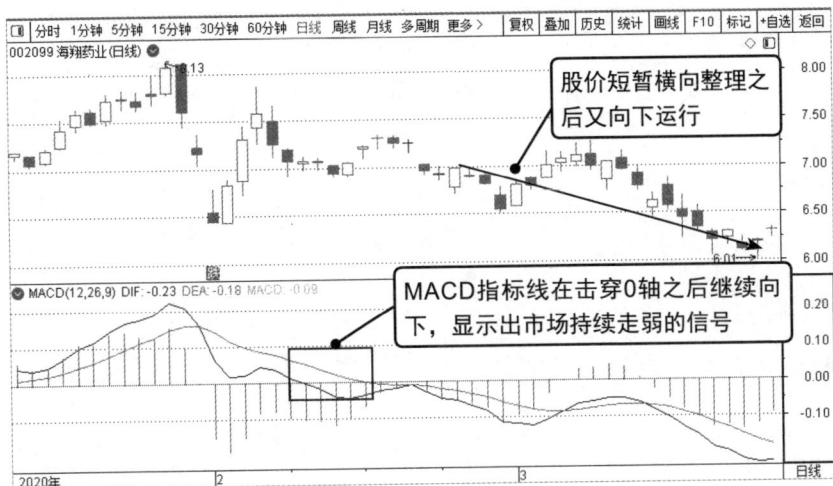

图 5-14　海翔药业 2020 年 1 月至 3 月的 K 线图

如上图所示，该股在下跌途中进行短时间的整理，此时 MACD 指标线已经下穿 0 轴，由此显示出市场看跌的信号，所以投资者不能盲目判断此位置止跌企稳，并展开短线操作。

有时 MACD 指标线下穿 0 轴反映的看跌信号具有严重的滞后性，会影响短线操盘者判断。

实例分析

克明面业（002661），MACD 下穿 0 轴信号具有滞后性

图 5-15 所示为克明面业 2018 年 12 月至 2019 年 4 月的 K 线图。

从图中可以看出，该股处于上升行情中，股价经过一段时间的拉升，上涨至 18 元附近后止涨。4 月 11 日 K 线收出一根大阴线，将股价拉低至 16 元的价位线上。

虽然观察此时的 MACD 发现，DIF 线下穿 DEA 线形成死叉，但随后股价并没有继续下跌而是在该价位线上横盘，后市走势不明，因为不能明确是股价上涨途中的回调，还是行情变盘前的迹象，需要进一步确定。

图 5-15　克明面业 2018 年 12 月至 2019 年 4 月的 K 线图

图 5-16 所示为克明面业 2019 年 3 月至 8 月的 K 线图。

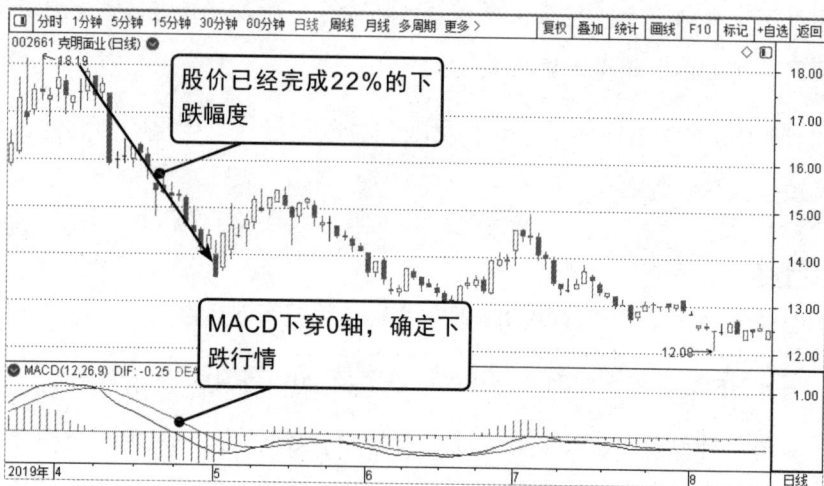

图 5-16　克明面业 2019 年 3 月至 8 月的 K 线图

从图中可以看出，MACD 出现死叉后 DIF 线和 DEA 线继续下行，4 月底纷纷下穿 0 轴，此时股价下跌的行情变化得到了进一步的确认，投资者可以彻底死心了。但是，观察股价发现，此时股价已经从 18 元附近，跌至 14 元附近，跌幅达到 22%。由此说明，MACD 下穿 0 轴信号具有滞后性。

No.005 KDJ 指标线上穿 50 轴线

KDJ 指标线也是一种十分常用的技术指标，KDJ 的 50 轴线为市场强弱的分界点，因此 KDJ 指标线穿越 50 轴线就具有十分特殊的操作意义。

股价强势拉升并带动 KDJ 指标线上穿 50 轴线，显示出市场强有力的上涨，投资者可以及时进行短线操作，由此获取短线收益。股价缓慢上扬，KDJ 指标线逐步上穿 50 轴线，则显示出市场整体趋势的上升，短线买入应该在之后回调的低位。

实例分析

牧原股份（002714），股价强势上涨带动 KDJ 指标上穿 50 轴线

图 5-17 所示为牧原股份 2019 年 10 月至 2020 年 3 月的 K 线图。

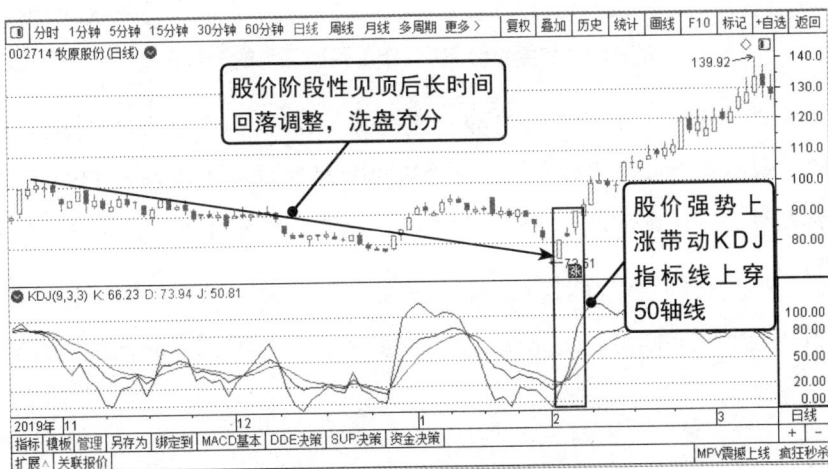

图 5-17 牧原股份 2019 年 10 月至 2020 年 3 月的 K 线图

从图中可以看出，该股在 2019 年 10 月底阶段性见顶后步入了一波长

期的回调整理走势中，显示了主力洗盘彻底。在2月3日，股价跳空低开跌停板收出到T线创出阶段性的低价。次日股价高开高走收出涨停大阳线，接着出现一根跳空的小阴星和一根涨停的大阳线连续拉高股价强势上涨，并带动KDJ指标线在短短3个交易日便完全上穿50轴线，由此更加证明股价有望强势上涨，短线买入信号出现。

图5-18所示为牧原股份2020年1月至3月的K线图。

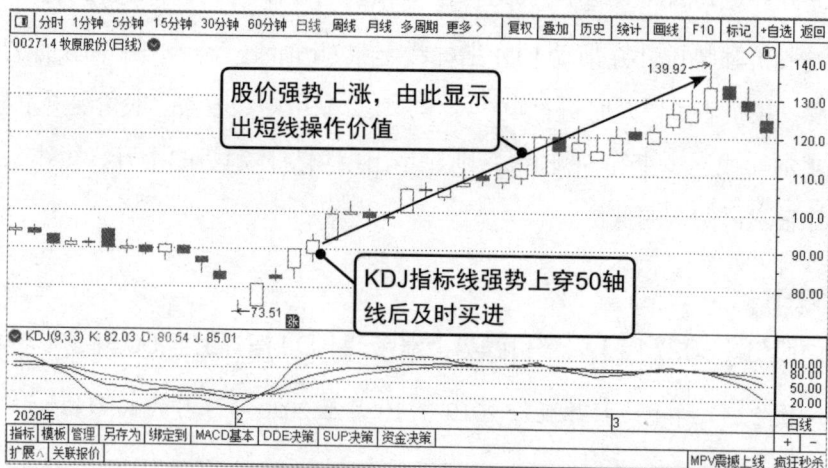

图5-18　牧原股份2020年1月至3月的K线图

由图中可知，该股在KDJ指标线强势上穿50轴线后出现了爆发性的上涨，短短一个月左右的时间，股价从90元左右上涨到最高的139.92元，涨幅超过55%，显示出了良好的短线介入机会，投资者短线买入即可获利。

若股价在缓慢上涨时带动KDJ指标线上穿50轴线时，同样也能显示出市场整体方向向上，因此投资者可以选择之后股价回调的低位进行短线买入操作。

实例分析

东诚药业（002675），股价缓慢上涨带动KDJ指标上穿50轴线

图5-19所示为东诚药业2019年8月至11月的K线图。

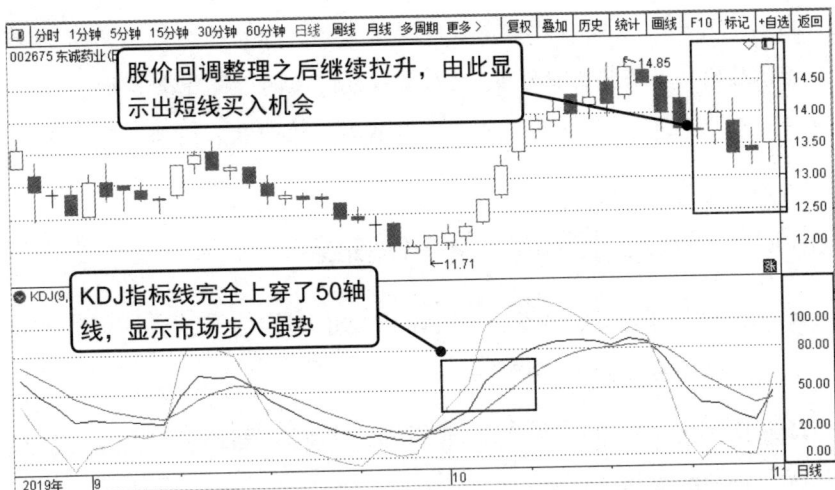

图 5-19 东诚药业 2019 年 8 月至 11 月的 K 线图

从图中可以看出，10 月初该股缓慢上扬，带动 KDJ 指标线逐步向上穿破了 50 轴线，由此显示出市场走强的信号。

之后股价在上涨过程中向下回调，接着 K 线收出涨停大阳线拉起股价，这样强劲的突破走势已经发出明显的短线看涨信号，短线操盘者不可错过该良机。

图 5-20 所示为东诚药业 2019 年 9 月至 11 月的 K 线图。

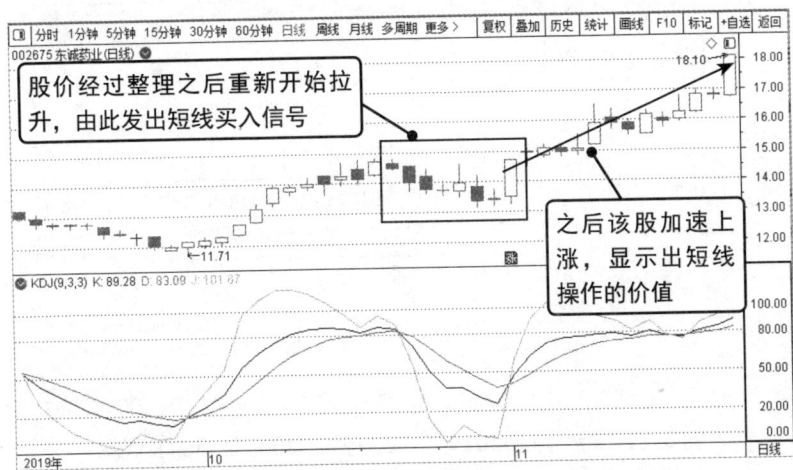

图 5-20 东诚药业 2019 年 9 月至 11 月的 K 线图

由图中可知，该股拉升初期股价稳步上扬，KDJ 指标线上穿 50 轴线，由此显示股价转入强势上涨阶段。之后该股经过回调后接着收于涨停大阳线，开始一轮强势拉升，短线操盘者根据这个买入信号购入股票，即可获利。

No.006　KDJ 指标线下穿 50 轴线

KDJ 指标线下穿 50 轴线显示的是市场走弱的信号，在这样的信号指导下，投资者不宜进行做多操作。

KDJ 指标线下穿 50 轴线与 KDJ 指标线上穿 50 轴线意义相反，反映出股价逐步走弱的信号。

◆ KDJ 指标线下穿 50 轴线显示出市场步入弱势，由此指导投资者不能进行短线买入操作。

◆ KDJ 指标线下穿 50 轴线的市场意义有时也会出现失效的情况。

实例分析

特一药业（002728），KDJ 指标下穿 50 轴线看跌

图 5-21 所示为特一药业 2019 年 12 月至 2020 年 2 月的 K 线图。

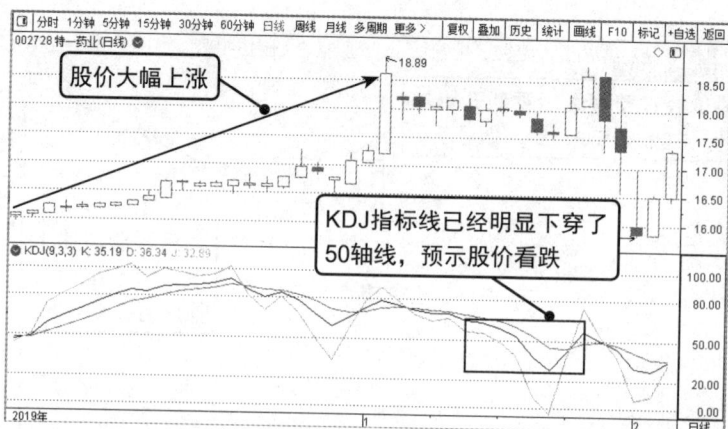

图 5-21　特一药业 2019 年 12 月至 2020 年 2 月的 K 线图

从图中可以看出，该股前期出现了幅度较大的上涨，且上攻比较强势，当股价上攻回落到前期低位区域时，KDJ指标线已经完成了下穿50轴线的动作，由此显示股价不会在前期低位止跌反弹，后市继续看跌。

图5-22所示为特一药业2019年12月至2020年3月的K线图。

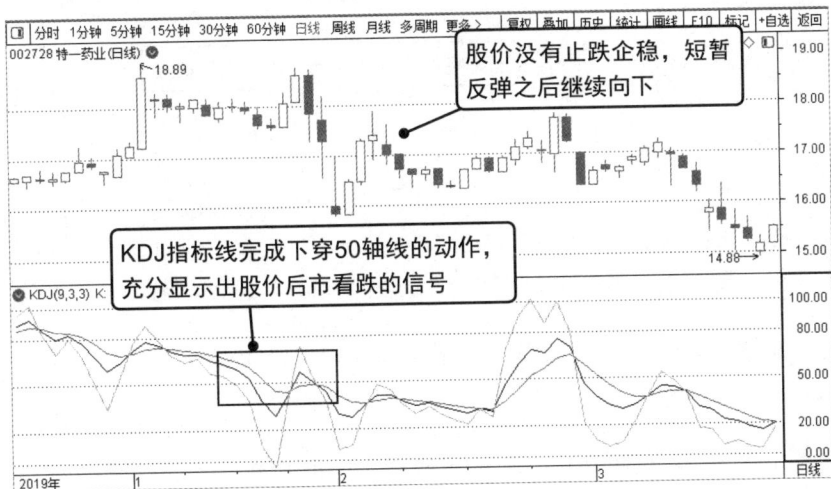

图5-22　特一药业2019年12月至2020年3月的K线图

由图中可知，该股在前期的上涨中很明显地形成了一个阶段性顶部，尽管前期股价低位具有一定的支撑作用，但是KDJ指标线完成下穿50轴线的动作显示出了股价看跌的信号。

从后市的走势可以看到股价果然持续向下运行，虽偶有起伏但大趋势依旧是下跌，因此投资者不能奢望股价短线反弹。

有时KDJ指标线下穿50轴线并不是股价进一步下跌的信号，短线操盘者需要注意分析。

实例分析

国农科技（000004），KDJ指标下穿50轴线意义失效

图5-23所示为国农科技2019年11月至2020年2月的K线图。

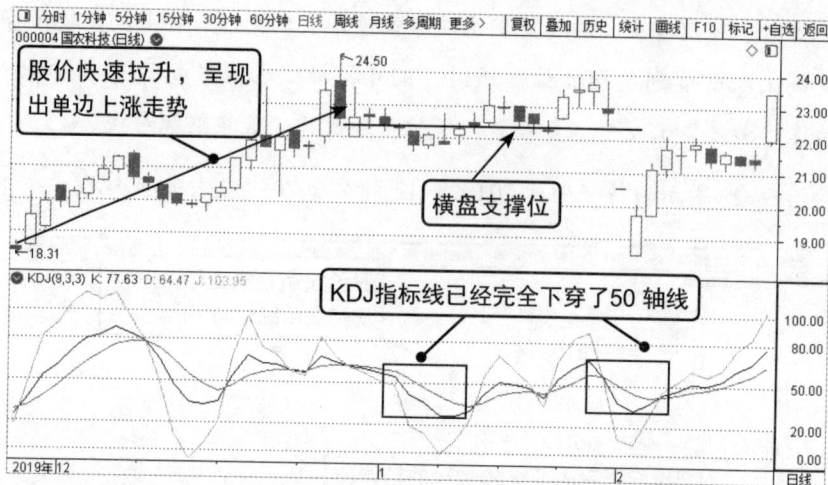

图 5-23　国农科技 2019 年 11 月至 2020 年 2 月的 K 线图

从图中可以看出，该股股价表现出强劲的上涨走势，由此激发出了市场强烈的做多情绪。

在上涨至 23 元附近时，股价滞涨横盘，随后在 1 月底快速跌破横盘的低位支撑价位，此时 KDJ 指标线两次完全击穿 50 轴线，这是否预示股价后市将面临大幅下跌呢？

图 5-24 所示为国农科技 2020 年 1 月至 3 月的 K 线图。

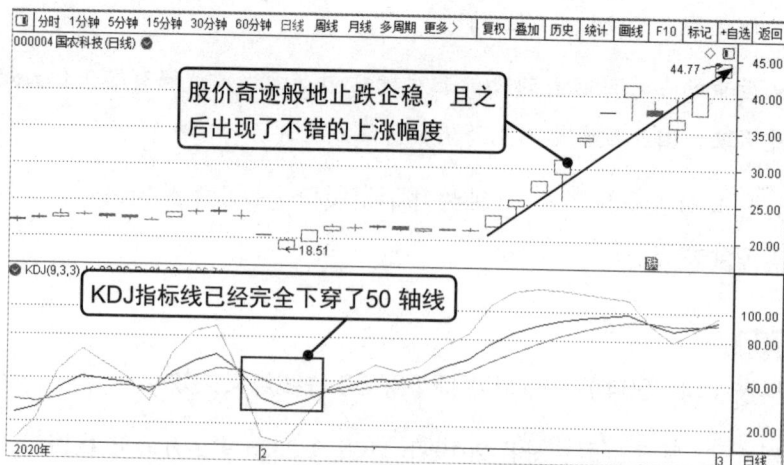

图 5-24　国农科技 2020 年 1 月至 3 月的 K 线图

由图中可知，该股在快速下跌之后并没有继续杀跌，而是企稳回升，由此可见在此位置的 KDJ 指标线下穿 50 轴线的意义不大。

后市股价连续涨停，股价从 20.00 元左右一直攀升到 45.00 元，若短线操盘者仅仅根据 KDJ 指标线下穿 50 轴线草率售出股票，将错失丰厚的利润回报。

No.007 KDJ 金叉短线买入操作

KDJ 指标线主要由 K 曲线和 D 曲线组成，KDJ 金叉就是 K 曲线由下向上穿越 D 曲线形成的交叉。KDJ 指标线的金叉是短线操作中很有价值的技术信号，具有很高的可信度。

在 KDJ 指标线形成金叉时，投资者可以根据市场走势强弱进行短线买入操作。在 KDJ 指标金叉后，K 线向下触及 D 线反转时也是短线买入机会。

实例分析

双林生物（000403），KDJ 指标的金叉

图 5-25 所示为双林生物 2020 年 3 月至 4 月的 K 线图。

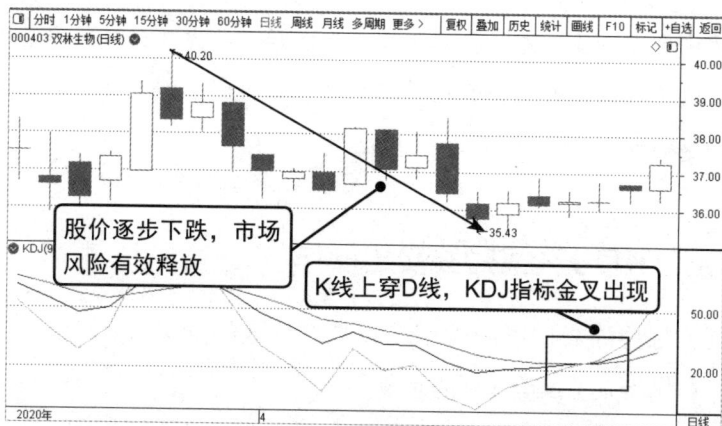

图 5-25 双林生物 2020 年 3 月至 4 月的 K 线图

从图中可以看出，该股出现了明显的下跌走势，这样的下跌可以有效释放市场中的做空动能。

从KDJ指标来看，4月下旬K曲线上穿D曲线形成金叉，此时股价止跌企稳，小幅回升，由此可见，股价反弹上涨的可能性极大，投资者可以进行短线买入操作。

图5-26所示为双林生物2020年4月至5月的K线图。

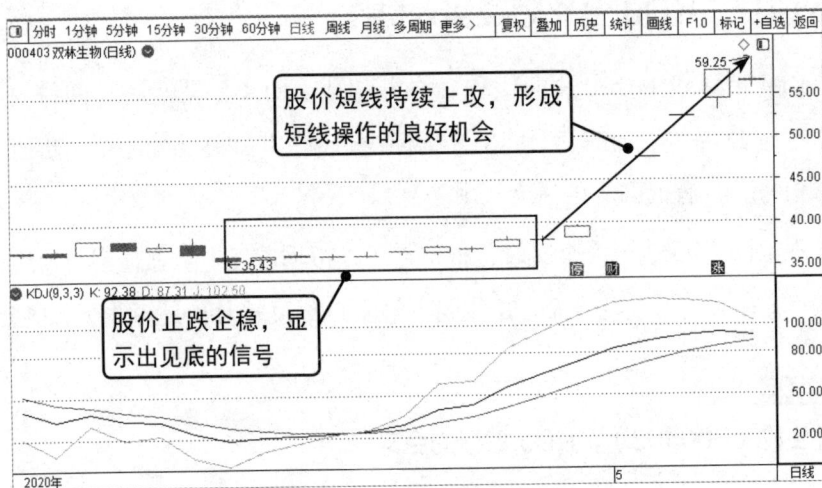

图5-26　双林生物2020年4月至5月的K线图

从图中可以看出，KDJ指标线金叉形成后，确定了该股的触底回升走势，之后股价持续攀升，短线操作机会多。若投资者在金叉形成后的连续收于阳线趋势中果断购入股票，短线必能获利。

No.008　KDJ死叉短线卖出操作

KDJ指标线的K曲线向下穿过D曲线形成的交叉就是死叉，它的出现显示出市场步入了弱势向下的阶段。

KDJ指标的死叉与金叉运用技巧相反，死叉显示的是看跌信号，因此以卖出股票为宜。

◆ 当 KDJ 指标形成死叉时，显示后市继续看跌，因此投资者要及时卖出股票，不能进行短线买入操作。

◆ K 曲线向上触及 D 曲线但并没有上穿 D 曲线，显示出的也是看跌信号。

实例分析

东北制药（000597），KDJ 指标的死叉

图 5-27 所示为东北制药 2019 年 12 月至 2020 年 2 月的 K 线图。

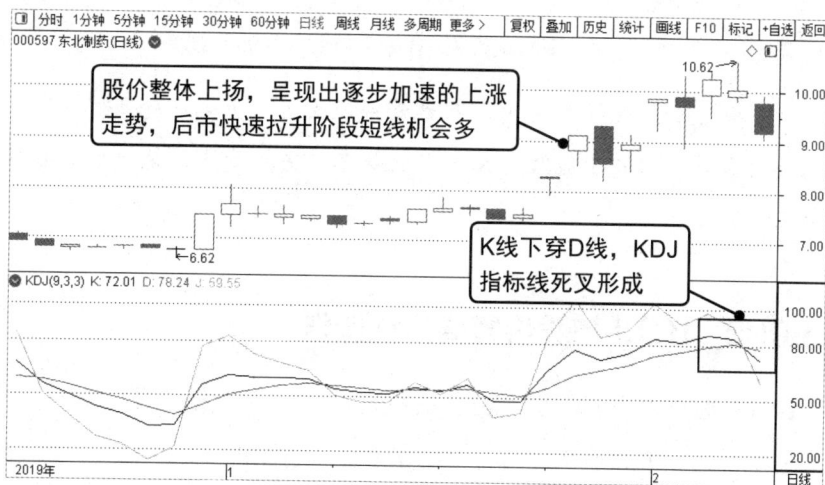

图 5-27　东北制药 2019 年 12 月至 2020 年 2 月的 K 线图

从图中可以看出，该股上涨速度逐步加快，后期短线操作氛围浓厚。但 KDJ 指标线在股价上涨后的高位区域形成死叉，由此发出看跌信号，因此短线买入的投资者要及时卖出股票。

图 5-28 所示为东北制药 2020 年 1 月至 3 月的 K 线图。

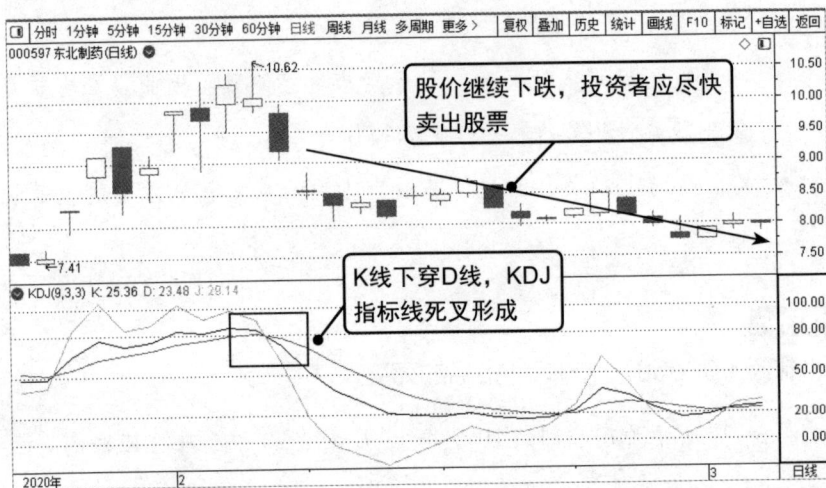

图 5-28　东北制药 2020 年 1 月至 3 月的 K 线图

　　由图中可知，该股在 KDJ 指标线形成死叉后，开始一轮下跌走势，虽出现一次反弹，但并不能改变大趋势的状态，若投资者没能及时卖出股票将会遭受损失。

No.009　KDJ 与股价背离短线操作

　　KDJ 指标线和股价的背离分为两种情况，即底背离和顶背离，这两种背离情况都显示的是股价运行与 KDJ 指标运行呈相反的方向。

　　尽管 KDJ 指标和股价形成的背离走势显示的是一个中长期的信号，但是运用这种信号可以很好地判断出股价的见底和见顶，由此为投资者进行短线操作带来足够的便利。

　　KDJ 与股价的背离意义如下。

◆　在股价下跌的低位区域，股价持续走低，但是 KDJ 指标线却呈现出上扬的走势，由此形成了 KDJ 指标与股价的底背离情况，出现这样的情况，预示股价向上反转在即。

◆ 在股价上涨后的高位区域，股价继续走高，但是 KDJ 指标线却呈
现出下滑的走势，由此形成了 KDJ 指标与股价的顶背离情况，出
现这样的情况，预示股价向下反转在即。

实例分析

华润三九（000999），KDJ 指标与股价的底背离

图 5-29 所示为华润三九 2020 年 3 月至 4 月的 K 线图。

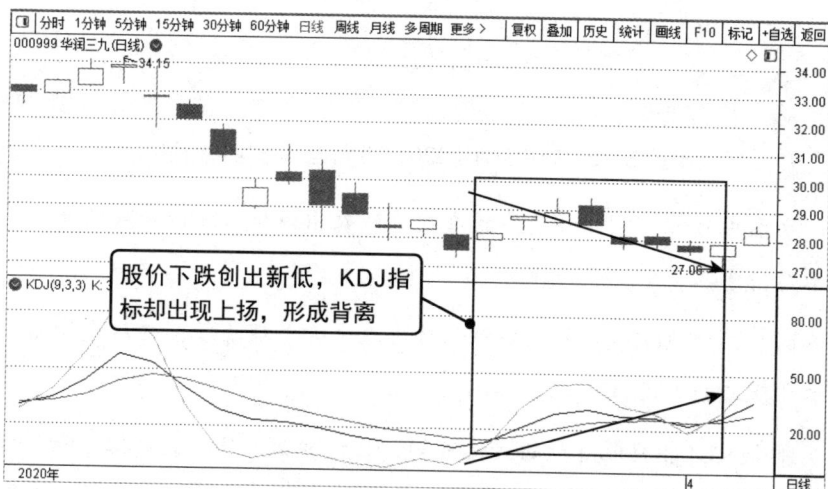

图 5-29　华润三九 2020 年 3 月至 4 月的 K 线图

从图中可以看出，该股整体处于持续下跌走势之中，股价在整个走势
中并没有出现明显的较大幅度的反弹。

随着股价的新一轮下跌，KDJ 指标线反而向上运行，这样的走势特征
显然和股价的下跌形成背离，预示着股价趋势即将转换，短线操盘者应引
起注意。

图 5-30 所示为华润三九 2020 年 3 月至 4 月的 K 线图。

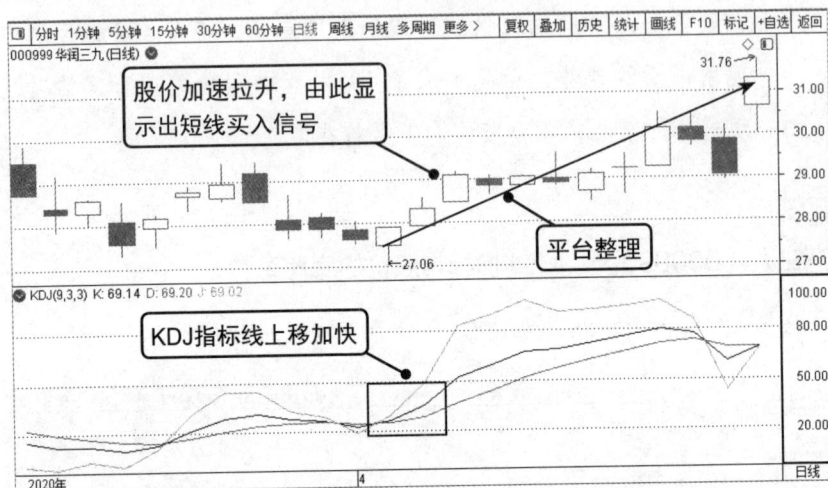

图 5-30 华润三九 2020 年 3 月至 4 月的 K 线图

由图中可知，KDJ 与股价的底背离现象出现后，股价止跌回升，转入上涨行情中。

随后，该股在 4 月初短暂拉升后进入平台整理阶段，之后便开始了连续收于阳线的加速拉升。

结合 KDJ 指标此阶段的变化可知，股价加速上扬，KDJ 指标线也加速上移，3 条线不断发散，由此发出短线买入信号，所以投资者可以进行短线买入操作。

在股价继续上涨阶段，KDJ 指标却出现下滑走势，显示的就是股价和 KDJ 指标的顶背离，预示着股价可能见顶下跌，短线操盘者需及时卖出股票。

实例分析

*ST 奋达（002681），KDJ 指标与股价的顶背离

图 5-31 所示为 *ST 奋达 2019 年 10 月至 12 月的 K 线图。

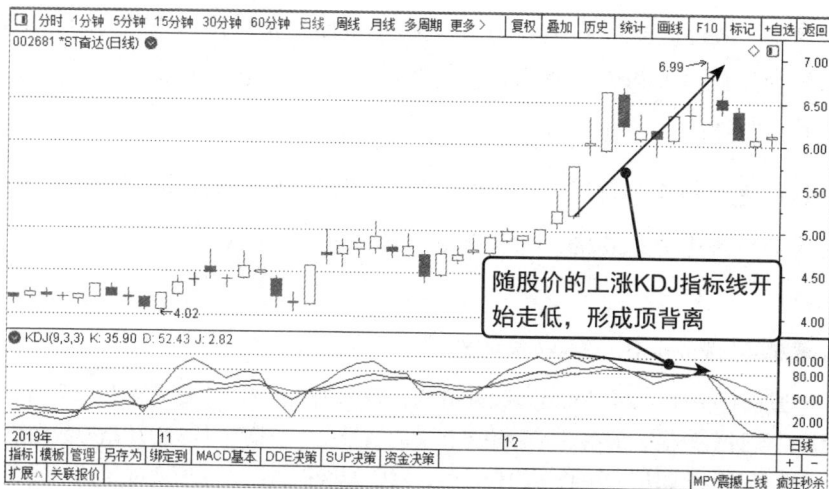

图 5-31　*ST 奋达 2019 年 10 月至 12 月的 K 线图

从图中可以看出，该股此阶段一直处于上涨走势之中，K 线连续收出阳线，这创造了短线操作的绝佳机会。但是随着股价的不断上涨，KDJ 指标却开始走低，由此形成顶背离，预示着股价即将见顶，显示出短线卖出的信号。

图 5-32 所示为 *ST 奋达 2019 年 12 月至 2020 年 5 月的 K 线图。

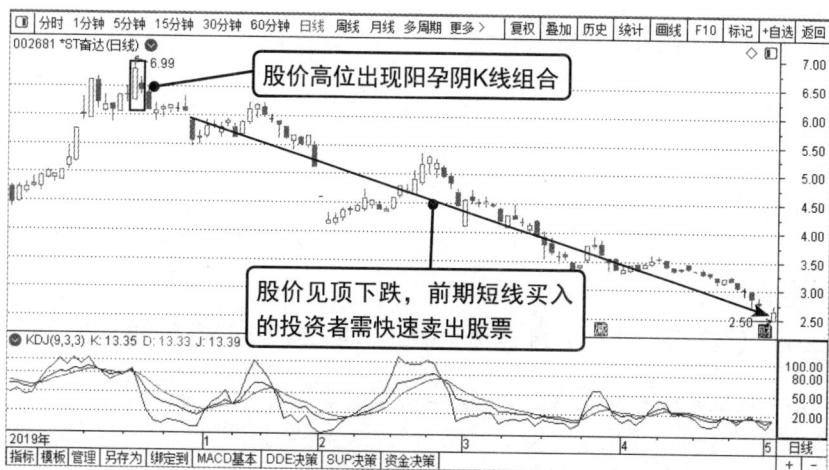

图 5-32　*ST 奋达 2019 年 12 月至 2020 年 5 月的 K 线图

由图中可知，该股在上涨高位与 KDJ 指标形成明显的顶背离后，K 线也出现阳孕阴组合形态，说明多头力竭，空头开始占据上风，也发出了股价见顶的信号。

这就更加加强了前期通过 KDJ 顶背离判断的股价见顶的有效性，此时投资者必须快速卖出股票，尤其是前期短线追入的投资者。

拓展知识 *股价和 KDJ 指标线的背离*

通过前期的知识可以知道，股价和 KDJ 指标线的背离分为底背离和顶背离，无论是哪种背离显示的都是一种趋势相反的信号。一般情况下，KDJ 指标线和股价的背离是一个很好的中长线操作信号，对于短线操作而言也有实战价值。即当出现底背离时，若股价开始加速向上，则短线买入信号明显；当出现顶背离时，若股价大阴线下跌，则短线应该及时卖出。

No.010　WR 指标线上穿 80 轴线再下穿短线的信号

WR 指标线表示的是当天的收盘价在过去一段日子的全部价格范围内所处的相对位置，是一种比较常见的技术指标。在 WR 指标线上穿 80 轴线时，反映出市场超卖的信号。

一般情况下，WR 指标线的取值范围是 0 ~ 100。当 WR 指标线向上穿过 80 轴线时，显示出市场超卖的信号，之后向下穿过 80 轴线就是短线买入的信号。

实例分析

亚太药业（002370），WR 指标上穿 80 轴线再下穿 80 轴线

图 5-33 所示为亚太药业 2020 年 3 月至 4 月的 K 线图。

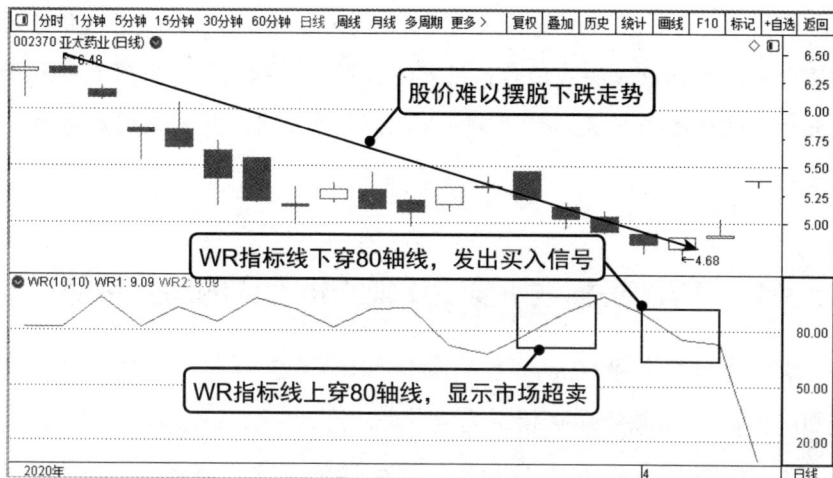

图 5-33　亚太药业 2020 年 3 月至 4 月的 K 线图

从图中可以看出，股价从 6.5 元左右一路下跌并没有出现明显的反弹。在下跌的过程中 WR 指标线已经上穿了 80 轴线且在 80 轴线上方运行了一段时间，显示出市场已经出现了超卖现象。之后股价被涨停线拉起，且 WR 指标线强势向下穿越了 80 轴线，由此发出了短线买入信号。

图 5-34 所示为亚太药业 2020 年 3 月至 4 月的 K 线图。

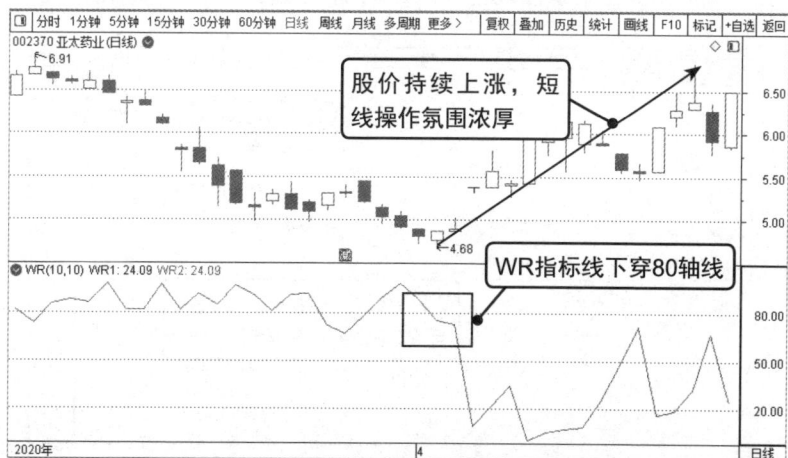

图 5-34　亚太药业 2020 年 3 月至 4 月的 K 线图

由图中可知，当 WR 指标线向下穿过 80 轴线显示出短线买入信号后，投资者可以进行短线买入操作，果然不久股价连续收阳，股价大幅拉升，几天之内就从 4.68 元左右攀升到 6.5 元，短线操盘者若能及时抓住机会必能获利。

No.011　WR 指标线下穿 20 轴线再上穿的短线价值

WR 指标线上穿 80 轴线意味着市场出现超卖现象，而 WR 指标线下穿 20 轴线时，反映出市场超买的信号。

◆ 当 WR 指标线下穿 20 轴线，并在 20 轴线之下运行时，显示市场超买现象，股价上涨乏力，因此不适宜进行短线操作。

◆ 当 WR 指标线下穿 20 轴线，之后快速上穿 20 轴线时，显示出市场即将下跌，投资者应该快速卖出，不能迟疑。

实例分析

金河生物（002688），WR 指标下穿 20 轴线再上穿 20 轴线

图 5-35 所示为金河生物 2019 年 11 月至 2020 年 1 月的 K 线图。

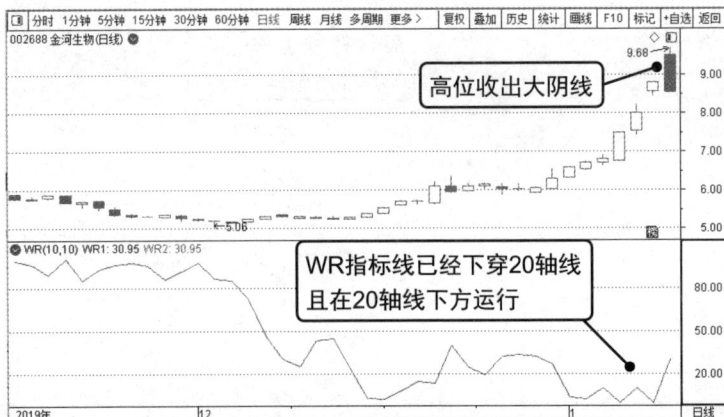

图 5-35　金河生物 2019 年 11 月至 2020 年 1 月的 K 线图

从图中可以看出，该股在探底成功之后，股价出现了一段拉升走势，同时 WR 指标线逐渐下移，甚至下穿 20 轴线，并且在 20 轴线下方运行，由此显示出市场超买。

此时，股价在上涨高位区域出现了预示反转的大阴线，发出了明显的卖出信号，短线操盘者需引起注意。

图 5-36 所示为金河生物 2019 年 12 月至 2020 年 2 月的 K 线图。

图 5-36　金河生物 2019 年 12 月至 2020 年 2 月的 K 线图

由图中可知，股价在强势拉升之后，WR 指标线快速上穿 20 轴线，显示出市场一个快速看跌信号，投资者应该及时卖出股票，锁定既有收益，以免遭受损失。

No.012　WR 指标线与 50 轴线交叉

在 WR 指标线中，50 轴线就是其多空力量的平衡线，因此当 WR 指标线穿越 50 轴线时，市场就会出现明显的操作信号。

◆　当WR指标线向下穿过50轴线时，显示出市场步入了强势上涨阶段，短线操作可以及时展开。

◆ 当 WR 指标线向上穿过 50 轴线时，显示出市场步入弱势下跌阶段，短线操作不宜展开。

实例分析

黄山胶囊（002817），WR 指标下穿 50 轴线

图 5-37 所示为黄山胶囊 2019 年 11 月至 12 月的 K 线图。

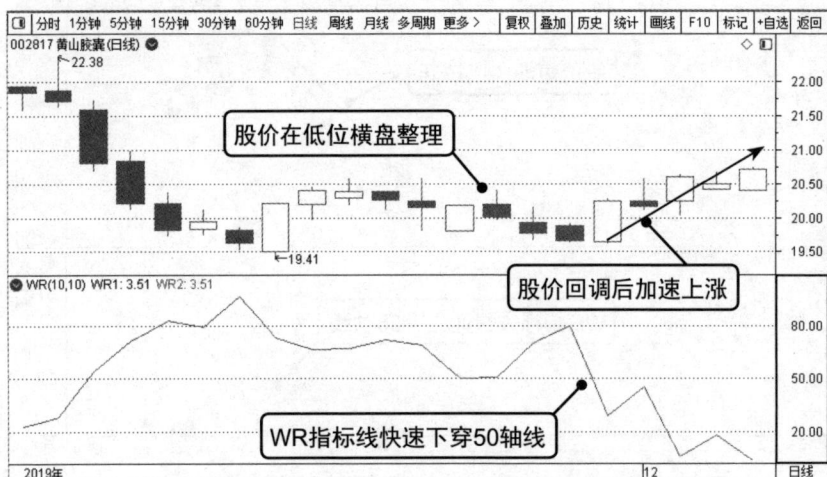

图 5-37　黄山胶囊 2019 年 11 月至 12 月的 K 线图

从图中可以看出，该股在此阶段中处于下跌走势之中，WR 指标线基本位于 50 轴线以上运行。

在股价出现一轮上涨走势后又进行回调整理，之后再次加速上扬，同时 WR 指标线已经明显下穿 50 轴线，由此发出短线看涨买入信号，短线操盘者可以积极参与其中。

图 5-38 所示为黄山胶囊 2019 年 11 月至 2020 年 2 月的 K 线图。

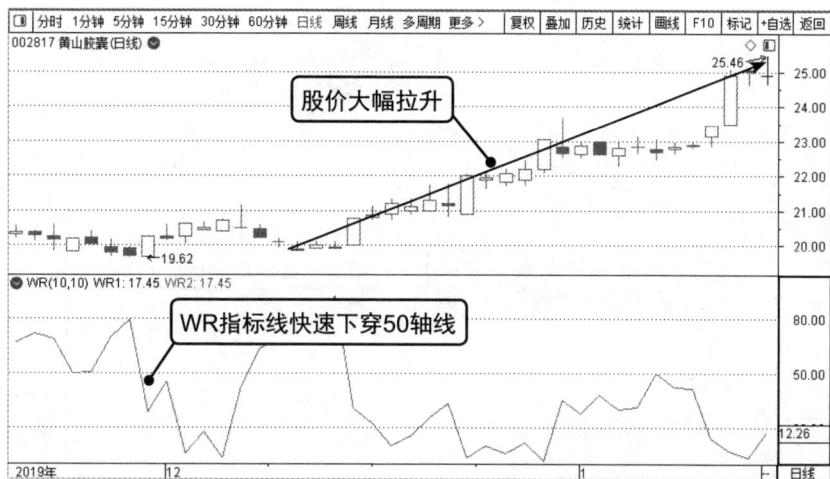

图 5-38　黄山胶囊 2019 年 11 月至 2020 年 2 月的 K 线图

由图中可知，该股前期是主力洗盘建仓阶段，之后加速拉升。就在主力洗盘结束时，WR 指标线下穿 50 轴线，由此发出强势上涨信号，即短线买入信号。

当 WR 指标线上穿 50 轴线时，显示出的是市场走弱的信号，投资者只需卖出股票即可。

实例分析

昂利康（002940），WR 指标上穿 50 轴线

图 5-39 所示为昂利康 2019 年 8 月至 10 月的 K 线图。

从图中可以看出，该股前期出现了一轮明显的上涨走势，股价从 29.00 元左右上涨至 33.00 元左右，在此阶段中的强势上扬也提供了良好的短线操作机会。

之后该股上涨乏力，股价扭头向下连续收于阴线，同时 WR 指标线已经上穿 50 轴线，显示出明显的弱势信号，投资者要卖出股票，不能进行短线操作。

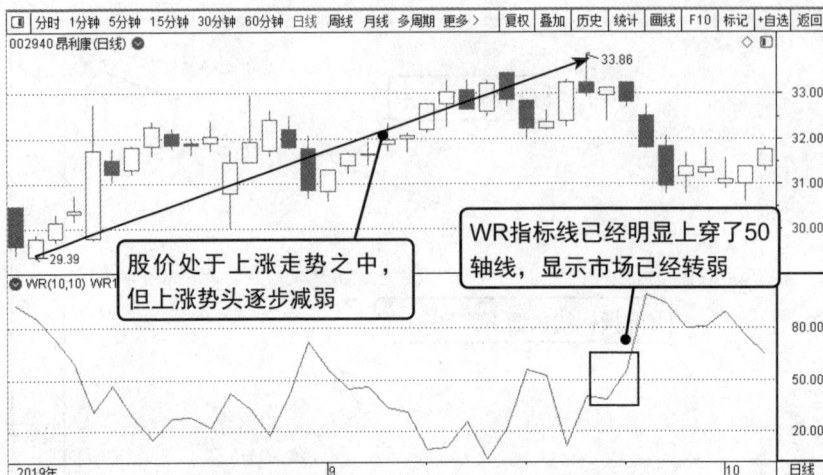

图 5-39　昂利康 2019 年 8 月至 10 月的 K 线图

图 5-40 所示为昂利康 2019 年 8 月至 11 月的 K 线图。

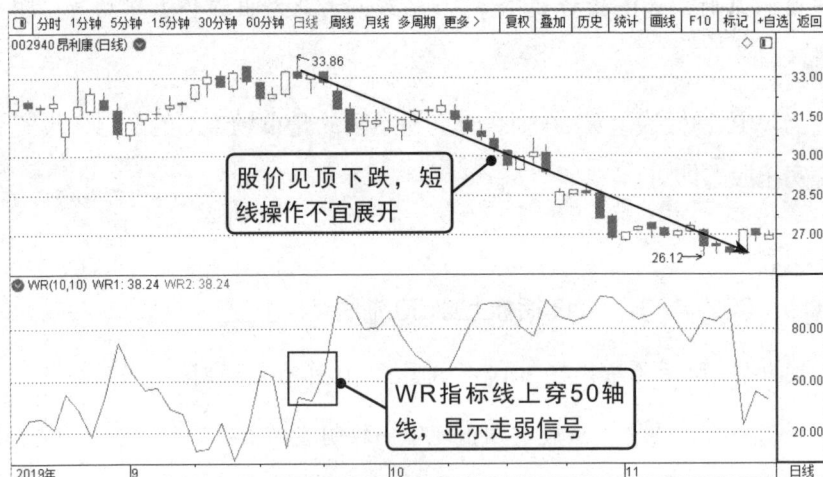

图 5-40　昂利康 2019 年 8 月至 11 月的 K 线图

由图中可知，WR 指标线上穿 50 轴线后，股价转入下跌行情中，从 33.86 元下跌至 26.12 元，跌幅达到 22%。由此可以看出，WR 指标上穿 50 轴线为可靠的市场走弱信号，如果投资者没有把握住下跌卖点将面临重大损失。

No.013　WR 指标线连续触底短线卖出

在 WR 指标线运行中，若指标线反复在 0 ~ 30 这个区间运行，显示出市场上涨乏力，股价即将转入跌势。

WR 指标线在低位久久徘徊，这种连续触底的动作就是一种股价见顶的信号，投资者在发现这样的信号时要卖出股票，不能进行短线买入操作。

但是，有时 WR 指标线在低位反复触底也不一定就预示着股价会立刻走低。

实例分析

康芝药业（300086），WR 指标在低位徘徊

图 5-41 所示为康芝药业 2020 年 3 月至 4 月的 K 线图。

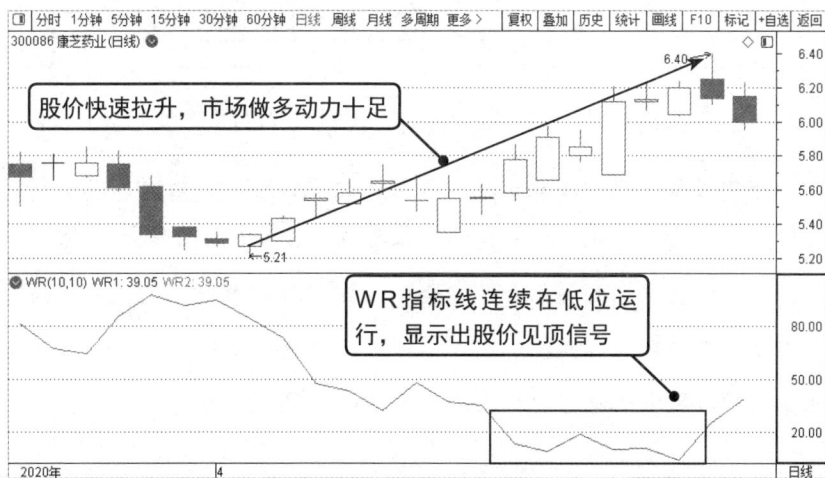

图 5-41　康芝药业 2020 年 3 月至 4 月的 K 线图

从图中可以看出，该股下跌后出现明显的快速拉升，这样的快速拉升使得市场做多动力十足。

但快速拉升之后，股价在高位连续收出阴线，明显上涨乏力，此时观察 WR 指标线发现其连续触底，这些都显示出市场看跌的信号，K 线也连续收于阴线并出现预示反转的信号，因此投资者必须快速卖出股票。

图 5-42 所示为康芝药业 2020 年 3 月至 5 月的 K 线图。

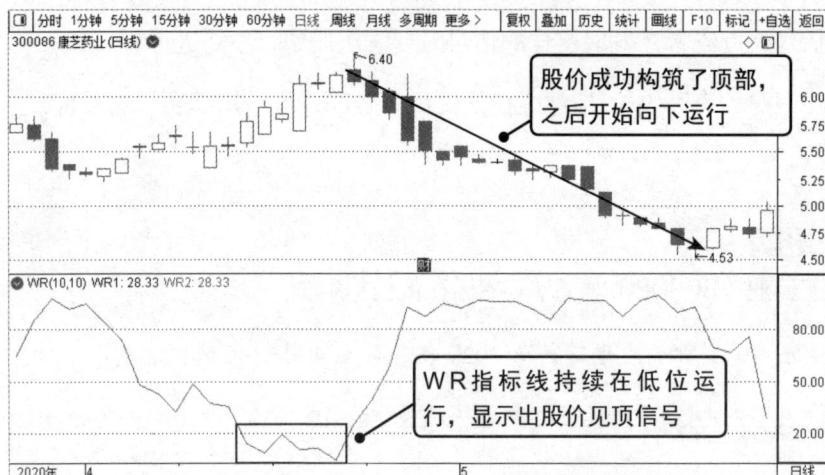

图 5-42　康芝药业 2020 年 3 月至 5 月的 K 线图

由图中可知，该股在股价构筑顶部的阶段，WR 指标线已经明显在低位连续触底多次，由此发出了股价上涨乏力、后市看跌的信号。

从图中可以看出，该股在上涨后的高位成功构筑了顶部，之后扭头向下，下跌趋势正式形成，股价从 6.00 元左右下跌至 4.50 元左右。因而投资者若在见顶阶段没能及时卖出股票，必将损失惨重。

No.014　WR 指标线连续触顶短线买入

在 WR 指标线运行中，若指标线反复在 80 轴线之上运行，则显示出市场下跌空间有限，股价即将转入上涨走势之中。

WR 指标线多次触顶，显示市场将步入上涨走势之中，在 WR 指标线加速下滑或者股价快速上涨时，投资者就可以进行短线买入。

有时在股价的横向整理阶段，WR 指标线也会出现多次触顶的现象，但这不是一个良好的短线买入信号。

实例分析

金城医药（300233），WR 指标在高位运行

图 5-43 所示为金城医药 2020 年 3 月至 5 月的 K 线图。

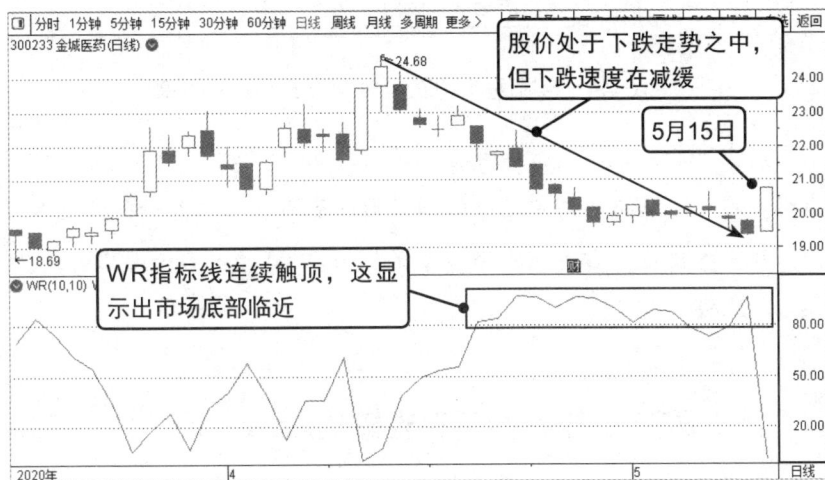

图 5-43　金城医药 2020 年 3 月至 5 月的 K 线图

从图中可以看出，4 月中旬股价转入下跌行情中，但是股价的下跌速度在减缓，同时 WR 指标线已经连续在高位触顶，由此显示出市场底部即将临近。

5 月 15 日股价收出大阳线，WR 指标线加速向下运行，这显示出短线买入机会出现，短线操盘者应引起注意。

图 5-44 所示为金城医药 2020 年 4 月至 5 月的 K 线图。

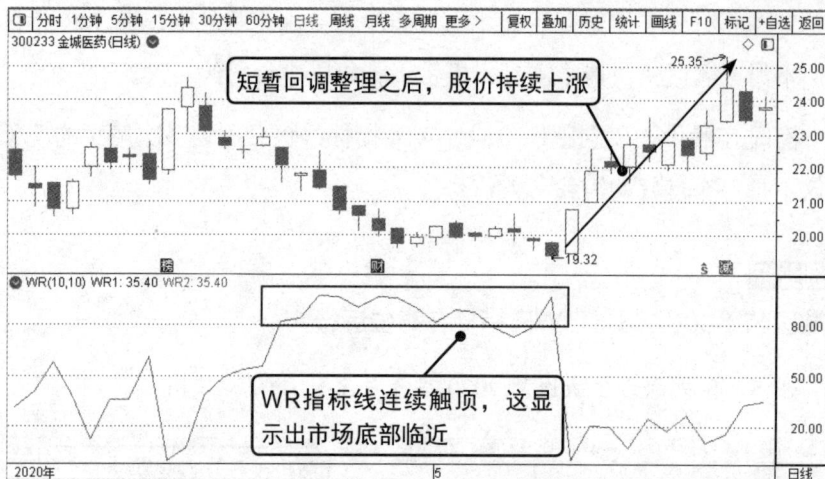

图 5-44　金城医药 2020 年 4 月至 5 月的 K 线图

由图中可知，WR 指标线连续触顶之后出现了加速下滑走势，对应股价走势发现，K 线高开高走连续收阳预示股价短线上涨开始，投资者可以进行短线买入操作，后市该股持续上涨，从 19.00 元左右一路上升到 25.00 元左右，涨幅达 31%。

No.015　BOLL 指标线下轨支撑买入

BOLL 指标是一种非常形象和具体的技术指标，其大致规定了股价的运行轨道，该轨道对股价的运行变化具有特殊的意义。

当股价下跌到 BOLL 指标线轨道的下轨时，下轨会对股价形成强有力的支撑，由此形成短线的买入机会。

实例分析

仟源医药（300254），BOLL 指标的下轨支撑作用

图 5-45 所示为仟源医药 2019 年 10 月至 12 月的 K 线图。

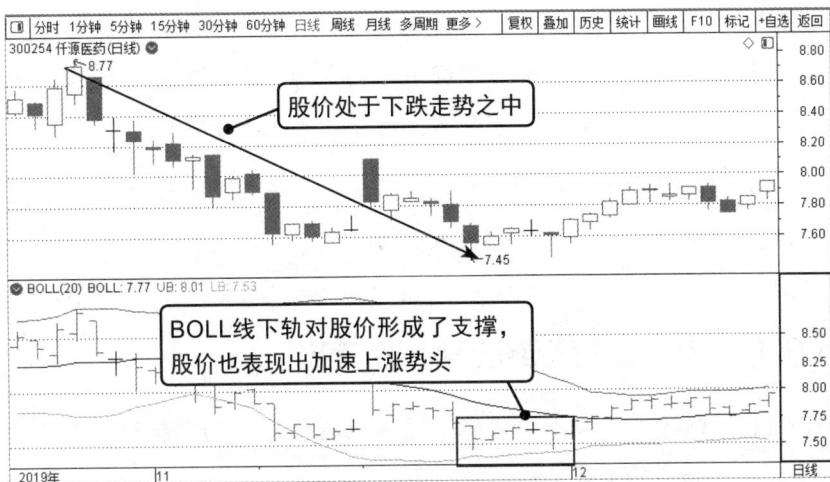

图 5-45　仟源医药 2019 年 10 月至 12 月的 K 线图

从图中可以看出，该股前期出现了一波下跌走势，在股价创出 7.45 元新低之后，该股止跌回升。

同时 BOLL 指标线下轨对股价形成强有力的支撑，之后股价止跌且连续收于阳线，由此发出短线买入信号。

图 5-46 所示为仟源医药 2019 年 11 月至 2020 年 1 月的 K 线图。

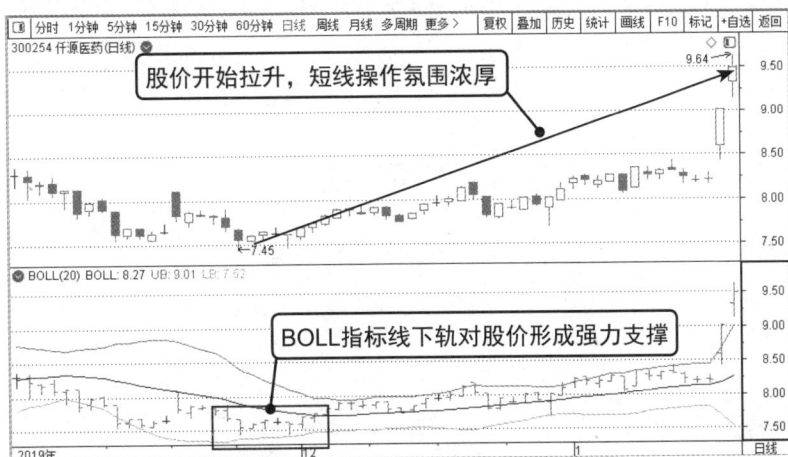

图 5-46　仟源医药 2019 年 11 月至 2020 年 1 月的 K 线图

从图中可以看出，该股在 7.45 元处成功止跌，在股价止跌位置，BOLL 指标线下轨也对股价形成了强有力的支撑，由此可见该股后市上涨概率极大，短线买入信号可信度较高，投资者可以放心买入。

该股后市持续拉升，并且上涨速度呈现出加速态势，股价从 7.45 元左右上涨到了 9.64 元附近，上涨幅度较大。

No.016　BOLL 指标线上轨压制卖出

BOLL 指标线下轨对于股价的下跌有支撑作用，与之相反，BOLL 指标线上轨对于股价的上涨具有压制作用。

当股价处于上涨走势之中时，如果股价接近 BOLL 指标线的上轨，就会受到 BOLL 指标线上轨的压制，由此发出短线卖出信号。

实例分析

山东钢铁（600022），BOLL 指标的上轨压制作用

图 5-47 所示为山东钢铁 2020 年 2 月至 3 月的 K 线图。

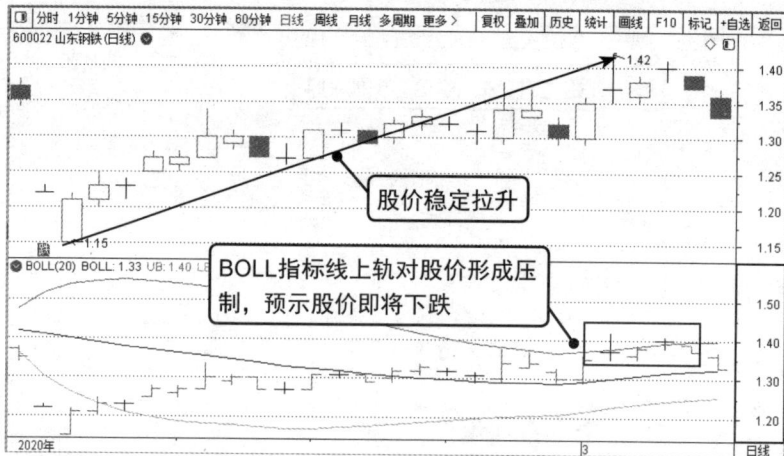

图 5-47　山东钢铁 2020 年 2 月至 3 月的 K 线图

从图中可以看出，该股处于上涨趋势中，呈现出稳定上涨，由此也就形成了较好的短线操作机会。

当股价经过这一波上涨之后，BOLL 指标线的上轨已经开始压制股价，由此发出看跌信号，短线投资者需考虑及时卖出股票。

图 5-48 所示为山东钢铁 2020 年 2 月至 3 月的 K 线图。

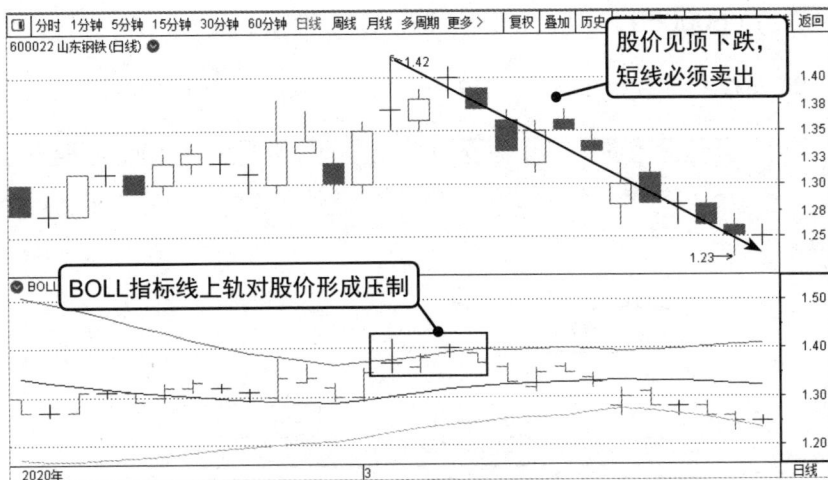

图 5-48　山东钢铁 2020 年 2 月至 3 月的 K 线图

由图中可知，该股前期经过了一波上涨，在上涨后的相对高位区域收出十字星 K 线，这是股价即将见顶的信号。

同时 BOLL 指标线已经开始压制股价上涨，由此显示出可靠的看跌卖出信号。之后股价连续下跌，从 1.42 元左右最低下跌到了 1.23 元，投资者在股价位于 BOLL 指标上轨时应当及时卖出股票。

No.017　股价与 BOLL 指标线中轨交叉

BOLL 指标线的中轨就是股价强势、弱势的分界线。当股价运行在中轨之上时，显示股价处于强势阶段；当股价运行在中轨之下时，显示股价处于弱势阶段。

◆ 当股价向上突破 BOLL 指标线中轨时，显示市场转入强势，投资者
可以进行短线买入操作。

◆ 当股价向下击穿 BOLL 指标线中轨时，显示市场转入弱势，因此投
资者应该卖出股票，更不能进行短线买入操作。

实例分析

*ST 银鸽（600069），股价向上突破 BOLL 指标中轨

图 5-49 所示为 *ST 银鸽 2019 年 12 月至 2020 年 2 月的 K 线图。

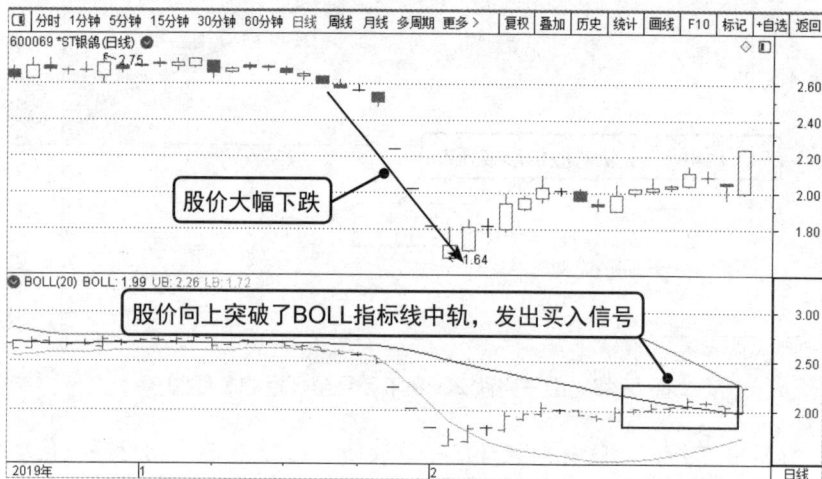

图 5-49　*ST 银鸽 2019 年 12 月至 2020 年 2 月的 K 线图

从图中可以看出，1 月下旬股价出现了较大幅度的下跌，之后股价在
1.64 元左右止跌企稳，且 K 线连续收出阳线，显示了市场上涨的势头较强。

此时观察 BOLL 指标发现，股价向上突破 BOLL 指标线中轨，发出短
线买入信号，短线操盘者可适时购入股票。

图 5-50 所示为 *ST 银鸽 2020 年 1 月至 3 月的 K 线图。

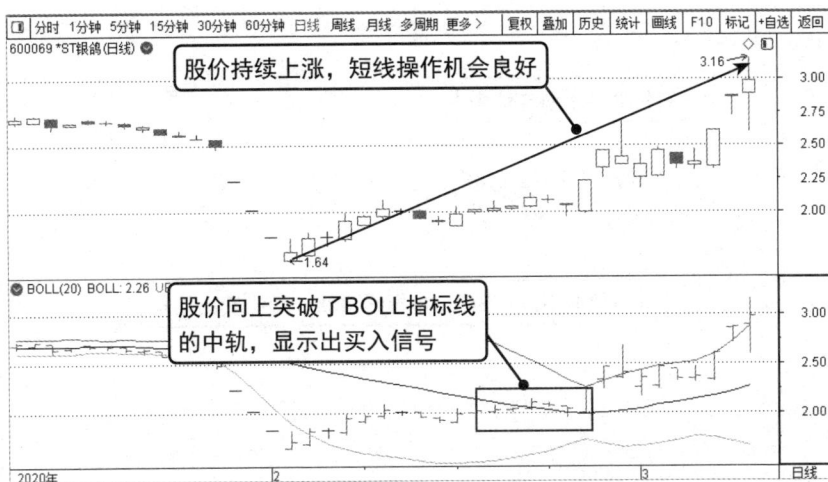

图 5-50 *ST 银鸽 2020 年 1 月至 3 月的 K 线图

由图中可知，该股在 1.64 元探底之后迅速回升，股价被连续阳线拉起。同时股价已经很明显向上突破了 BOLL 指标线中轨，由此可知短线买入信号更加明显。之后该股从 1.64 元上涨到了 3.16 元，上涨幅度较大。

当股价向下击穿 BOLL 指标线中轨的支撑时，显示市场看跌，因此投资者要及时卖出股票以避免损失。

实例分析

皖维高新（600063），股价向下跌破 BOLL 指标中轨

图 5-51 所示为皖维高新 2020 年 1 月至 3 月的 K 线图。

由图中可知，皖维高新的股价在 2020 年 2 月创出阶段性低位 2.97 元，之后以连续的 3 根阳线开启上涨走势。

观察同期的 BOLL 指标，可以发现，K 线从通道的下边线开始上扬，在 1 个月内迅速向上突破中轨和上轨。在受到上轨的压制作用后，股价开始下跌，跌破中轨，发出看跌信号。

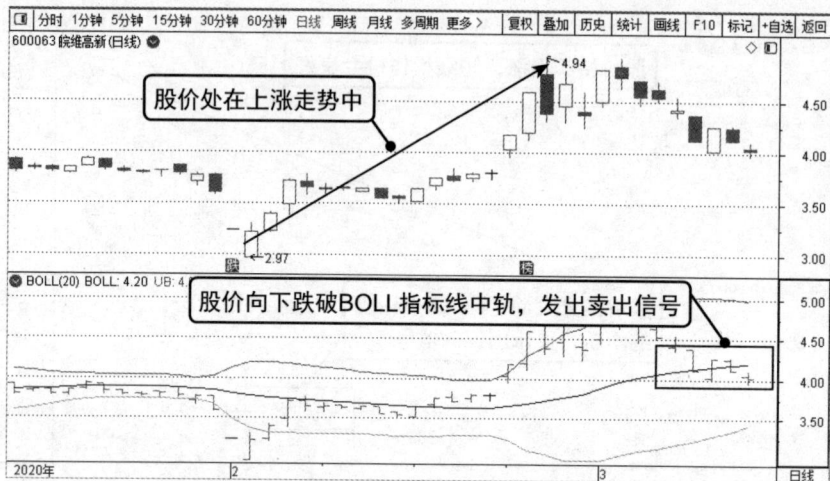

图 5-51　皖维高新 2020 年 1 月至 3 月的 K 线图

图 5-52 所示为皖维高新 2020 年 2 月至 4 月的 K 线图。

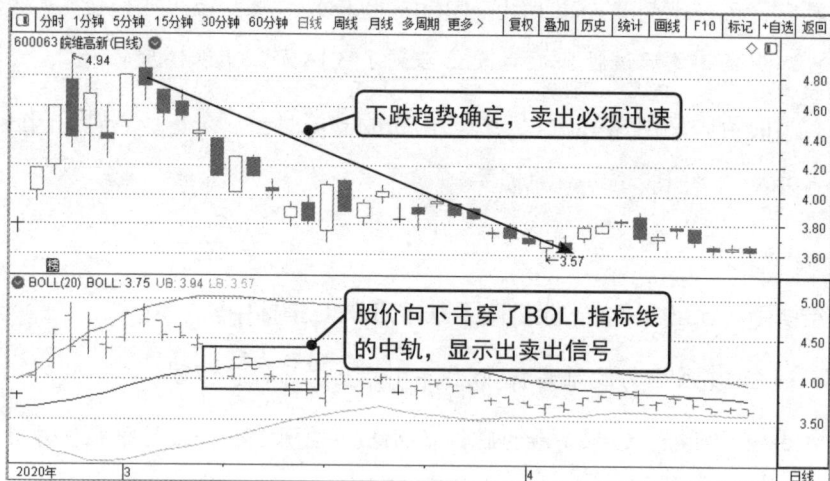

图 5-52　皖维高新 2020 年 2 月至 4 月的 K 线图

由图中可知，当股价从高位逐步向下时，股价向下击穿了 BOLL 指标线中轨，由此发出后市看跌的信号，所以投资者应该以卖出为主，不能进行短线买入操作。

第 **6** 章

量价分析短线操盘秘诀

　　所谓量在前、价在后，就是要告诉我们成交量对于股价的重要性。其实股价的任何变化都和同一时间的成交量有很大的关系。通过量价之间的关系，投资者可以事先预测出股价的变化方向，由此提高短线操盘的准确度。

No.001 低位巨量短线买入信号强烈

股价经过下跌，市场中的风险得到了有效释放，逐渐显现出投资的价值，因此市场中的资金将会在低位集中买入股票，造成成交量的巨量放出。

股价在下跌后的低位，成交量突发巨量，显示出市场中交投氛围很活跃，同时表明市场中有资金在低位大力建仓，股价短线上涨可期。

◆ 股价经过长时间的下跌，市场的风险已经得到有效释放，抄底资金大幅介入，由此导致成交量大幅放大，短线存在操作机会。

◆ 在遭到利空消息打压时，股价可能会直线下跌，之后短线抄底资金也会进行买入，由此形成短线操作的机会。

实例分析

华润双鹤（600062），低位巨量看涨信号

图 6-1 所示为华润双鹤 2019 年 8 月至 2020 年 1 月的 K 线图。

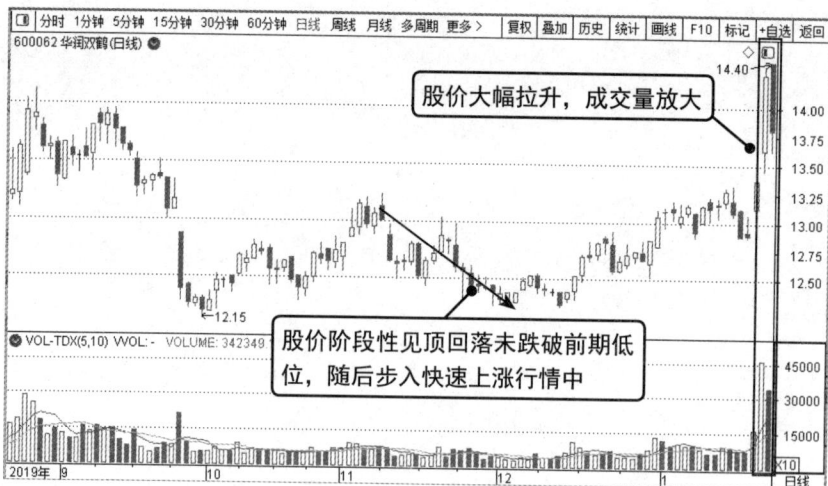

图 6-1　华润双鹤 2019 年 8 月至 2020 年 1 月的 K 线图

从图中可以看出，该股在 2019 年 9 月处于下跌走势之中，股价一路下探到了 12.15 元。股价探底 12.15 元成功后开始上涨，在触及 13 元附近阶

段性见顶后出现回落走势，但此次回落并未跌破 12.15 元的低位，之后又步入上涨走势之中。

图中方框区域内股价大幅拉升，成交量放大，由此可见市场资金在大举建仓，发出了短线看涨的买入信号。

图 6-2 所示为华润双鹤 2019 年 11 月至 2020 年 2 月的 K 线图。

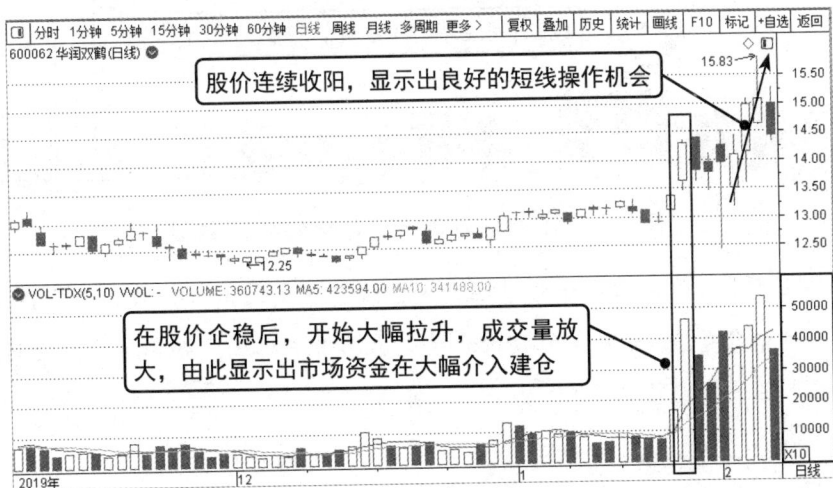

图 6-2　华润双鹤 2019 年 11 月至 2020 年 2 月的 K 线图

从图中可以看出，该股在企稳之后有大量资金介入建仓，由此显示出市场资金对于股价后市上涨的一致性判断。

在大幅拉升且放巨量之后，股价短暂地向下回调，之后更是连续收阳线向上突破，短线买入信号更加强烈，所以投资者可以放心地进行短线买入操作。

利空作用下的直线下跌也容易造成低位的巨量现象。

实例分析

海信视像（600060），直线下跌后低位巨量看涨信号

图 6-3 所示为海信视像 2020 年 3 月至 4 月的 K 线图。

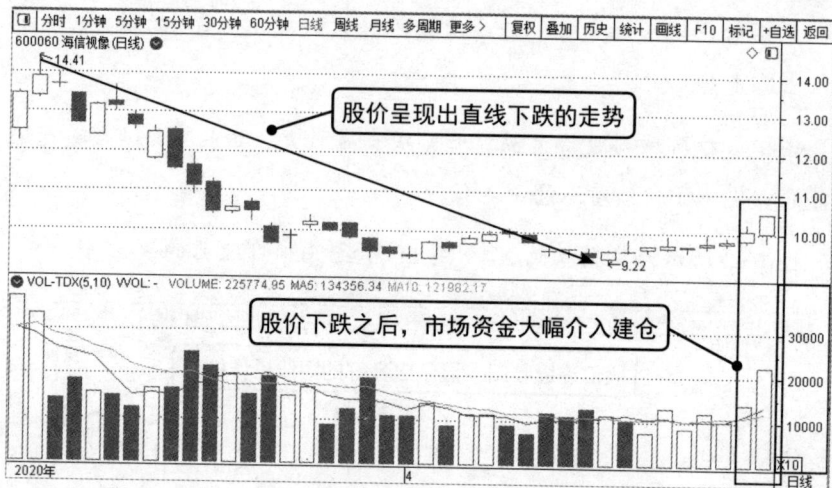

图 6-3　海信视像 2020 年 3 月至 4 月的 K 线图

从图中可以看出，该股很明显地出现了下跌的走势，随后股价在 9.2 元附近横盘整理。4 月下旬股价连续走出两根中阳线，成交量放量使其脱离底部区域，这显示市场有大资金在介入。

图 6-4 所示为海信视像 2020 年 4 月至 5 月的 K 线图。

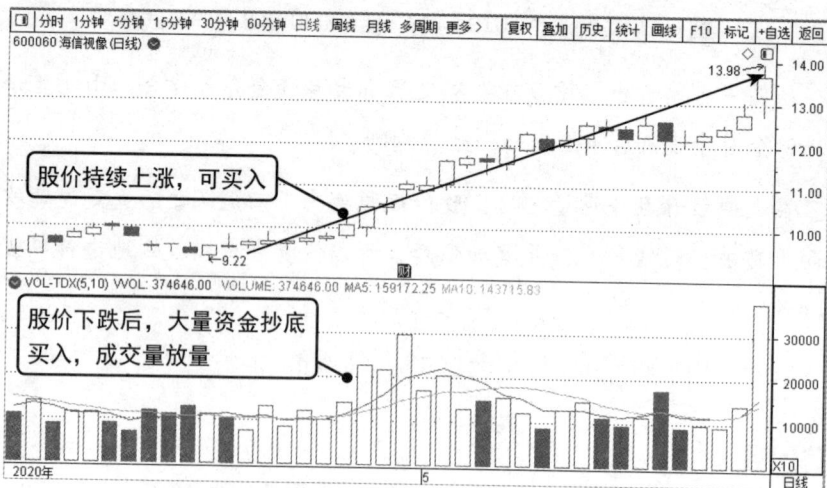

图 6-4　海信视像 2020 年 4 月至 5 月的 K 线图

从图中可以看出，该股在放量拉升之后继续保持这种上涨势头，由此短线买入信号确立，投资者可以放心地进行短线买入操作。

之后该股从 10 元左右上涨到了 14 元附近，涨幅达到 40%，短线操作可获利丰厚。

No.002 低位连续放量短线买入

经过不断的下跌走势，市场中抛压得到了有效释放，股价来到了投资的洼地，由此会吸引一些长线资金有计划地流入，这就会造成低位区域出现连续放量上涨。

尽管是长线资金的持续性关注，但是这样的不断流入也会使得股价出现较大幅度的上涨，因此短线操作价值极大。

◆ 成交量持续放大，股价强势向上，这样的走势显示出短线追涨的信号，投资者可以进行短线追涨操作。

◆ 对于相对弱势的放量上涨，投资者可以等待后市回调机会再进行短线买入操作。

实例分析

中国医药（600056），低位连续放量看涨信号

图 6-5 所示为中国医药 2019 年 10 月至 2020 年 1 月的 K 线图。

从图中可以看出，该股前期经历了由多根阴线为主导的下跌走势，显示出空方力量强大。

短短一个月内，股价从 13.5 元左右下跌到 12.00 元附近，跌幅较大，多方力量较弱。

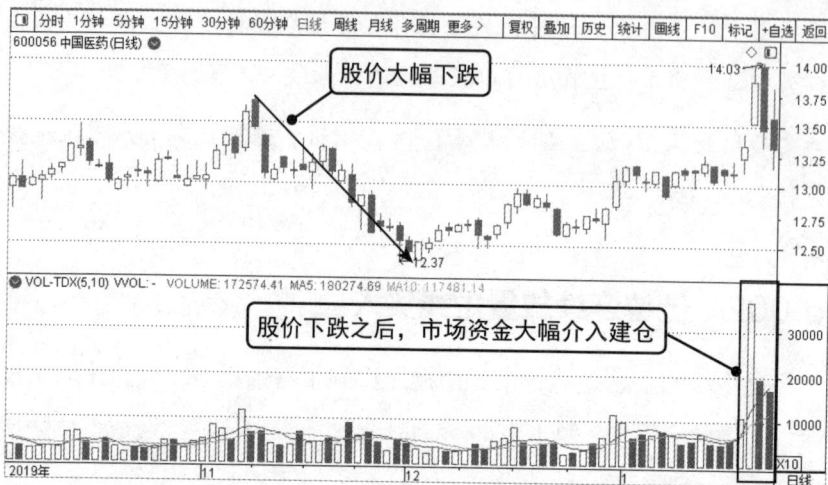

图 6-5　中国医药 2019 年 10 月至 2020 年 1 月的 K 线图

随着股价创出阶段性低点 12.37 元之后，空方的力量逐渐衰竭，之后股价开始缓慢上涨，在 2020 年 1 月下旬出现大幅放量，且之后的交易日内成交量也明显放大。

图 6-6 所示为中国医药 2019 年 12 月至 2020 年 2 月的 K 线图。

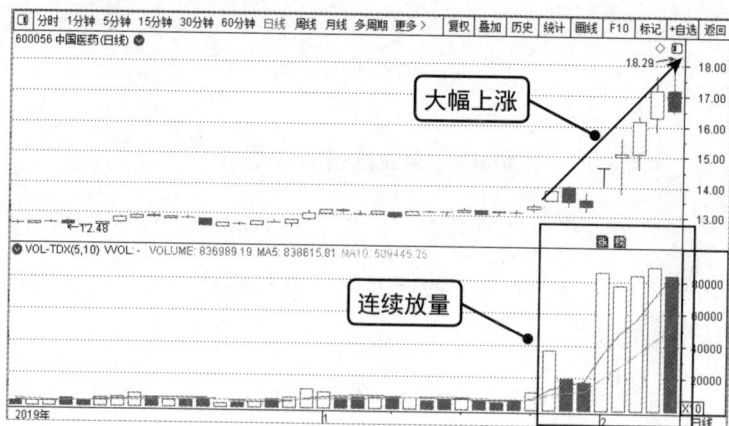

图 6-6　中国医药 2019 年 12 月至 2020 年 2 月的 K 线图

从图中可以看出，随着成交量的接连放大，显示出多方拉升的决心和力量，虽然期间伴有十字星的调整形态，但那是主力的试探性动作，投资者抄底后应坚决持有，坐等主力抬轿子。

No.003　向上跳空巨量拉升坚决买入

股价向上跳空显示出市场的强势，同时成交量的快速放大显示出市场内的资金在积极换手，由此显示出强势上涨的信号。

当股价向上跳空巨量拉升时，显示出了良好的短线买入信号，阳线上涨的幅度越大显示的短线看涨信号越强烈。但有时由于面对前期高点，阳线会收出一根长上影线，但看涨信号依旧。

实例分析

楚天高速（600035），向上跳空巨量收出大阳线的看涨信号

图6-7所示为楚天高速2020年1月至2月的K线图。

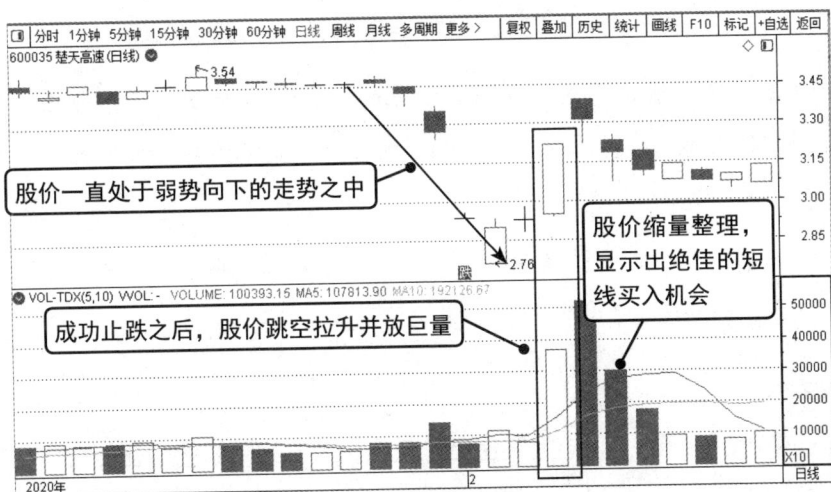

图6-7　楚天高速2020年1月至2月的K线图

从图中可以看出，该股前期出现明显的下跌，从3.50元左右下跌到2.70元附近。

之后该股在 2.76 元处见底回升，接着股价大幅高开，成交放出巨量，由此显示出短线看涨信号。随后该股缩量回调，更加确定了短线看涨买入信号。

图 6-8 所示为楚天高速 2019 年 12 月至 2020 年 3 月的 K 线图。

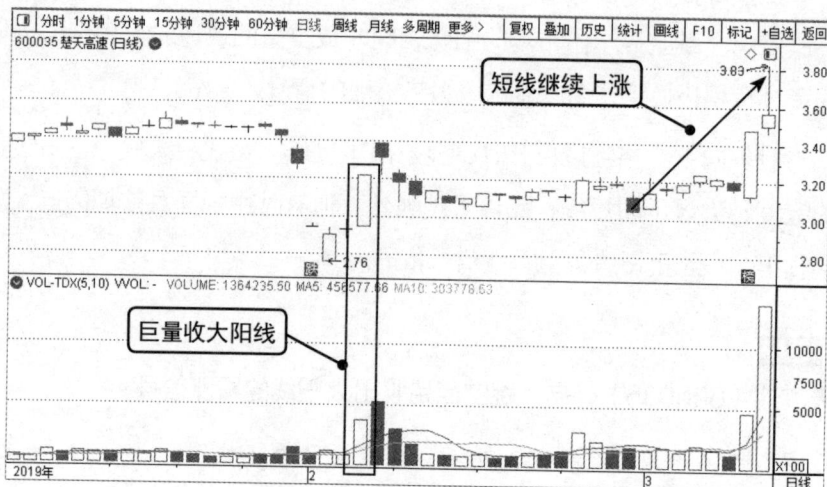

图 6-8　楚天高速 2019 年 12 月至 2020 年 3 月的 K 线图

从图中可以看出，该股在高开上涨的同时量能也放大了，由此显示出市场短线看涨信号。之后股价开始缩量整理，由此形成绝佳的短线买入机会。

有些情况下，股价放量高开收出一根带长上影线的阳线，按惯性思维可能表示上行有压力，但有时也是上涨信号。

实例分析

海信视像（600060），向上跳空巨量收出长上影线阳线的看涨信号

图 6-9 所示为海信视像 2019 年 11 月至 2020 年 1 月的 K 线图。

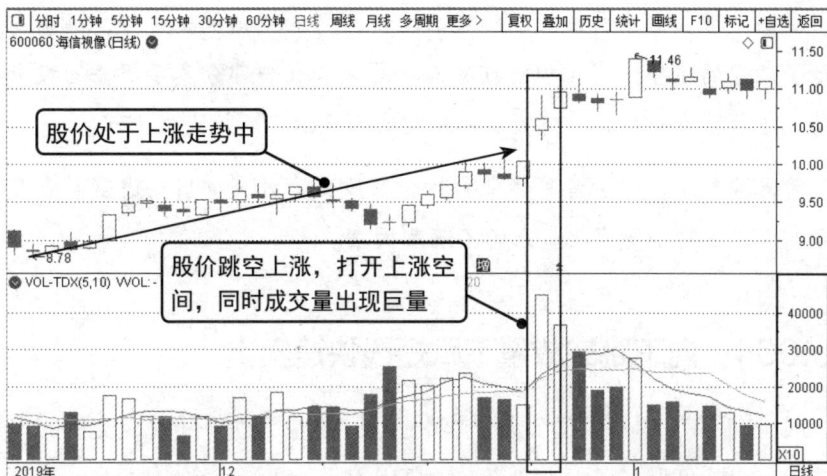

图 6-9　海信视像 2019 年 11 月至 2020 年 1 月的 K 线图

从图中可以看出，该股从 2019 年 11 月开始处于上涨走势之中，且上涨一定幅度之后，股价于 12 月 25 日向上跳空，同时成交量出现巨量，显示出股价的上涨势头强劲。

K 线收出带长上影线的阳线，这里的上影线不是表示上行压力，相反是对前期高点套牢盘的消化和稀释，股价突破之后迎来新一轮更加凶猛的涨势。

图 6-10 所示为海信视像 2019 年 12 月至 2020 年 3 月的 K 线图。

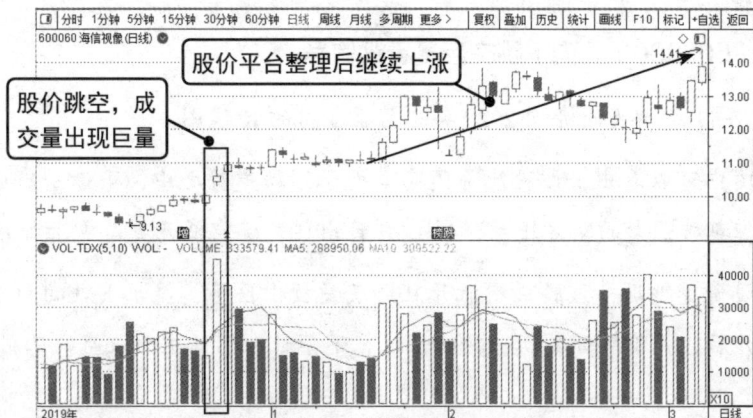

图 6-10　海信视像 2019 年 12 月至 2020 年 3 月的 K 线图

从图中可以看出，该股在跳空后出现短暂的横盘调整走势，说明多方进行了短暂的休整，消化掉前期的套牢筹码，让一部分急于解套的投资者出局，随后再重新拉升，突破前期跳空的高点后，再次大幅上涨。

为保险起见，投资者可静观行情，待股价有效突破前期跳空高点后再行介入，以应对市场变化带来的不确定因素。

No.004　向下跳空放量下跌短线快速卖出

股价向下跳空显示出市场的弱势，同时跳空下跌伴随着成交量的大幅度放大，由此可见市场主力资金在大幅出逃，属于短线卖出信号。

股价向下跳空并放出大量，这样的带量下跌显示出市场弱势向下的特点，是市场主力资金在主动出逃的表现。

当股价出现这样的走势时，投资者必须第一时间卖出手中的股票，不能进行短线买入操作。

但是有时出现的一字跌停虽然没有大量放出，但也留下了一个巨大的向下跳空缺口，这也是一个看跌卖出的信号。

实例分析

同济堂（600090），向下跳空巨量看跌信号

图 6-11 所示为同济堂 2020 年 2 月至 4 月的 K 线图。

从图中可以看出，该股此阶段完全处于下跌走势之中，虽途中有小幅反弹，但都被强大的空方压制，4 月 28 日出现的跳空低开更是雪上加霜。

在股价下跌后，该股跳空低开且成交量放出巨量，显示下跌的力量强大，低开后，股价展开了新一轮的杀跌，不禁让人感叹主力做空的凶狠。

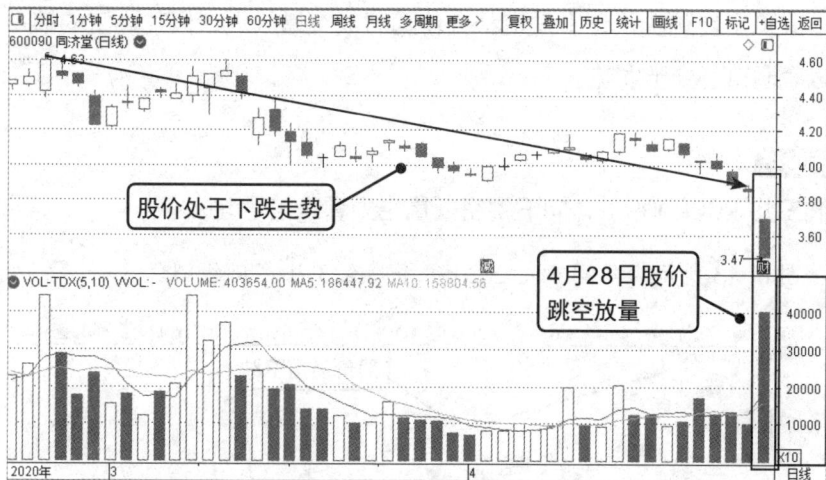

图 6-11　同济堂 2020 年 2 月至 4 月的 K 线图

图 6-12 所示为同济堂 2020 年 2 月至 5 月的 K 线图。

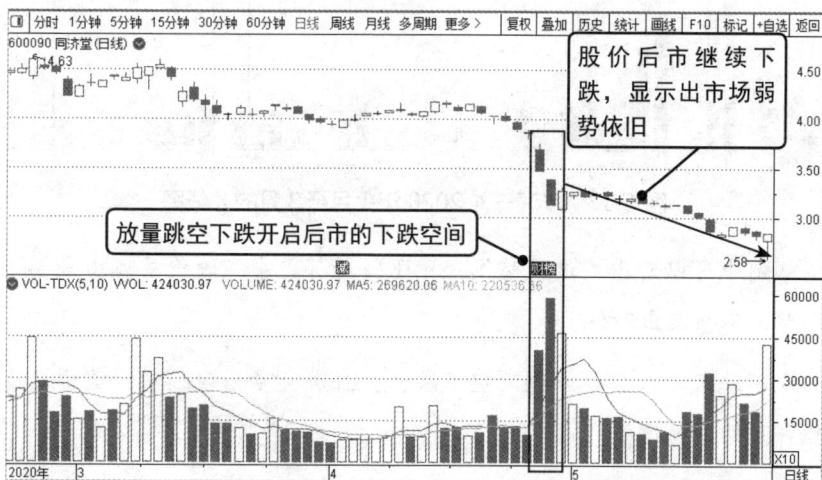

图 6-12　同济堂 2020 年 2 月至 5 月的 K 线图

从图中可以看出，该股的空方力量十分强大，放量下跌并未减弱下跌能量，凸显出主力出货的决心。

投资者应坚定抛出手中筹码，即使有反弹也不要追，避免造成更大的损失。

股价出现跳空跌停不一定都会伴随着成交量放大，但其跳空的缺口也足以表明市场处于弱势。

实例分析

华润三九（000999），向下跳空低量也为看跌信号

图 6-13 所示为华润三九 2020 年 1 月至 3 月的 K 线图。

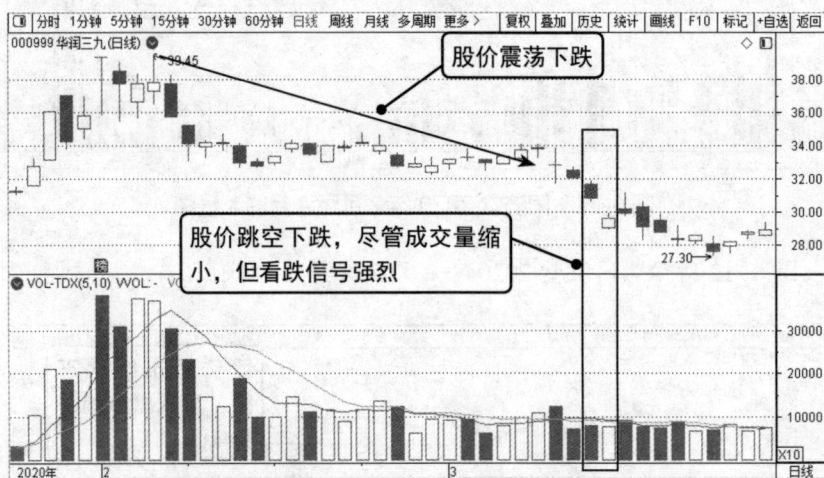

图 6-13　华润三九 2020 年 1 月至 3 月的 K 线图

从图中可以看出，该股整体处于下降趋势之中，股价呈现出震荡下跌的趋势，不断创出新低。

在下跌后期，该股出现跳空下跌，并且成交量出现缩量，这样的走势发出强烈的看跌信号。

图 6-14 所示为华润三九 2019 年 12 月至 2020 年 5 月的 K 线图。

从图中可以看出，该股前期的下跌速度较快，向下跳空低量出现后股价依然呈现出大幅下跌的走势。

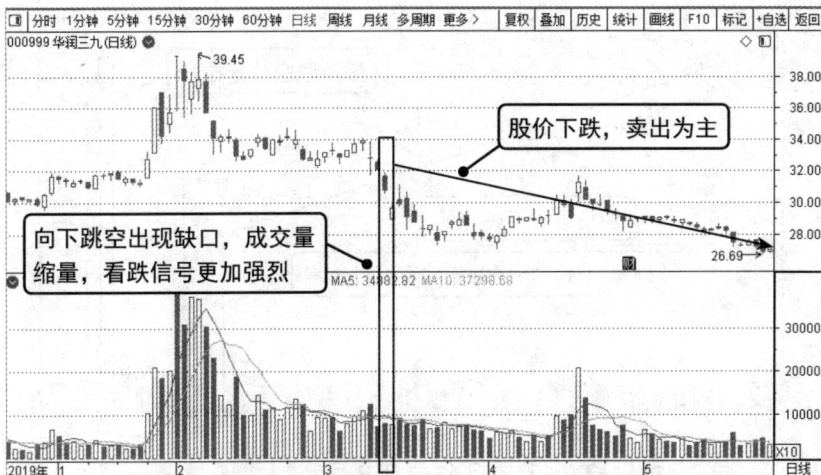

图 6-14　华润三九 2019 年 12 月至 2020 年 5 月的 K 线图

在跳空下跌出现缺口时，已经发出了强烈的看跌信号，因此投资者必须看空后市，短线必须回避。

No.005　低位地量见底短线抄底

随着股价的下跌，市场中的抛压逐步减小，由此造成成交量的不断缩量。但成交量缩量达到一个极限时，就会形成地量，出现短线抄底的机会。

低位地量后股价强势拉升，短线可以进行追涨。如果低位出现地量后股价止跌反弹，投资者不宜进行直接追涨，应该考虑到股价后市可能出现回踩前期低点，若回踩后成功止跌则短线可以展开。

实例分析

亿帆医药（002019），低位地量后强势拉高可短期买入

图 6-15 所示为亿帆医药 2019 年 5 月至 8 月的 K 线图。

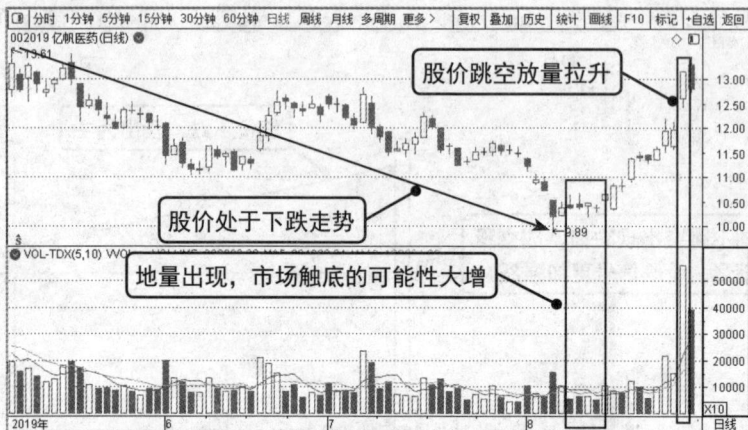

图 6-15　亿帆医药 2019 年 5 月至 8 月的 K 线图

从图中可以看出，该股前期处于下跌走势中，在 8 月 8 日至 13 日这几个交易日中，成交量走出低位地量的量价形态，说明空方势能被彻底释放，场内资金被集中到主力手中。

之后该股跳空上涨且成交量明显放大，由此发出反弹信号，投资者应该及时追涨短线买入。

图 6-16 所示为亿帆医药 2019 年 7 月至 10 月的 K 线图。

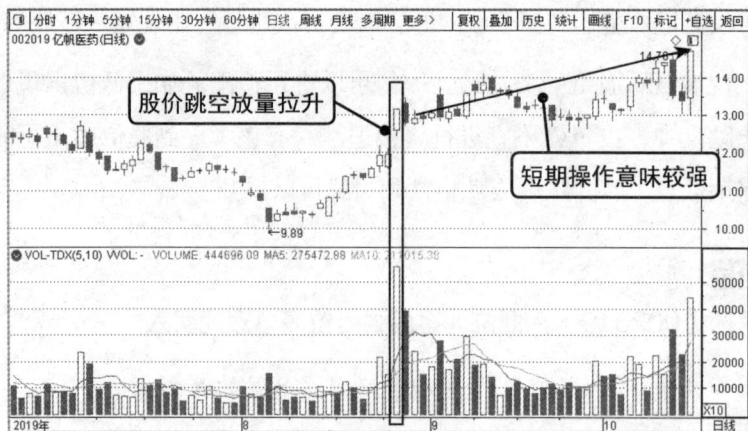

图 6-16　亿帆医药 2019 年 7 月至 10 月的 K 线图

从图中可以看到，在低位地量后的快速跳空拉升将股价打到一个相对高位，之后出现一波缩量回调，这是主力恐吓不坚定筹码及早出局，从而为后续拉升积累资本。

投资者可积极买入，已持股投资者不要放弃持有手中筹码，等待黑暗后的黎明。之后股价继续上涨，充分体现了短线投资的价值。

No.006　上涨中地量洗盘赚钱

在股价的上升趋势之中，股价不会一直上涨，同样会出现向下的回调走势。当在回调过程中出现地量时，也会给投资者带来短线赚钱机会。

在主力拉升股价的整个过程中，主力会借助股价下跌进行洗盘，这样有利于市场筹码的锁定，更有利于主力后续的拉升。

◆ 在股价回调整理走势中，成交量是一个很重要的信号。若成交量出现地量，则预示主力洗盘即将结束，股价很快会转入继续上涨走势之中。

◆ 在强势拉升阶段，主力还会借助一两个交易日进行洗盘，此时成交量的大幅度缩量也可以看成是地量洗盘的现象，同样预示着后市看涨。

实例分析

沃华医药（002107），调整过程中地量为看涨信号

图6-17所示为沃华医药2019年10月至2020年1月的K线图。

从图中可以看出，1月下旬该股在上涨到相对高位之后，主力展开了洗盘动作，股价向下运行，成交量呈现地量，这显示出主力在洗盘阶段市场筹码的锁定程度较高。之后股价再次强势拉升，发出短线买入信号。

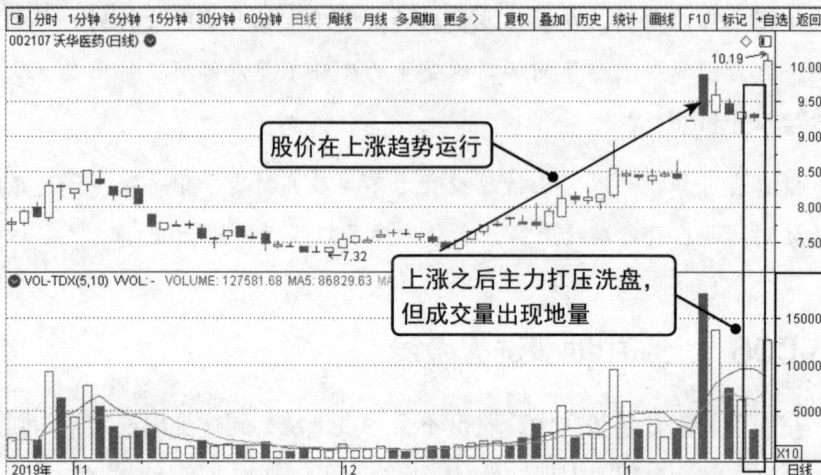

图 6-17　沃华医药 2019 年 10 月至 2020 年 1 月的 K 线图

图 6-18 所示为沃华医药 2019 年 12 月至 2020 年 2 月的 K 线图。

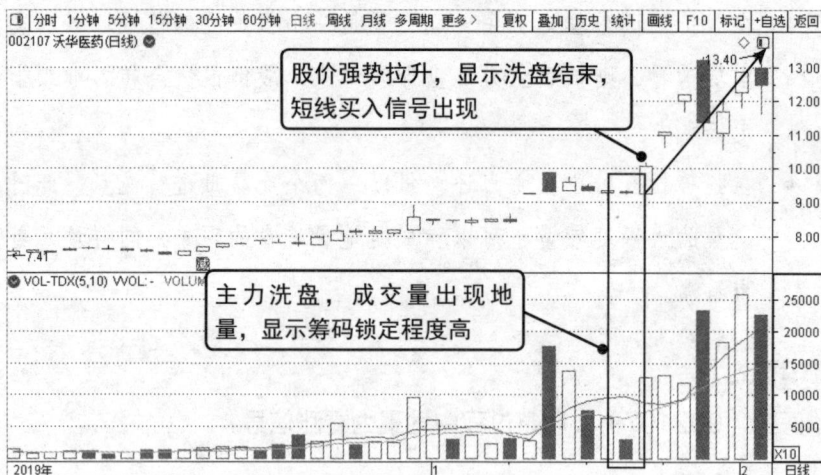

图 6-18　沃华医药 2019 年 12 月至 2020 年 2 月的 K 线图

从图中可以看出，该股整体处于上涨走势之中，在中途主力进行洗盘，成交量出现地量，显示出市场筹码的锁定程度较高，预示着股价后市将继续上涨。

之后股价被跳空阳线拉起，发出短线买入信号，因此投资者可以大胆地进行买入操作。股价之后从 10.00 元左右上涨到 13.00 元左右，上涨幅度达到 30% 左右。

No.007　主升浪连续放量短线追涨

在股价整体上涨的过程中，主力会在一个阶段集中力量拉升股价，由此形成主升浪上涨，在主升浪上涨中，短线操作机会多多。

连续涨停的主升浪上涨中，投资者要积极短线追涨。但在一般性连续拉升的主升浪行情中，投资者可以选择在回调整理位置进行短线买入操作。

实例分析

未名医药（002581），阶段见顶回落放量拉升进入主升浪

图 6-19 所示为未名医药 2020 年 1 月至 3 月的 K 线图。

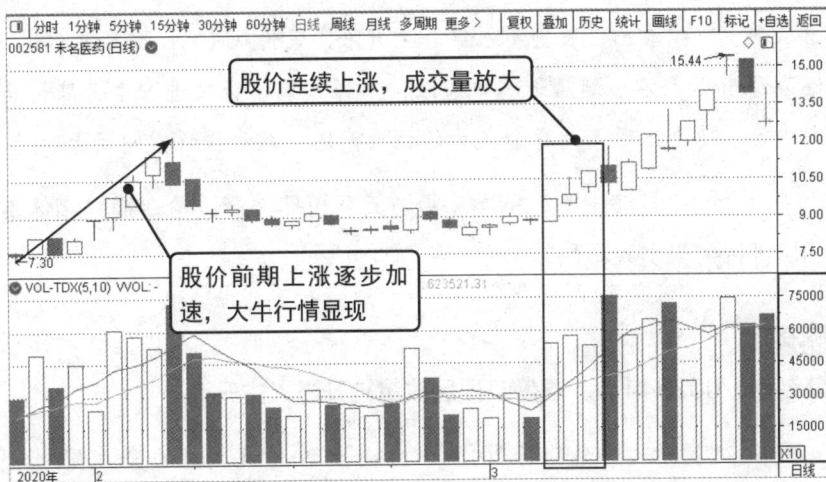

图 6-19　未名医药 2020 年 1 月至 3 月的 K 线图

从图中可以看出，该股第一个阶段的上涨可视为主力试盘，上涨到一定幅度后阶段性见顶回落，进入洗盘整理阶段。

整理完成后，股价进入了主升浪行情之中，股价连续上涨，成交量不断放大，显示大笔资金进入，短线追涨买入信号凸显。

图 6-20 所示为未名医药 2020 年 2 月至 4 月的 K 线图。

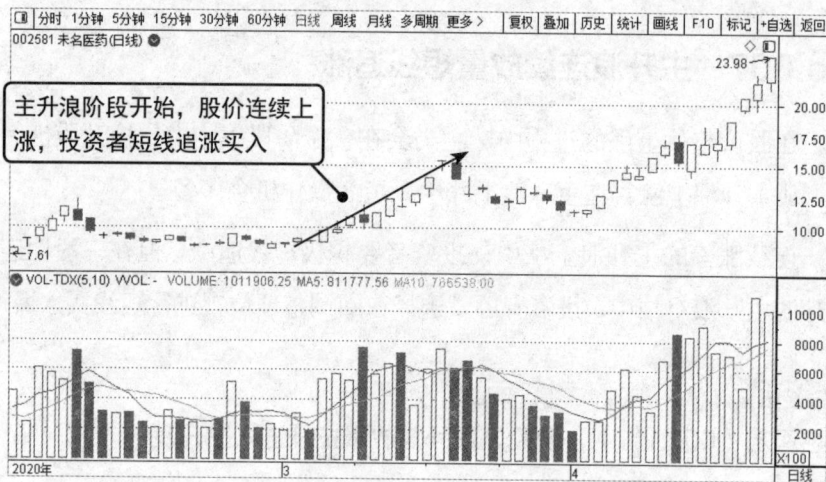

图 6-20　未名医药 2020 年 2 月至 4 月的 K 线图

从图中可以看出，股价步入第一主升浪，股价从 10 元上涨到了 15 元，涨幅达到 50% 左右。随后进入调整浪，小幅回调后再次进入主升浪，是典型大牛股行情，体现了大资金主力的拉升意图，短线操作空间巨大。

一般性的主升浪上涨行情中，投资者尽可能选择股价在横向箱体整理区间后进行短线买入操作。

实例分析

佛慈制药（002644），横盘整理后放量拉升进入主升浪

图 6-21 所示为佛慈制药 2019 年 11 月至 2020 年 1 月的 K 线图。

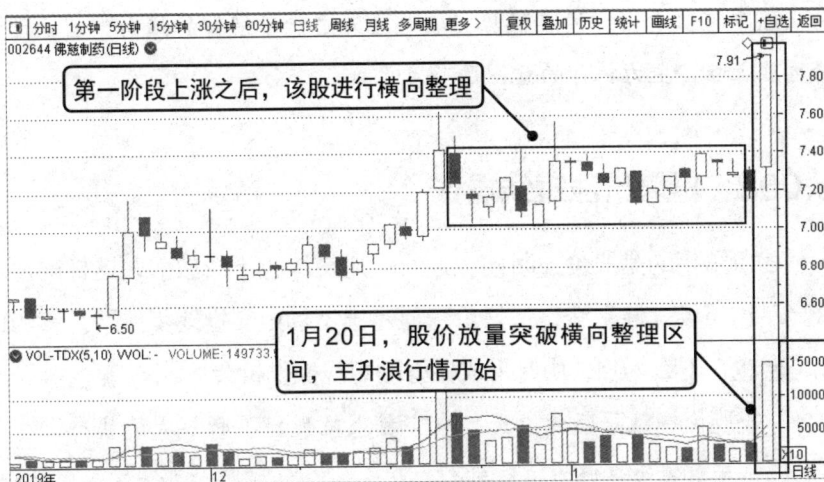

图 6-21　佛慈制药 2019 年 11 月至 2020 年 1 月的 K 线图

从图中可以看出，该股经过第一阶段的上涨之后，股价进行了长时间的横向整理走势，即图中矩形区域。

1 月 20 日股价强势突破了横向整理区间，由此拉开了主升浪的上涨行情。当日天量收出的一根大阳线显示了强烈的短线介入信号。

图 6-22 所示为佛慈制药 2019 年 11 月至 2020 年 2 月的 K 线图。

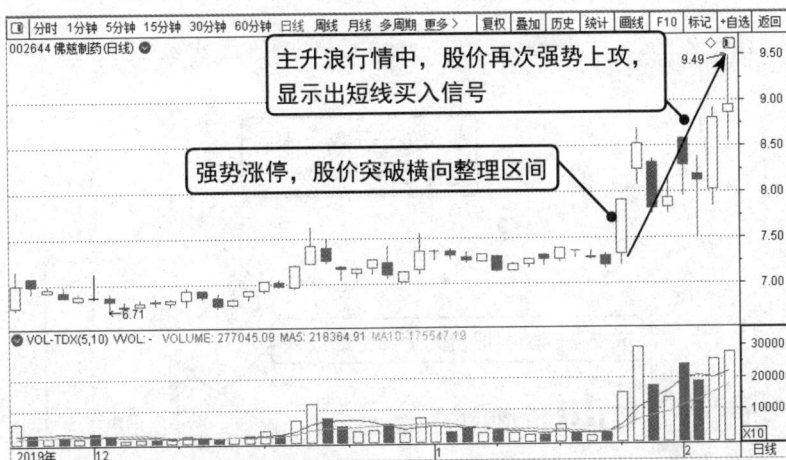

图 6-22　佛慈制药 2019 年 11 月至 2020 年 2 月的 K 线图

从图中可以看出，该股强势突破之后又进行了短暂的横向整理，之后股价再度上涨，主力拉升的意图已确定无疑。

No.008 量增价涨短线操作

量增价涨指的是股价不断向上运行，成交量也不断放大，这样的量价配合显示出市场良性上涨，量增价涨显示出市场中交投逐步活跃，参与的市场资金也在不断增加，由此形成良好的短线操作机会。

◆ 若股价持续不断地上涨，成交量也呈现出不断放大的状态，由此显示出短线良好的追涨机会。

◆ 股价强势拉升，成交量大幅增加，这是一种势头极为强势的量增价涨形式，一般都是市场游资操作股价的结果。面对这样的强劲走势，投资者可以进行适当的短线追涨。

实例分析

金河生物（002688），量增价涨短期看涨

图 6-23 所示为金河生物 2019 年 10 月至 12 月的 K 线图。

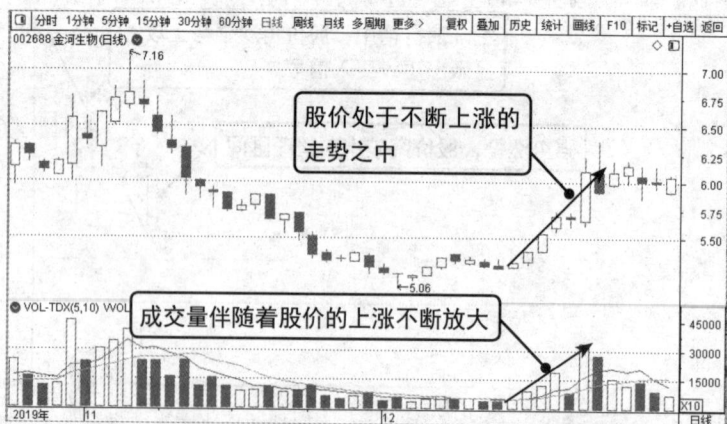

图 6-23 金河生物 2019 年 10 月至 12 月的 K 线图

从图中可以看出，该股此阶段一直处于上涨走势之中，股价上涨的同时成交量不断放大，当量增价涨速度加快时，投资者可以短线买入。

图 6-24 所示为金河生物 2019 年 11 月至 2020 年 1 月的 K 线图。

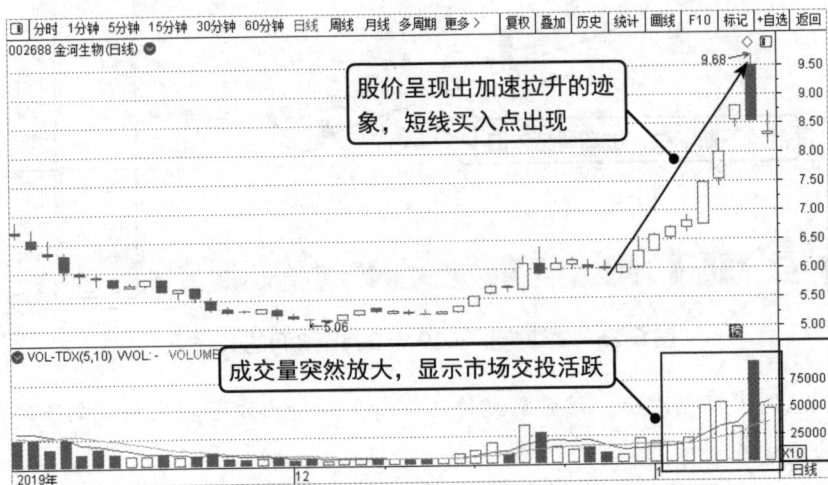

图 6-24　金河生物 2019 年 11 月至 2020 年 1 月的 K 线图

从图中可以看出，该股在加速拉升时短线机会凸显，同时成交量也再次出现大幅放大，由此更加确定短线买入信号。

之后该股从 6.00 元左右最高上涨到了 9.00 元左右，涨幅达到了 50% 左右，短线操作获利较大。

股价连续涨停，成交量爆发增长，这样的强劲上涨势头投资者可以适当参与。

实例分析

龙津药业（002750），量增价涨后市看涨

图 6-25 所示为龙津药业 2019 年 6 月至 8 月的 K 线图。

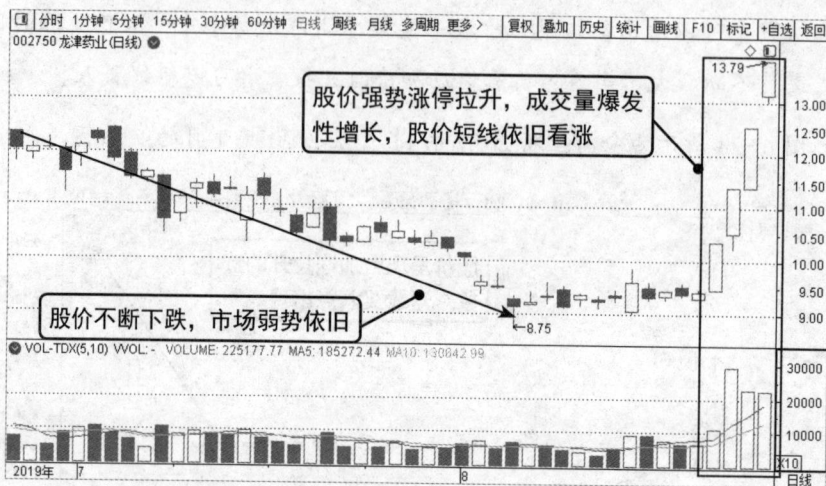

图 6-25　龙津药业 2019 年 6 月至 8 月的 K 线图

从图中可以看出，该股前期快速下滑，股价出现了较大幅度的下跌，之后见底于 8.75 元。

经过一段时间的横盘调整之后，8 月下旬该股突然爆发，股价连续涨停强势拉升，成交量大幅增加，发出短线看涨的信号，投资者可以进行短线追涨操作。

图 6-26 所示为龙津药业 2019 年 7 月至 9 月的 K 线图。

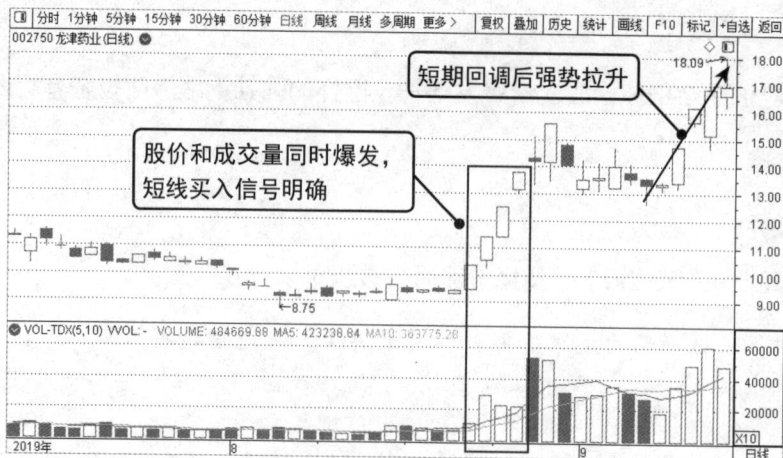

图 6-26　龙津药业 2019 年 7 月至 9 月的 K 线图

从图中可以看出，该股在 9.5 元位置横盘筑底成功，之后市场资金大量流入，股价强势涨停拉升，成交量暴增，由此显示出良好的短线买入机会。该股从 9.5 元上涨到了 18.00 元左右，上涨幅度达到了 89% 左右，由此显示出短线操作空间巨大。

No.009　量减价跌短线操作

量减价跌指的是股价向下运行，成交量不断缩量，显示的是市场弱势向下的信号，因此操作时要以卖出为主。

在股价上涨后的高位区域，量减价跌是一个很明确的卖出信号，投资者要及时卖出股票。但有时候在股价上涨的中途，回调整理阶段也会出现量减价跌的现象。

实例分析

盘龙药业（002864），量减价跌短期看空

图 6-27 所示为盘龙药业 2020 年 3 月至 4 月的 K 线图。

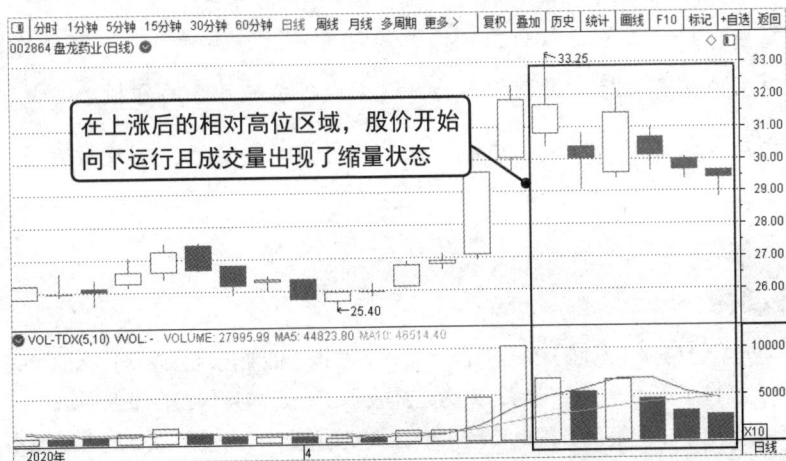

图 6-27　盘龙药业 2020 年 3 月至 4 月的 K 线图

从图中可以看出，该股经过一段时间的上涨之后，股价在32元附近见顶，以一根长上影线阳线报收，成交量缩量，由此显示出市场看跌的信号，因此投资者应该及时卖出股票。

图6-28所示为盘龙药业2020年3月至5月的K线图。

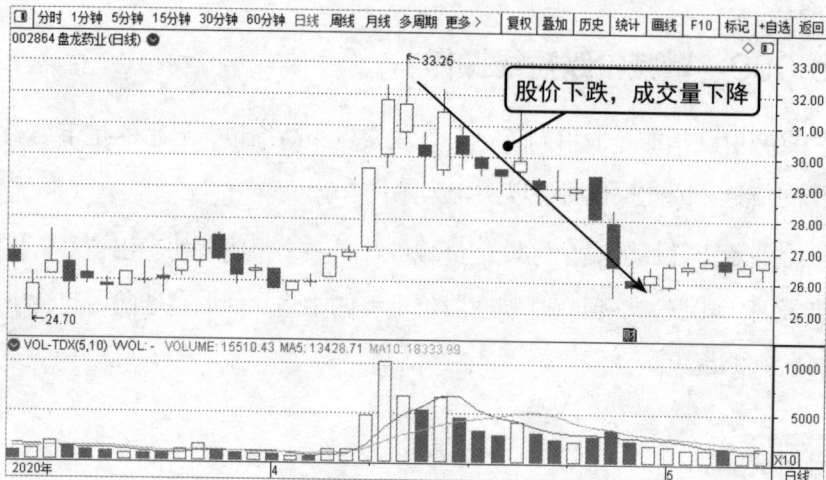

图6-28　盘龙药业2020年3月至5月的K线图

从图中可以看到，在股价上涨后的相对高位区域出现长上影线，且成交量缩量，说明上方运行压力巨大，短期看跌。投资者万万不可恋战，更不应对主力抱有幻想，应果断出局，避免大幅杀跌带来的亏损。

之后，该股从33.00元左右下跌到了26.00元附近，下跌幅度达到了21%左右。

拓展知识　*回调阶段的量减价跌*

在股价上涨途中的回调整理阶段，量减价跌也可能会出现，这是什么原因呢？因为在经过了第一波的上涨后，主力已经收集了一定的筹码，在下跌回调中，主力不会卖出手中的筹码，因此市场中缺乏大量的抛单，以至于成交量不断缩小，量能未有放大，说明没有多少资金出逃，投资者应稳稳握住筹码，等待休整后的再次拉升。

No.010　量增价跌短线操作

量增价跌指的是成交量不断放大，但股价却出现不断下跌的现象，这样的量价关系显示的是股价见顶信号。

在主力拉升股价之后，通常会在高位进行出货操作，形成价格下跌、但成交量却有所放大的现象。

有时在股价下跌尾期，市场中先知先觉的投资者已经判断出了股价即将反转，在股价继续下跌的时候就已经开始建仓，由此也会形成量增价跌的现象。

实例分析

仁和药业（000650），量增价跌短期看跌

图 6-29 所示为仁和药业 2019 年 7 月至 9 月的 K 线图。

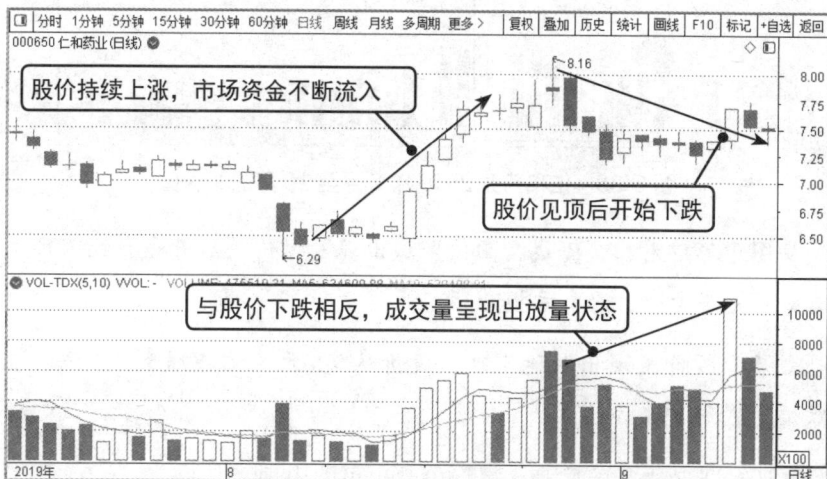

图 6-29　仁和药业 2019 年 7 月至 9 月的 K 线图

从图中可以看出，该股在经过了上一轮上涨之后，股价开始横向整理，带有微幅下调，整体处于箱体整理当中。

观察股价前期走势，发现股价从 6.29 元上涨至最高的 8.16 元，涨幅达 29%，随后在相对高位区域横盘，股价未有明显上涨，甚至略有下跌。

但与此不同，成交量却呈现出放大的特征，由此可见在股价上涨后的高位区域，主力资金开始有计划地流出，大量高位筹码抛出，主力有出逃的迹象，是明显的出货信号，投资者应及时清仓卖出，以免被套。

图 6-30 所示为仁和药业 2019 年 8 月至 10 月的 K 线图。

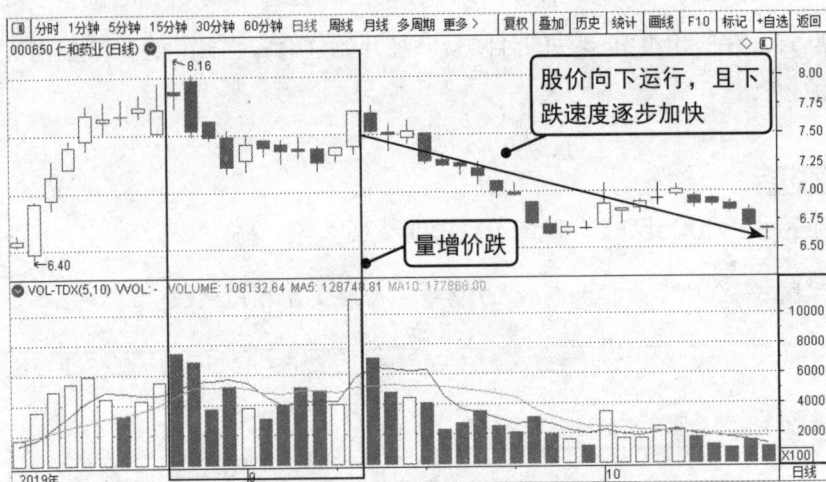

图 6-30　仁和药业 2019 年 8 月至 10 月的 K 线图

从图中可以看出，K 线在高位区域出现量增价跌后开始大幅下跌，投资者必须趁早卖出，避免亏损。

之后，股价呈现出加速下跌，股价从 7.5 元左右下跌到 6.5 元附近，下跌幅度达到 13% 左右。

在股价下跌走势的尾声，量增价跌也可能出现。

实例分析

通化金马（000766），量增价跌低位建仓

图 6-31 所示为通化金马 2019 年 5 月至 8 月的 K 线图。

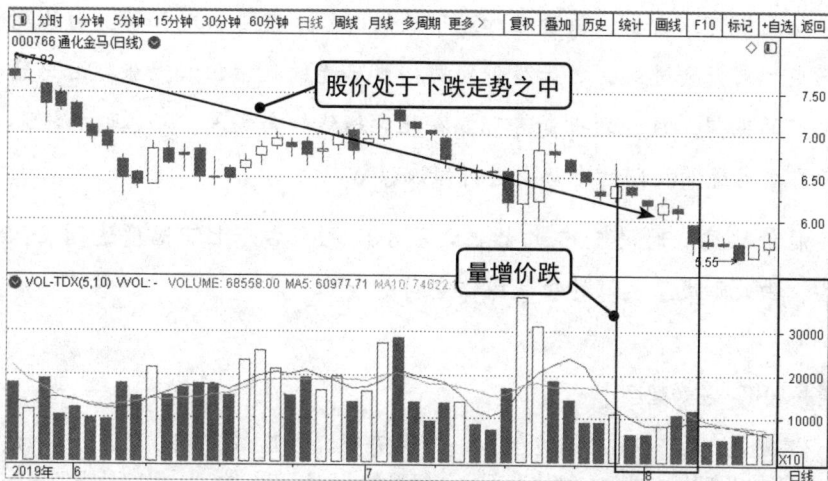

图6-31　通化金马2019年5月至8月的K线图

从图中可以看出，该股明显呈现出不断加深的下跌趋势，在7月底至8月初，股价加速下跌，成交量却出现放量，显示出有资金在下跌中接盘，预示着股价即将见底，因此短线操作机会渐近。

图6-32所示为通化金马2019年7月至9月的K线图。

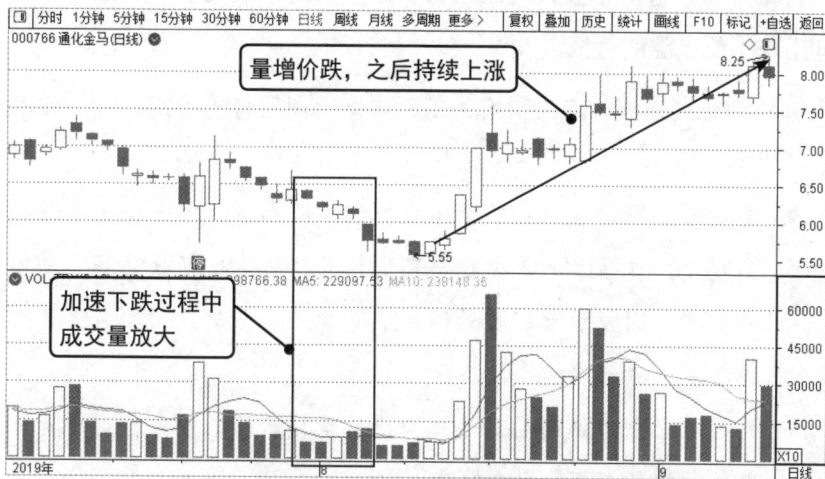

图6-32　通化金马2019年7月至9月的K线图

从图中可以看出，该股在加速下跌的时候成交量出现放量，由此判断市场底部有资金进入，之后股价短暂横盘后连续收出阳线上涨，由此显示出良好的期望，激进的投资者可以在此时短线轻仓买入，而稳健的投资者可以在之后连续收阳的走势中进行短线操作。

股价从见底时的 5.55 元上涨到了 8.25 元左右，上涨幅度达到了 48% 左右，由此形成了良好的短线操作空间。

拓展知识 *左侧建仓*

左侧建仓是一种独特的建仓手段，一般在股价还在下跌的时候就进行买入建仓，正如上例中一样。左侧建仓不是一般投资者可以进行的，一般都是市场中的主力资金所为。当出现这样明显的左侧建仓时，投资者要高度关注，当股价开始上涨时就应该买入股票，进行短线操作。

No.011 量减价涨短线操作

量减价涨是量价相互背离的一种关系，指的是成交量不断缩小，但股价却出现不断上涨的行情。

量减价涨是一种背离的量价关系，根据出现的位置不同，显示出的市场意义也不一样。

◆ 在股价上涨的途中，常常出现股价不断上涨、但成交量不断缩量的现象，这显示的是通过前期的拉升，主力已经收集到了足够多的筹码。因此后市的拉升阶段成交量不会增加，相反会随着股价的不断上涨而缩小。

◆ 在股价上涨后的高位区域也会出现量减价涨的现象，这种背离走势显示的是在高位主力拉升出货。

◆ 随着股价的上涨，市场中风险剧增，使得跟风的资金不断减少，由此造成了成交量不断缩小。

实例分析

山大华特（000915），量减价涨后市看涨

图6-33所示为山大华特2019年10月至12月的K线图。

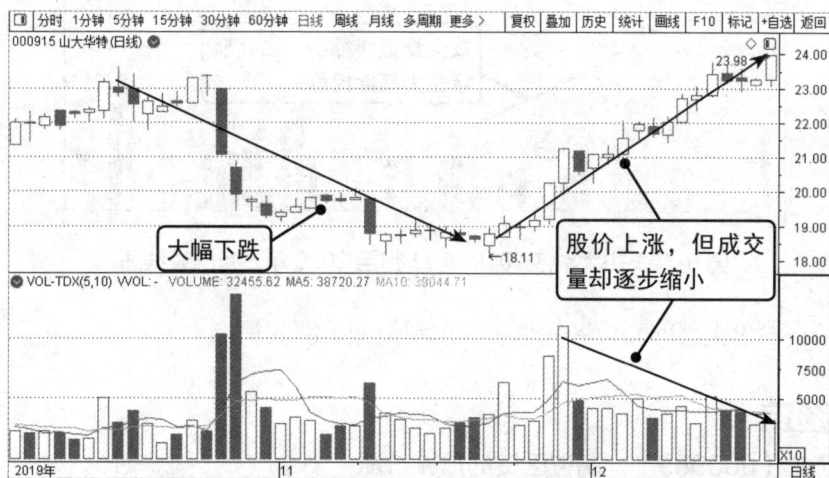

图6-33 山大华特2019年10月至12月的K线图

从图中可以看出，该股前期经历了一波幅度较大的下跌，在18.11元见底后，股价开始上涨，连续收出阳线，显示出庄家拉升的意图较强，可判断短线操作具有良好的操作背景。

此时成交量伴随着股价的上涨呈现出缩量的状态，显示出主力高度控盘。

图6-34所示为山大华特2019年11月至2020年1月的K线图。

从图中可以看出，该股整体上处于上升趋势之中，这样的整体上升波段保证了短线操作的基础。上涨前段时期成交量不断缩量，显示出主力高度控盘。

既然主力不打算抽出资金，那么后市就可以看涨，当股价出现小幅调整时，投资者就可以进行短线买入操作了。

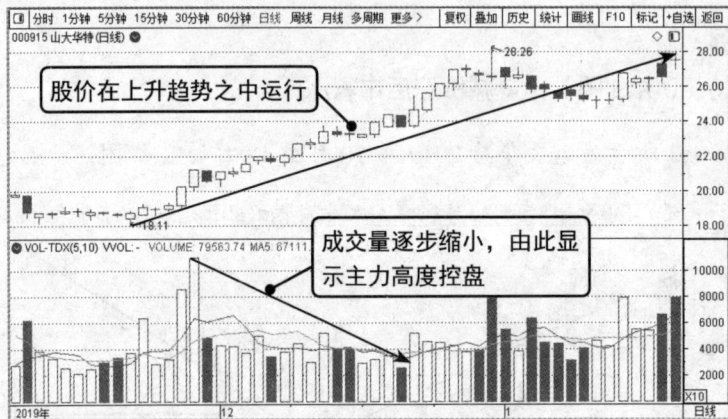

图 6-34　山大华特 2019 年 11 月至 2020 年 1 月的 K 线图

在股价上涨的高位区域也可能出现量减价涨的情形。

实例分析

九芝堂（000989），高位区域的量减价涨

图 6-35 所示为九芝堂 2019 年 12 月至 2020 年 2 月的 K 线图。

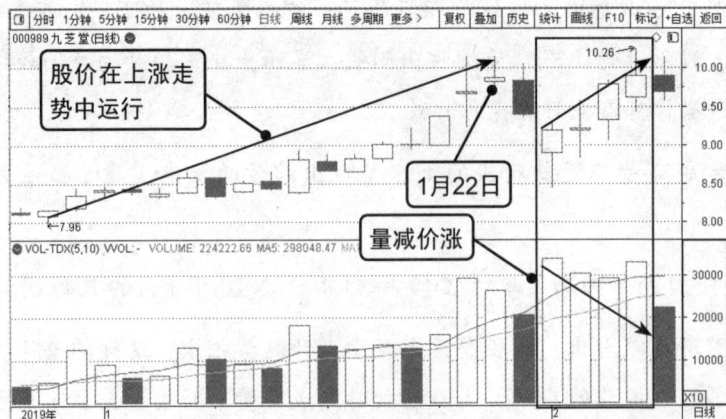

图 6-35　九芝堂 2019 年 12 月至 2020 年 2 月的 K 线图

从图中可以看出，该股前期出现了较大幅度的上涨，股价从 7.96 元上涨到了 10.00 元附近，上涨幅度达到了 20% 左右。

在 1 月 22 日创出 10.16 元的价格后股价开始向下运行，之后股价再次被拉起，但此次上涨阶段成交量没有得到有效放大，相反出现了缩量，由此显示市场后续资金不足，股价创出新高 10.26 元，当日 K 线出现了较长的上影线，下一交易日收于阴线，之后股价形成 M 顶形态。

图 6-36 所示为九芝堂 2019 年 12 月至 2020 年 3 月的 K 线图。

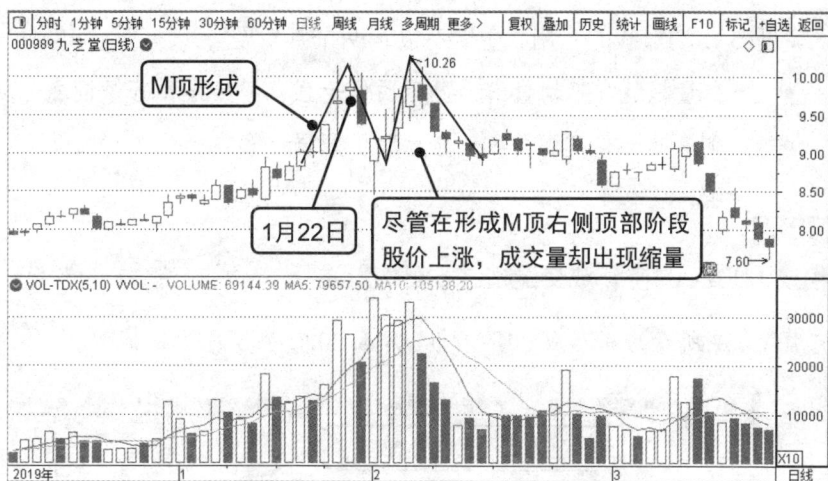

图 6-36　九芝堂 2019 年 12 月至 2020 年 3 月的 K 线图

从图中可以看出，该股在此阶段中形成了 M 顶筑顶形态，由此确定了股价后市看跌。

在股价形成 M 顶右侧顶部时，成交量没有放大，而是出现缩量，由此确定股价无力挑战前期顶部，预示着股价下跌，所以投资者应该积极卖出股票，不能展开短线操作。

从上面的实例分析中我们可以知道，在股价运行的高位区域也可能出现量减价涨的情况，这种情况一般都预示着股价的见顶信号，投资者应该积极卖出股票。同时正是由于股价上涨无量，由此造成股价不能挑战前期高点，这就确定了股价形成两个头部或者三个头部，从而形成了 K 线形态中的 M 顶或三重顶。

No.012　5 日均量线的敏感

均量线指的是在单位时间内成交量平均数值的连线，5 日均量线就是最近 5 个交易日中成交量平均数值的连线。

对于 5 日均量线的应用，主要有以下两个判断要点。

◆　成交量超过 5 日均量线，显示股价走强，短线操作可择机展开。

◆　成交量低于 5 日均量线，显示股价走弱，短线操作不宜展开。

实例分析

新和成（002001），成交量超过 5 日均量线

图 6-37 所示为新和成 2019 年 11 月至 2020 年 3 月的 K 线图。

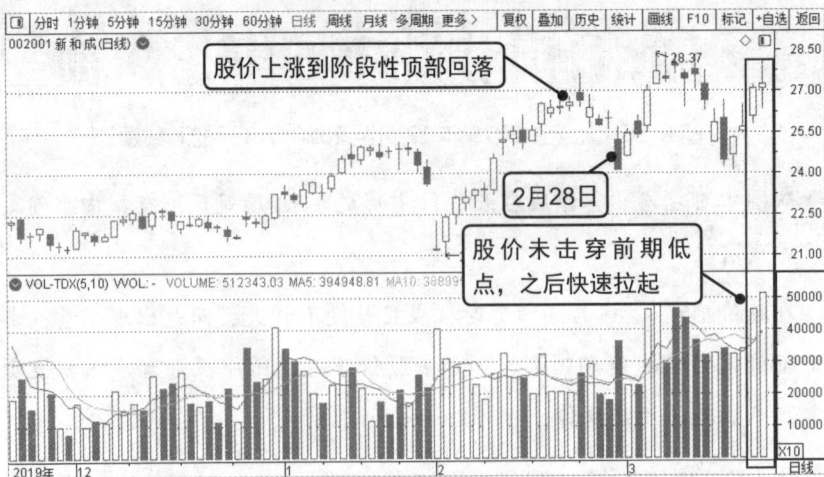

图 6-37　新和成 2019 年 11 月至 2020 年 3 月的 K 线图

从图中可以看出，该股前期出现上涨，于 2020 年 2 月中旬在 27 元价

位线阶段性见顶，之后股价开始下跌回调，在 2 月 28 日拉出一根大阴线后企稳，在经历了小幅上升后在 28 元附近再次向下回落考验前期的低点，在没有击穿前期低点的情况下，之后又成功拉起。伴随成交量放大。且成交量再一次超过 5 日均量线后，短线看涨信号出现，投资者可以进行短线买入操作。

图 6-38 所示为新和成 2019 年 12 月至 2020 年 4 月的 K 线图。

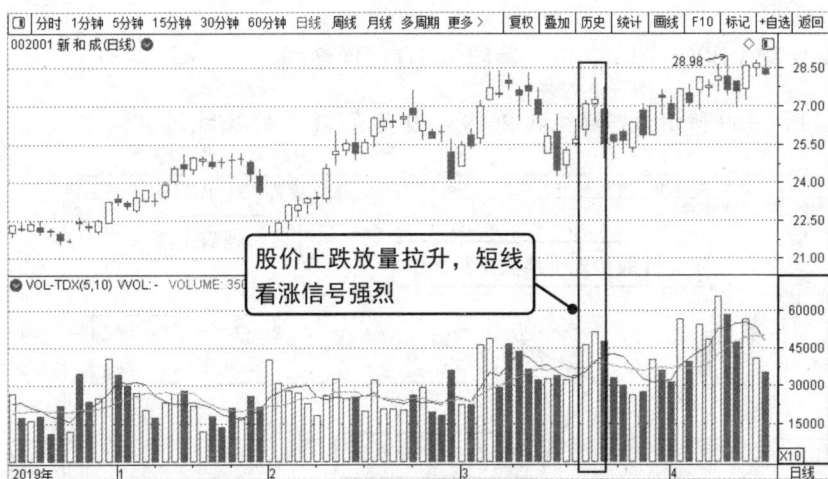

图 6-38　新和成 2019 年 12 月至 2020 年 4 月的 K 线图

从图中可以看出，该股在 3 月中旬止跌企稳后放量拉升，成交量又一次超过 5 日均量线，由此显示出了良好的短线买入机会。之后股价持续拉升，印证了短线买入信号的准确性。

反之，如果成交量低于 5 日均量线时，预示着股价即将走弱，短线投资者应该尽快卖出股票。

No.013　10 日均量线短线赚钱

10 日均量线指的是在最近 10 个交易日中成交量平均数值的连线，10

日均量线对于短线操作同样意义重大。

当成交量向上超过 10 日均量线时，显示出市场走强信号，投资者可以择机进行短线买入操作。

在成交量向下击穿 10 日均量线时，显示市场走弱，投资者必须看跌后市，持有股票的短线投资者应该及时卖出股票，锁定短线利润。

实例分析

四环生物（000518），成交量超过 10 日均量线

图 6-39 所示为四环生物 2019 年 9 月至 11 月的 K 线图。

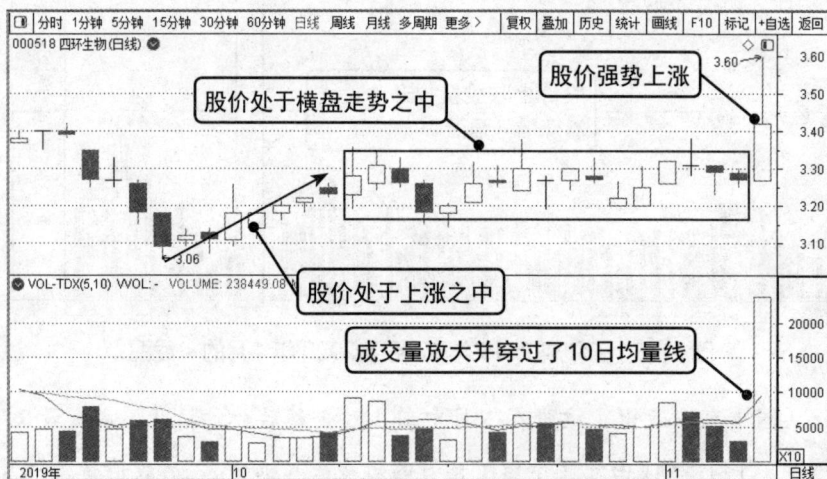

图 6-39 四环生物 2019 年 9 月至 11 月的 K 线图

从图中可以看出，该股 9 月下旬转入上涨走势，涨至 3.3 元后止涨，开始横盘整理。

该股在横盘整理未有大幅度下跌后收出一根带长上影线的阳线，并且成交量放大，逐渐上穿 10 日均量线，显示出市场看涨的信号，短线买入操作可以展开。

图 6-40 所示为四环生物 2019 年 9 月至 11 月的 K 线图。

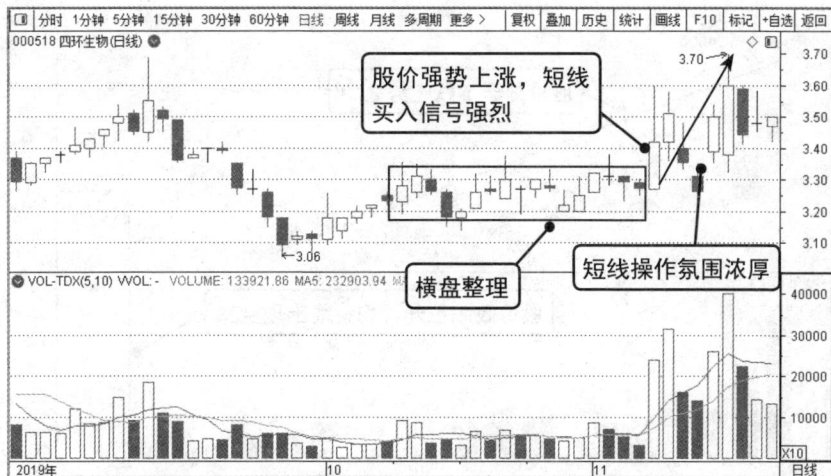

图 6-40　四环生物 2019 年 9 月至 11 月的 K 线图

从图中可以看出，该股在整理之后股价拔地而起，成交量也快速上穿
10 日均量线，由此发出准确的短线买入信号。

反之，如果成交量低于 10 日均量线时，预示着股价即将走弱，短线
投资者应该尽快卖出股票。

No.014　均量线金叉买入法则

均量线金叉指的是 5 日均量线向上穿越 10 日均量线形成的交叉，它
显示的是股价上涨的信号。

在股价的上涨走势中，均量线出现金叉，显示出股价后市上涨可能性
较大，投资者可以据此进行短线操作。

实例分析

新华制药（000756），均量线的金叉看涨信号

图 6-41 所示为新华制药 2020 年 2 月至 3 月的 K 线图。

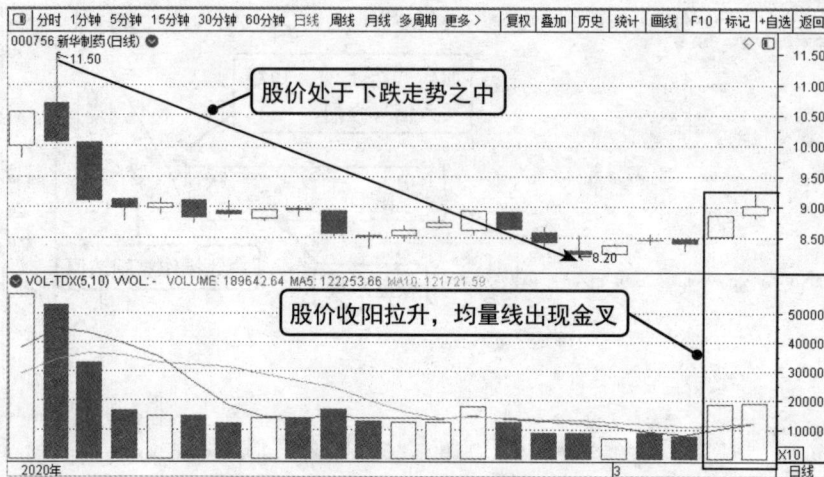

图 6-41　新华制药 2020 年 2 月至 3 月的 K 线图

从图中可以看出，该股在下跌见底后在底部小幅整理，整理完成后便开始了新一轮的上涨，K 线连续收出两根阳线。

当股价整理后止跌反弹时，均量线出现金叉，由此更加确定了股价后市的上涨，所以投资者可以在此进行短线买入操作。

图 6-42 所示为新华制药 2020 年 2 月至 4 月的 K 线图。

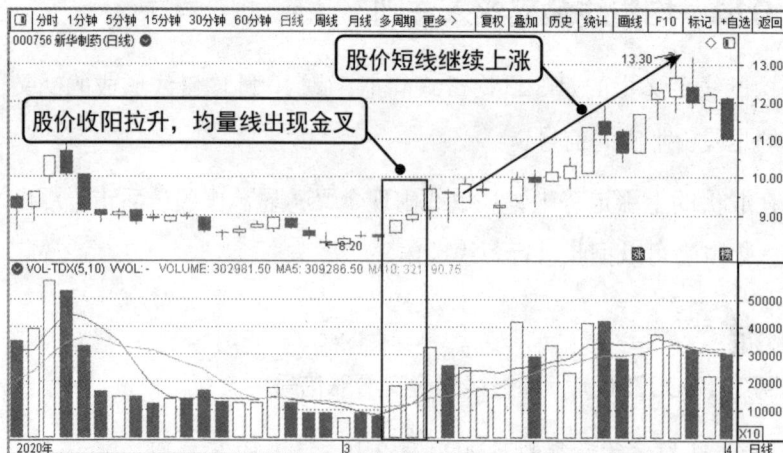

图 6-42　新华制药 2020 年 2 月至 4 月的 K 线图

从图中可以看出，在均量线金叉后股价继续上涨，由此可以证明均量线金叉看涨信号的准确性，短线操作有巨大的空间。

No.015　均量线死叉卖出法则

均量线死叉指的是 5 日均量线向下穿越 10 日均量线形成的交叉，它显示的是股价下跌的信号。

当 5 日均量线向下穿过 10 日均量线时，显示出市场走弱的态势，预示着股价下跌行情的到来，因此投资者应该看跌后市，果断进行卖出操作，特别是前期已经短线买入的投资者。

实例分析

通化金马（000766），均量线的死叉看跌信号

图 6-43 所示为通化金马 2020 年 3 月至 4 月的 K 线图。

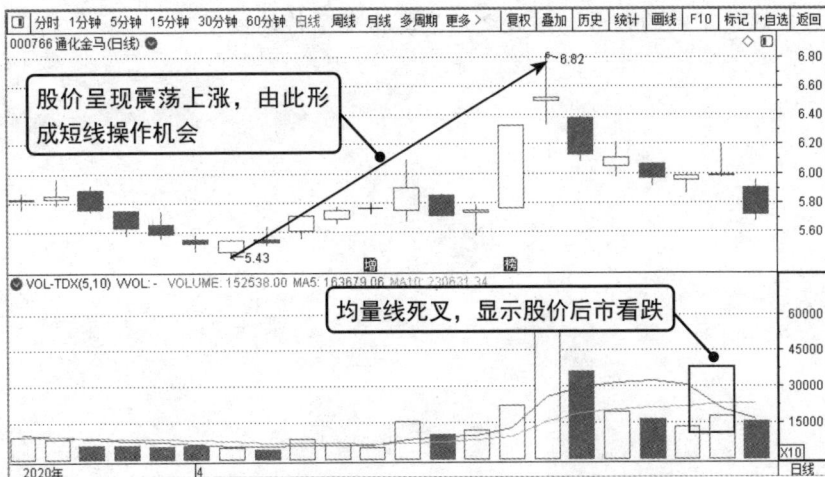

图 6-43　通化金马 2020 年 3 月至 4 月的 K 线图

从图中可以看出，该股在上涨后的相对高位区域出现明显的冲高回落，之后均量线出现死叉，显示出看跌信号。

图 6-44 所示为通化金马 2020 年 3 月至 5 月的 K 线图。

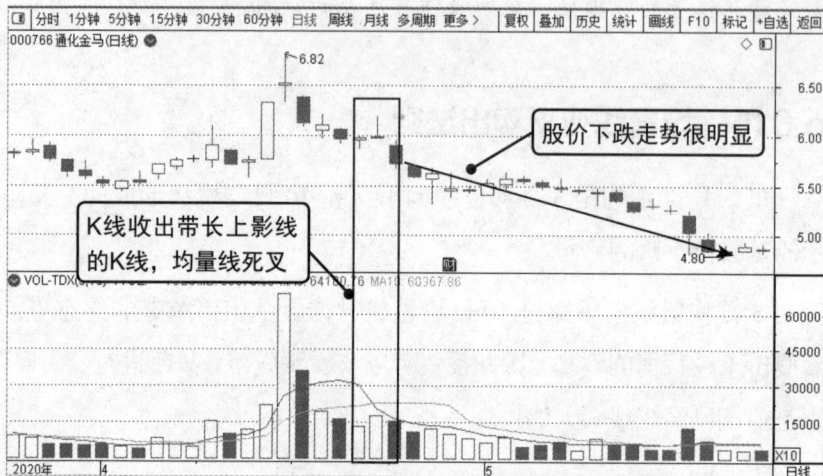

图 6-44　通化金马 2020 年 3 月至 5 月的 K 线图

从图中可以看出，该股在上涨后的高位出现冲高回落走势，随后股价小幅下跌后收出带长上影线的 K 线，同时均量线出现死叉，由此显示出股价后市继续下跌的信号，该股之后果真出现了持续性下跌。

第 **7** 章

短线操盘术之分时图

　　分时图是股价在单个交易日内的运行轨迹，掌握好分时图对于投资者进行短线分析有很大的帮助。本章以分时图为着眼点，重点介绍了利用分时图进行短线盈利的方法和技巧，从而提高投资者短线实战的能力。

No.001　分时图量增价涨短线买入

在分时图走势中，股价全天都呈现出上涨态势且成交量伴随着股价的上涨不断放大，这样的走势就可以称为量增价涨走势。

在分时图中，全天股价都处于上涨走势之中且成交量不断放大，这样的走势很好地反映了股价的短线看涨信号。

◆ 在股价的持续性拉升阶段，若分时图中出现量增价涨的走势，投资者就应该及时进行短线买入操作。

◆ 当股价在前期低位获得支撑后，若分时图中出现量增价涨的走势，投资者也可进行短线买入操作。

实例分析

华东医药（000963），分时图量增价涨可短线买入

图 7-1 所示为华东医药 2020 年 3 月 25 日的分时图。

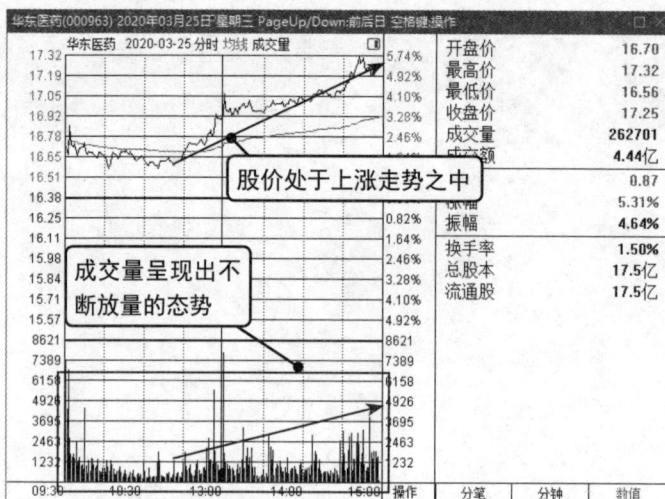

图 7-1　华东医药 2020 年 3 月 25 日的分时图

从图中可以看出，该股开盘短暂冲高后出现一波小幅回落，之后在 11:00 左右止跌回升，之后始终在均价线上方拉升，全天都处于强势上涨的

走势之中，在股价拉升的阶段中成交量也呈现出不断的放量，由此显示出市场强劲的上涨动力。

从该股 2020 年 3 月 25 日的分时图中可以发现股价当天的强势表现，但仅凭此还不能确定买入，还要结合具体的行情进行分析，从而确定是否短线买入操作。

图 7-2 所示为华东医药 2020 年 3 月至 6 月的 K 线图。

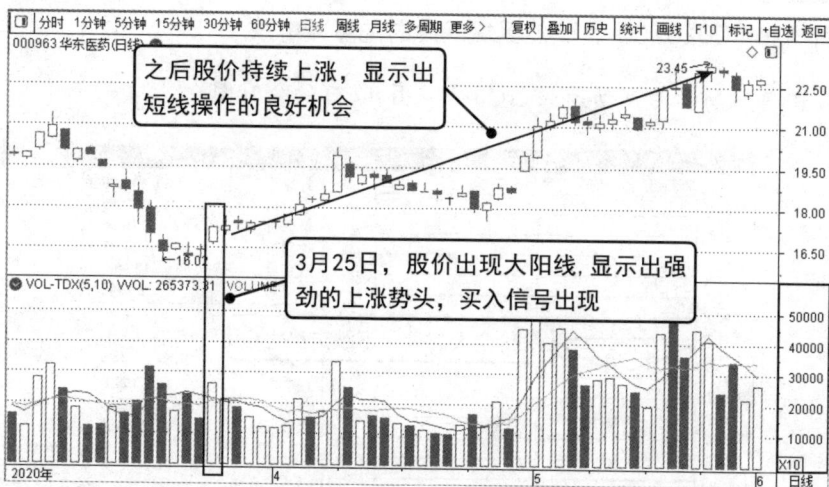

图 7-2　华东医药 2020 年 3 月至 6 月的 K 线图

从图中可以看出，该股此阶段在上升趋势的作用下不断创出新高。在 2020 年 3 月 25 日这天，股价走出大阳线，显示出强烈的看涨信号，再结合到股价运行于上涨趋势之中，由此确认短线买入的信号。之后该股从 16.5 元左右最高上涨到了 23.45 元，上涨幅度达到 42% 左右。

No.002　分时图量减价跌短线操作

在分时走势图中，股价全天都呈现出不断下跌的走势，且成交量也不断萎缩，这样的走势就是分时图中的量减价跌走势。

量减价跌是一个盘中的弱势信号，但是在股价整体的走势中并不代表股价一定处于弱势之中。

- ◆ 在股价上涨后的高位区域，若单日股价下跌且盘中成交量不断缩
  小，就可以看成是一个短线卖出的信号。

- ◆ 股价上涨途中的洗盘动作，股价单日也会出现量减价跌的走势，
  但下跌幅度一般都较小，这时就是一个短线买入信号。

实例分析

京新药业（002020），高位区域的分时图量减价跌

图 7-3 所示为京新药业 2020 年 4 月 17 日的分时图。

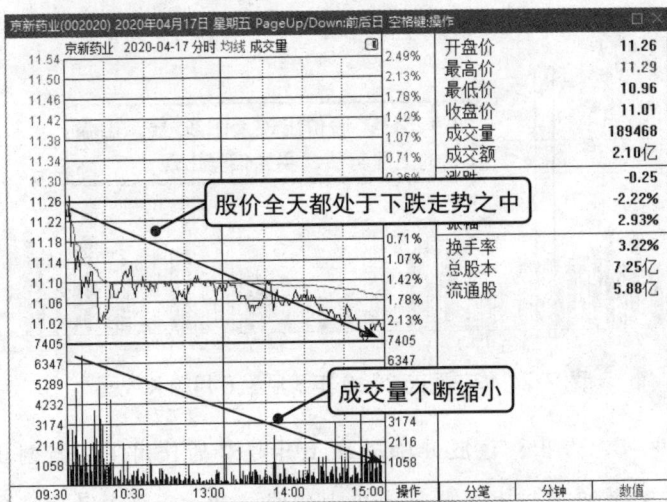

图 7-3　京新药业 2020 年 4 月 17 日的分时图

从图中可以看出，该股在 2020 年 4 月 17 日这天股价不断向下运行且
成交量也伴随着股价的下跌而不断缩量，由此显示出全天弱势下跌，从分
时图上已经得出看跌卖出的信号。

图 7-4 所示为京新药业 2020 年 3 月至 5 月的 K 线图。

从图中可以看出，首先从 K 线走势上来看，阶段高位形成的 K 线形态
为十字星，可见局势发生转换，发出看跌信号。

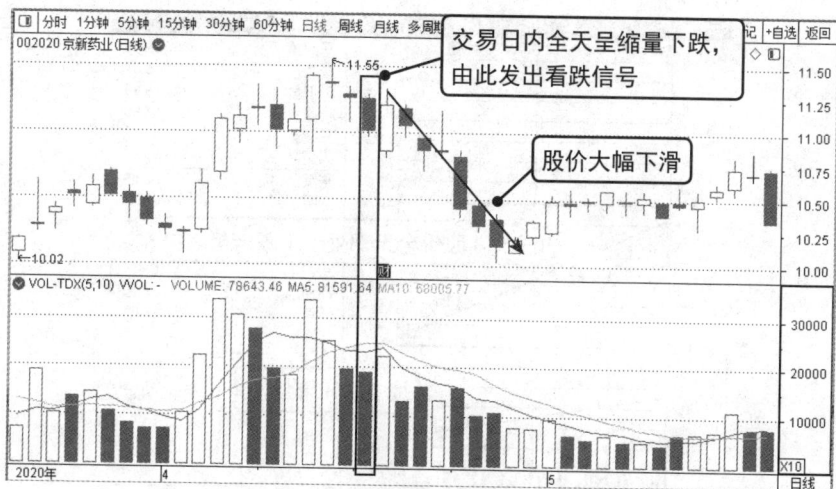

图7-4　京新药业 2020 年 3 月至 5 月的 K 线图

在 2020 年 4 月 17 日这天，股价全天弱势向下，成交量不断缩量，也显示出看跌信号。

所以综合以上判断可知股价后市看跌，投资者必须卖出股票，短线操作不能展开。

在股价上涨阶段，主力洗盘时也会形成量减价跌的现象，下面来看一个有关案例。

实例分析

皖通高速（600012），上涨期间的分时图量减价跌

图 7-5 所示为皖通高速 2019 年 10 月 29 日的分时图。

由图中可知，皖通高速的股价在 2019 年 10 月 29 日出现低开低走的形态，股价一路下滑，直至收盘。

成交量方面，盘内一直低迷，并没有出现相对的密集成交区，因此当日的量价关系为量减价跌。

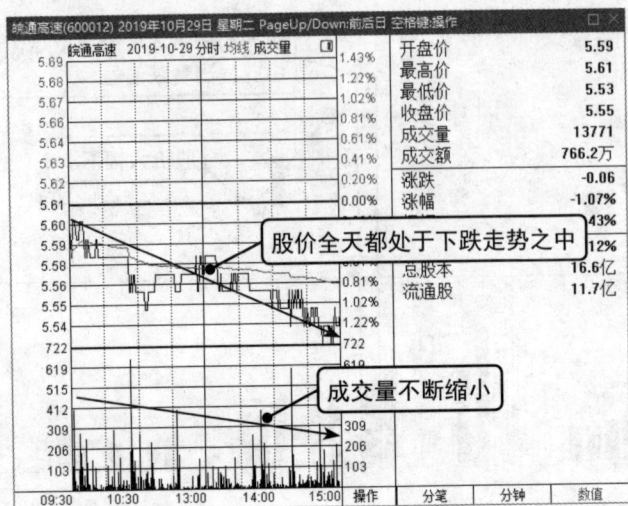

图 7-5　皖通高速 2019 年 10 月 29 日的分时图

图 7-6 所示为皖通高速 2019 年 9 月至 2020 年 1 月的 K 线图。

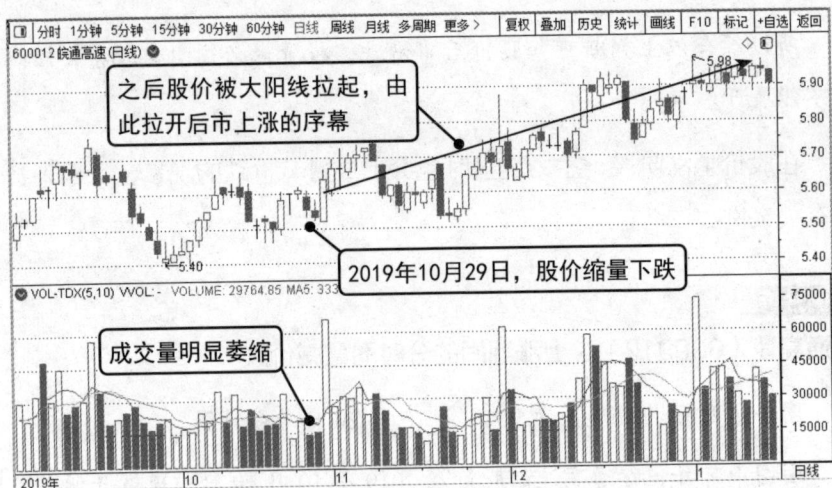

图 7-6　皖通高速 2019 年 9 月至 2020 年 1 月的 K 线图

从图中可以看出，该股整体上处于一波上涨走势之中。在股价创出 5.4 元的低价企稳后，股价连续收阳线开启上涨，之后该股主力进行了洗盘，即出现 10 月 29 日的缩量下跌。

从 10 月 29 日这天成交量的极度缩量可知，该股主力已经获得了足够多的筹码且市场筹码锁定程度较高，由此显示出看涨的信号，所以投资者应该在 10 月 29 日或者后续开始拉升的过程中进行短线买入操作。

No.003　早盘量增价涨短线信号

在分时图中，股价在早盘就不断向上拉升且成交量不断放大，这样的走势显示出市场亢奋的交投情绪。

在股价的上涨行情中，早盘出现量增价涨就是一个短线买入信号。而在股价强势拉升后的高位区域，早盘量增价涨就很可能是主力在出货，此时投资者不能进行短线追涨。

实例分析

三一重工（600031），早盘量增价涨后市看好

图 7-7 所示为三一重工 2019 年 11 月 19 日的分时图。

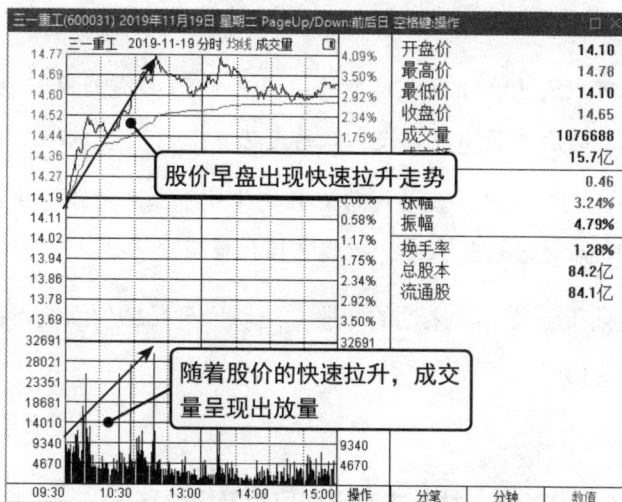

图 7-7　三一重工 2019 年 11 月 19 日的分时图

从图中可以看出，该股在 2019 年 11 月 19 日这天股价在开盘不久后便出现快速拉升，同时成交量也伴随着股价的上涨而不断放量，这显示出市场积极的上涨势头，说明市场人气高涨，是否选择短线买入，还得分析股价所处的具体位置。

图 7-8 所示为三一重工 2019 年 9 月至 2020 年 1 月的 K 线图。

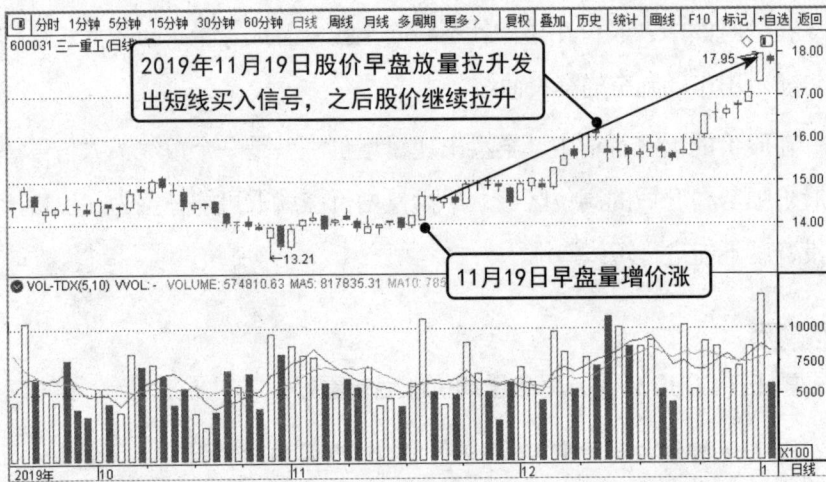

图 7-8　三一重工 2019 年 9 月至 2020 年 1 月的 K 线图

从图中可以看出，该股在前期的回调中于 10 月底创出 13.21 元的阶段新低后结束，随后该股出现缓慢上涨的走势。

2019 年 11 月 19 日早盘量增价涨且整体处于上涨阶段，由此形成短线买入信号。之后该股继续拉升，短线可操作性强。

如果是处于强势拉升末期的个股，出现早盘量增价涨的形态就不是一个短线看多的信号。

实例分析

南方航空（600029），拉升末期出现早盘量增价涨

图 7-9 所示为南方航空 2020 年 1 月 10 日的分时图。

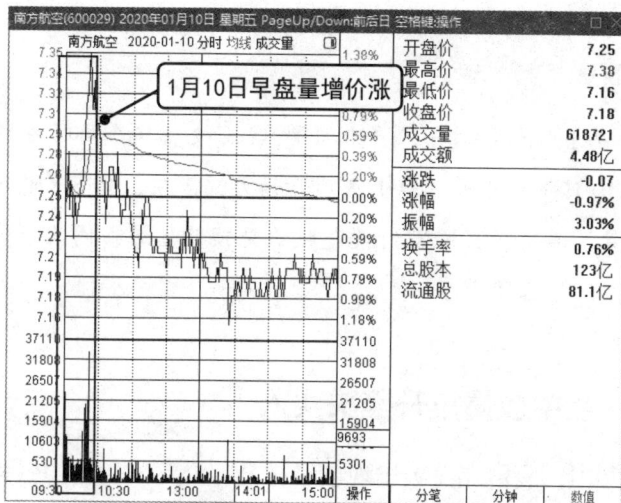

图 7-9　南方航空 2020 年 1 月 10 日的分时图

从图中可以看出，该股在 2020 年 1 月 10 日这天出现了早盘量增价涨的走势特征。但是股价在快速冲高之后随即转入下跌走势之中，最终以 0.79% 的跌幅报收。

对应该 K 线所处的位置，不难看出该股在当日的早盘量增价涨是主力诱多的陷阱。

图 7-10 所示为南方航空 2019 年 11 月至 2020 年 2 月的 K 线图。

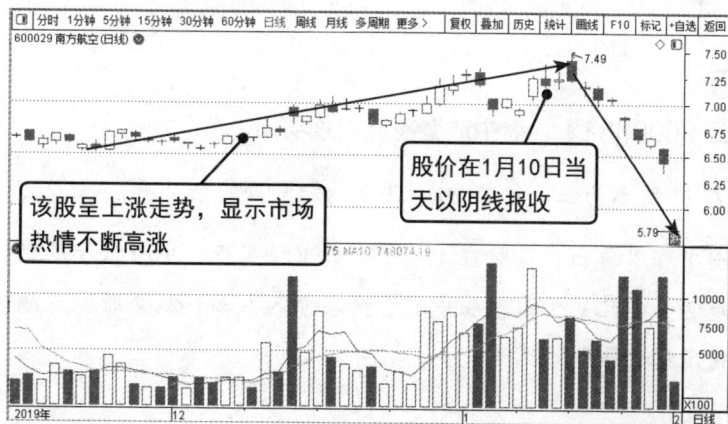

图 7-10　南方航空 2019 年 11 月至 2020 年 2 月的 K 线图

从图中可以看出，该股在左侧的走势中上涨速度不断加快，显示出市场热情不断高涨。

在 2020 年 1 月初经过一个小幅下跌后又被拉起，同时量增价涨。在 2020 年 1 月 10 日早盘出现短暂上涨后开始大幅下跌，留下长长的上影线，成为一根高耸的避雷针，避雷针就是股价见顶的信号，因此投资者必须果断卖出清仓，切勿恋战。

No.004 盘中放量拉升坚决买入

在分时图中，股价在盘中出现放量拉升，显示出市场中做多力量的坚决介入，由此也发出了强烈的短线买入信号。

在股价的分时走势图中，盘中出现放量拉升显示出主力资金在大量积极介入，投资者可以根据这样的信号进行灵活的短线操作。

◆ 盘中放量拉升，全天维持这样的放量上攻形势，这样的走势显示出市场强烈的上涨欲望，投资者可大胆进行短线买入操作。

◆ 盘中放量冲高，之后股价下跌，但下跌幅度并不太大，这样的走势特征很有可能是主力在试盘，投资者可在之后放量上攻时短线买入。

实例分析

三一重工（600031），盘中放量拉升出现买点

图 7-11 所示为三一重工 2019 年 12 月 25 日的分时图。

从图中可以看出，该股在 12 月 25 日出现早盘、中午盘和尾盘的放量拉升的走势。由此显示出市场中有资金在介入做多，从分时图看确实该股有较强的短线操作性。

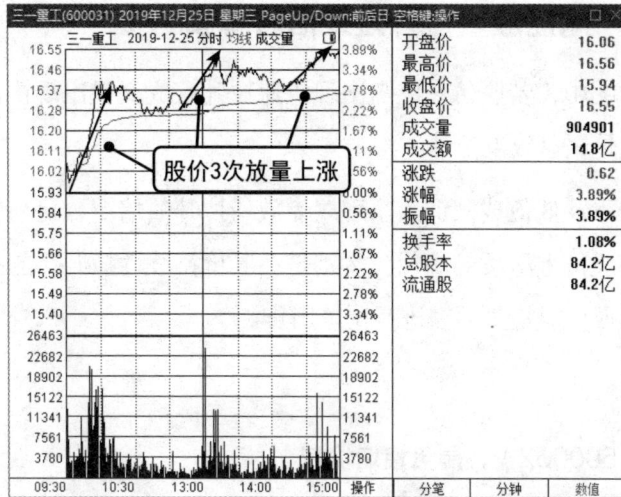

图 7-11　三一重工 2019 年 12 月 25 日的分时图

图 7-12 所示为三一重工 2019 年 11 月至 2020 年 3 月的 K 线图。

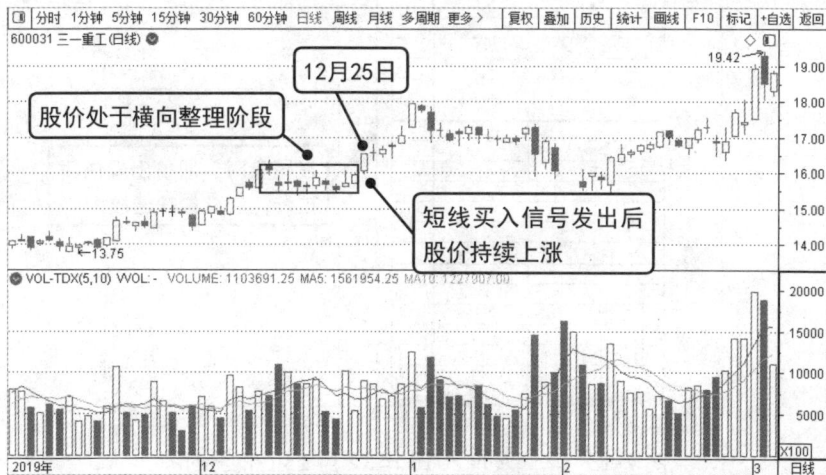

图 7-12　三一重工 2019 年 11 月至 2020 年 3 月的 K 线图

从图中可以看出，该股整体处于上涨走势之中，在矩形区域内出现了横向整理。2019 年 12 月 25 日，该股在盘中放量上涨且全天呈现出强势上涨势头，最终收出中阳线并突破前期整理平台，由此发出短线买入信号。

No.005　尾盘放量拉升短线信号解读

在分时图中，若股价在尾盘出现快速拉升且成交量出现快速放量，这样的走势就是尾盘放量拉升。

在股价下跌低位或回调后出现尾盘放量拉升的情况，可视为短线买入信号。而在股价上涨后的高位，特别是在股价持续性拉升后的高位，出现尾盘拉升则很可能是主力在进行诱多出货。

实例分析

华润双鹤（600062），尾盘量增价涨

图7-13所示为华润双鹤2019年12月13日的分时图。

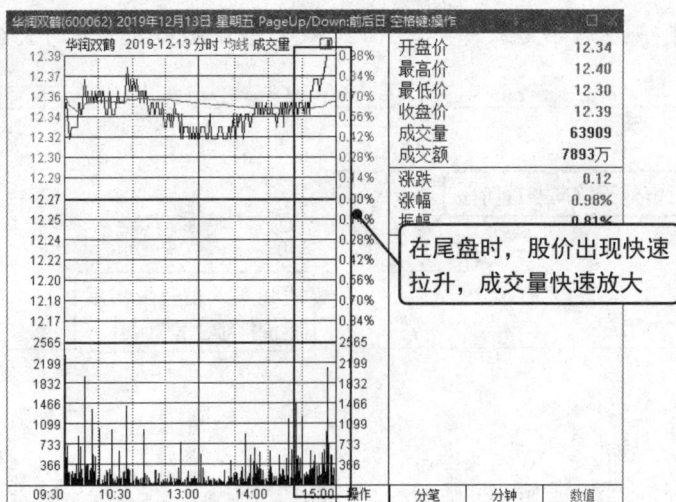

图7-13　华润双鹤2019年12月13日的分时图

从图中可以看出，该股在盘尾出现快速拉升走势，并且成交量有一定幅度的增加，为量增价涨的形态。

对应股价所处的K线图的具体位置，投资者可以很轻松地得到是否可以采取短线操作信号。

图 7-14 所示为华润双鹤 2019 年 11 月至 2020 年 1 月的 K 线图。

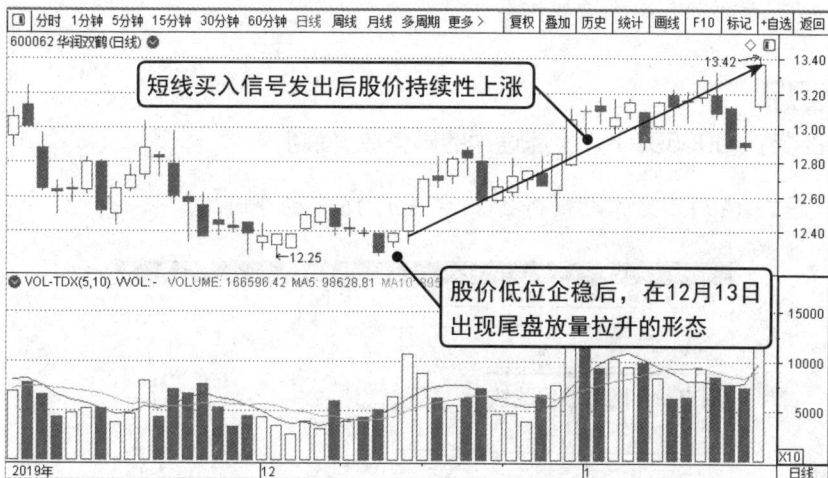

图 7-14　华润双鹤 2019 年 11 月至 2020 年 1 月的 K 线图

从图中可以看出，该股前期出现下跌走势且创出了 12.25 元的新低，之后该股开始回调，获得支撑企稳且 12 月 13 日的分时走势出现尾盘放量拉升，由此短线发出买入信号。之后该股强势上涨，由此可见短线操作的价值巨大。

No.006　尾盘放量跳水的真谛

尾盘放量跳水指的是股价在临近收盘前出现快速下跌，下跌的同时成交量却快速增大。

尾盘放量跳水具有很复杂的市场意义，投资者利用这些意义可以很好地进行短线实战操作。

◆ 如果股价处于上涨走势之中，若在尾盘出现放量跳水，这可能是主力刻意进行的洗盘，由此后市走强就是一个短线买入信号。

◆ 如果股价处于横向整理走势之中，若在尾盘出现放量跳水，这显示的就是一个看跌信号。

实例分析

东北制药（000597），上涨途中的尾盘放量跳水

图 7-15 所示为东北制药 2020 年 1 月 16 日的分时图。

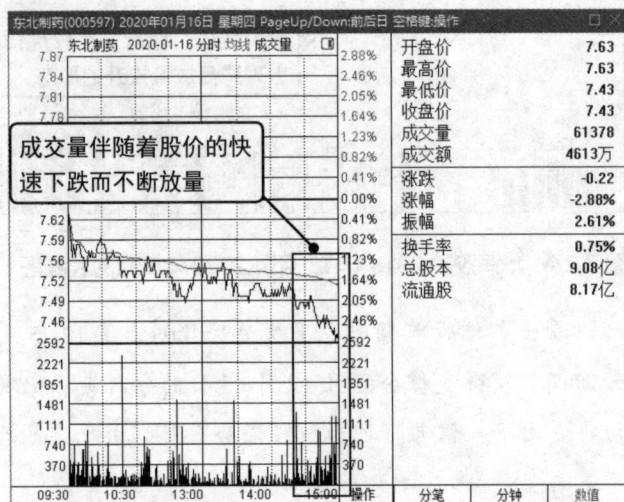

图 7-15　东北制药 2020 年 1 月 16 日的分时图

从图中可以看出，该股在 2020 年 1 月 16 日出现尾盘跳水走势，股价快速下跌，成交量不断放大，这样的走势必须结合股价所处的具体位置才能研判其价值。

图 7-16 所示为东北制药 2019 年 12 月至 2020 年 2 月的 K 线图。

从图中可以看出，该股在此阶段一直处于上涨走势之中，2020 年 1 月 16 日该股主力进行尾盘跳水的洗盘操作，之后股价重新步入上涨之中。

股价在尾盘跳水洗盘之后，股价强势上涨，此时短线买入信号相当强烈，投资者要及时进行短线买入操作。

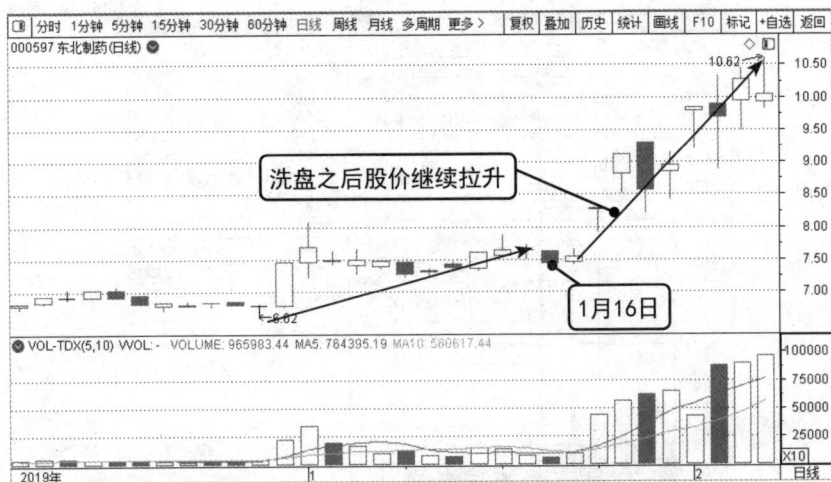

图 7-16　东北制药 2019 年 12 月至 2020 年 2 月的 K 线图

No.007　单笔打压短线绝佳买入机会

单笔打压指的是在股价运行中主力刻意大单砸盘，之后迅速被拉起，由此在分时图中形成了一个深 V 字形状。

主力大单打压股价是一种"送礼"行为，投资者可以大胆进行短线买入。有时在上涨的末期，主力利用大单砸出最低价，由此使得 K 线形成长下影线，借此制造洗盘的假象，从而实现诱多出货的目的。

实例分析

长春高新（000661），股价低位时出现盘中打压

图 7-17 所示为长春高新 2020 年 3 月 19 日的分时图。

从图中可以看出，该股在盘中出现明显的大单打压股价的行为，股价瞬间大跌，但又被快速拉起，成交量出现明显的放量，显示出在打压低位有众多买盘成交，这凸显了主力"送礼"的操作目的。

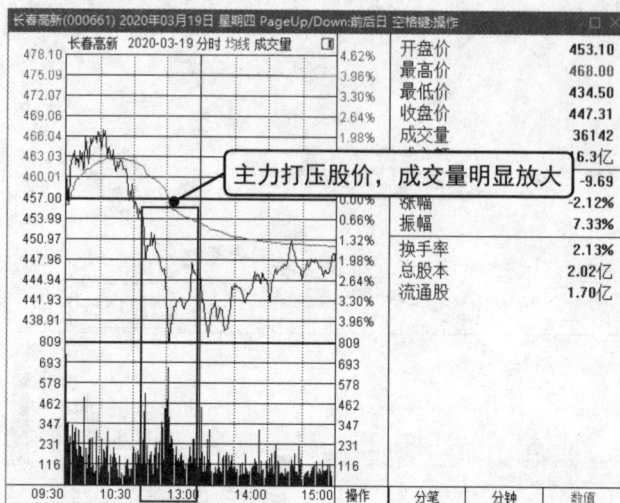

图 7-17　长春高新 2020 年 3 月 19 日的分时图

图 7-18 所示为长春高新 2020 年 3 月至 5 月的 K 线图。

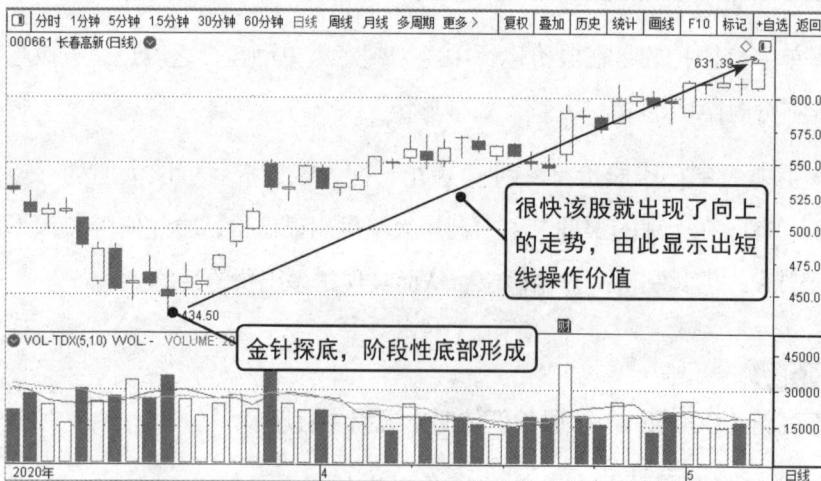

图 7-18　长春高新 2020 年 3 月至 5 月的 K 线图

从图中可以看出，金针探底在 434.50 元位置形成阶段底部后股价重新上涨，并在探底当天即 2020 年 3 月 19 日出现大单单笔打压，由此可见主力以"送礼"行为在试盘，短线买入信号强烈，投资者可以进行短线买入。

在股价上涨后的末期，如果出现大单单笔打压的现象，则很大可能是主力故意形成的诱多陷阱。

实例分析

德展健康（000813），股价高位时出现盘中打压

图 7-19 所示为德展健康 2019 年 10 月 21 日的分时图。

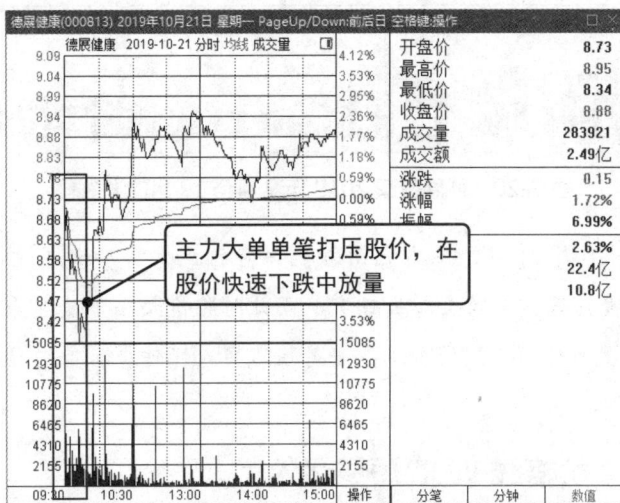

图 7-19　德展健康 2019 年 10 月 21 日的分时图

从图中可以看出，该股在盘中出现明显的大单单笔打压，即图中矩形区域所示。

在大单单笔打压时成交量出现明显放大，这样的大单打压是否是主力在"送礼"呢？还需要股价整体走势的验证。

图 7-20 所示为德展健康 2019 年 9 月至 12 月的 K 线图。

从图中可以看出，该股前期经历了一波上涨，股价创出 9.48 元高价后止涨。在出现带长下影线的 K 线后开始大跌。

| 分时 | 1分钟 | 5分钟 | 15分钟 | 30分钟 | 60分钟 | 日线 | 周线 | 月线 | 多周期 | 更多 > | 复权 | 叠加 | 历史 | 统计 | 画线 | F10 | 标记 | +自选 | 返回 |

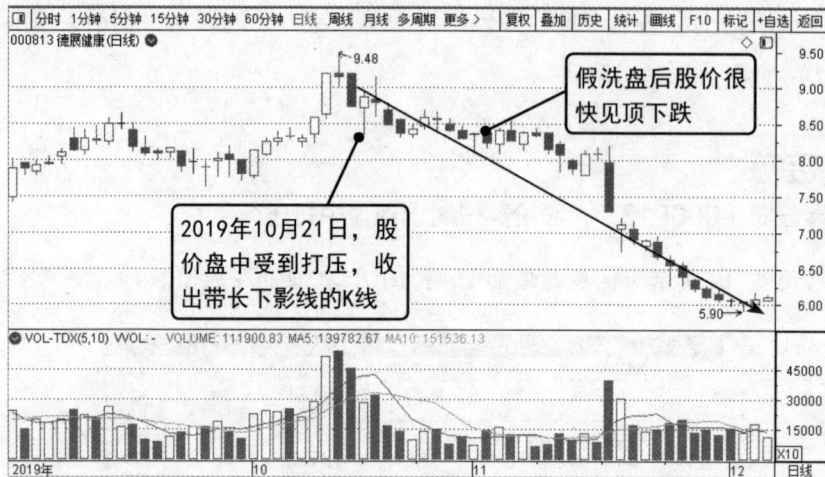

图 7-20　德展健康 2019 年 9 月至 12 月的 K 线图

2019 年 10 月 21 日，主力利用筹码优势打出大卖单造成股价形成长下影线，如果是洗盘，股价会重新回升。而此时股价大幅下跌，并未有回头之意，因此可视为见顶。投资者不能进行短线买入操作，后市仍以看空为主。

No.008　价格线 W 底短线买入

在股价运行的分时走势图中，价格线是一条重要的指示线，反映了股价即时的运行状态，价格线的 W 底是一个很好的短线买入信号。

分时图中价格线的 W 底形态和 K 线图中的 W 底形态基本一样，反映的是股价见底信号，只不过价格线的 W 底是一个短暂的见底信号。

- ◆ 在股价下跌后企稳走势中，分时图中如果出现价格线 W 底是一个很好的买入信号。

- ◆ 在股价强势拉升前期，价格线 W 底也是一个短线买入信号。

实例分析

景峰医药（000908），分时图价格线形成 W 底形态

图 7-21 所示为景峰医药 2020 年 3 月 19 日的分时图。

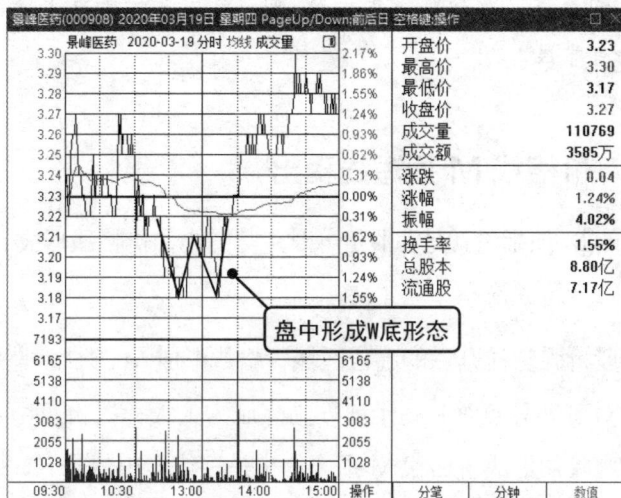

图 7-21　景峰医药 2020 年 3 月 19 日的分时图

从图中可以看出，该股价格线形成图中所示的 W 底。这个 W 底出现在盘中阶段，具有很好的承上启下的作用，支撑了股价在下午盘中的上涨走势，因此从分时图角度上讲，投资者应该在当天抓住机会买入。

图 7-22 所示为景峰医药 2020 年 2 月至 4 月的 K 线图。

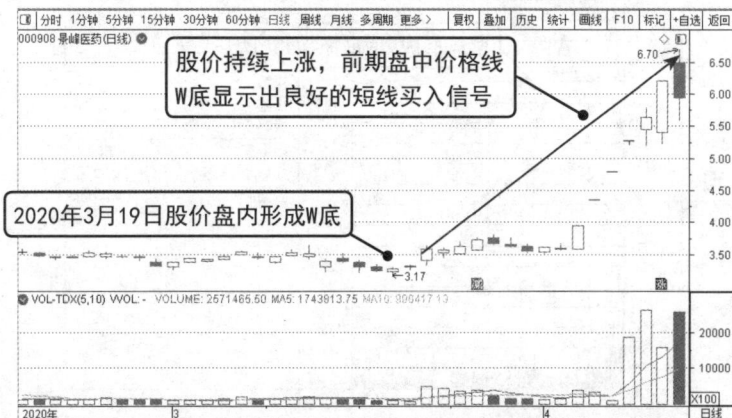

图 7-22　景峰医药 2020 年 2 月至 4 月的 K 线图

从图中可以看出，该股前期经历较长时间的横盘走势，在创出阶段性低位 3.17 元的当日，盘内股价走出 W 底，之后开始进攻上扬，充分证明 W 底看涨的可靠性。

No.009　价格线 M 顶短线卖出

价格线的 M 顶指的就是在股价分时走势图中，价格线形成 M 顶形态，这一形态是一个看跌形态。

如果在股价强势拉升后的高位区域价格线形成 M 顶，就是短线卖出信号。股价面对前期高点时，由于前期高点压力太大，股价盘中两次冲高都无法突破，由此便形成价格线 M 顶，这也是短线卖出信号。

实例分析

九芝堂（000989），分时图出现 M 顶

图 7-23 所示为九芝堂 2020 年 2 月 7 日的分时图。

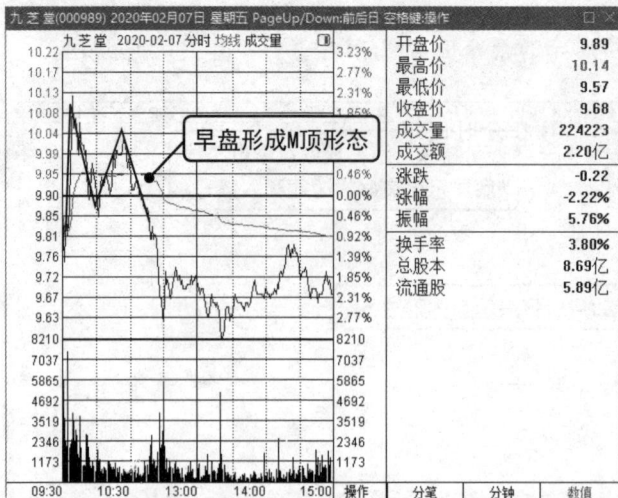

图 7-23　九芝堂 2020 年 2 月 7 日的分时图

从图中可以看出，该股开盘后出现两个明显的头部，由此形成价格线的 M 顶形态。

结合该股当时的 K 线走势，投资者可以很轻松地判断出此处价格的 M 顶是看跌卖出信号。

图 7-24 所示为九芝堂 2019 年 12 月至 2020 年 3 月的 K 线图。

图 7-24　九芝堂 2019 年 12 月至 2020 年 3 月的 K 线图

从图中可以看出，该股前期连续以阳线报收，大中阳线不断出现。该股 2020 年 2 月 7 日在分时图中形成 M 顶形态，由此发出看跌信号。

当股价在分时图中形成 M 顶时，投资者就应该有所警惕，最好将前期短线买入的股票卖出，锁定利润。

No.010　价格线 V 形底短线买入

价格线的 V 形底和 K 线图中的 V 形底一样，显示的也是一个行情反转信号，因此遇到这样的走势时，短线操作应以看涨为主。

价格线的 V 形底形态是从分时图角度来分析的，反映的只是当天的股价走势。为了提高信号的准确度，投资者还需要结合其出现的位置进行分析。

◆ 在股价下跌的低位，盘中出现 V 形底反转，这样的走势有见底意义，投资者可以进行短线买入操作。

◆ 在连续的拉升阶段，主力也可能会利用盘中 V 形底进行洗盘。

实例分析

亿帆医药（002019），分时图出现 V 形底

图 7-25 所示为亿帆医药 2020 年 3 月 24 日的分时图。

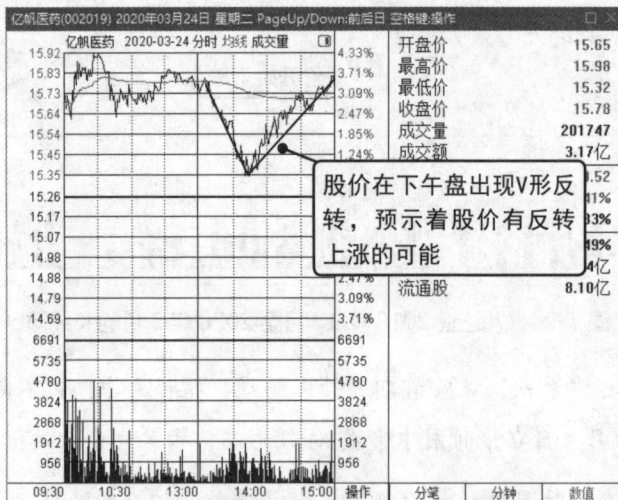

图 7-25　亿帆医药 2020 年 3 月 24 日的分时图

从图中可以看出，在 2020 年 3 月 24 日这天，在盘中出现了 V 形反转，由此发出短线买入信号。

结合该股这一时间段的 K 线走势图，投资者可以很容易得到短线买入操作的信号。

图 7-26 所示为亿帆医药 2020 年 3 月至 4 月的 K 线图。

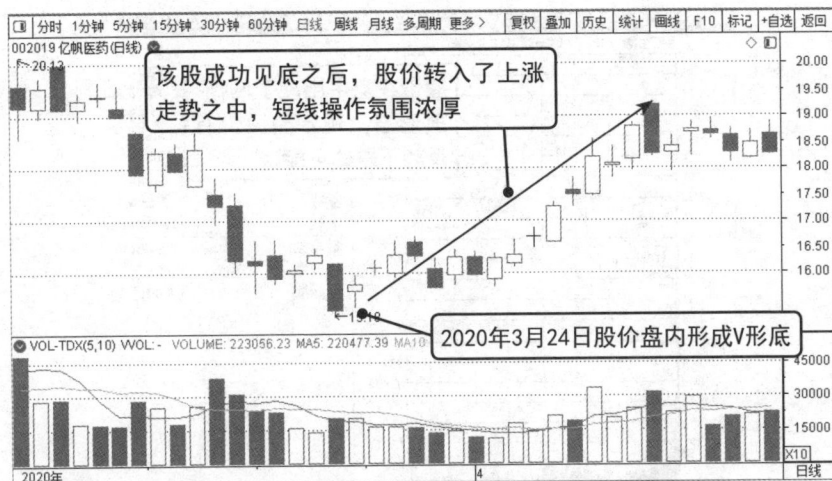

图 7-26　亿帆医药 2020 年 3 月至 4 月的 K 线图

从图中可以看出，该股前期出现明显的下跌走势，且股价下跌的速度不断加快。在以一根大阴线报收创出最低价之后，该股在 2020 年 3 月 24 日收出带长下影线的小阳线。同时该股价格在当天盘中形成 V 字形反转，由此更加确信股价的探底回升，短线买入信号更加强烈。

No.011　价格线倒 V 形顶短线卖出

价格线的倒 V 形顶和 K 线图中的倒 V 形顶一样，反映的也是股价向下反转的信号，由此显示的是卖出信号。

在股价连续拉升后的高位，分时图中出现倒 V 形顶，则显示卖出信号；在重要的压力位置，股价上攻无力，盘中也容易形成倒 V 形顶。

实例分析

莱茵生物（002166），分时图出现倒 V 形顶

图 7-27 所示为莱茵生物 2020 年 2 月 4 日的分时图。

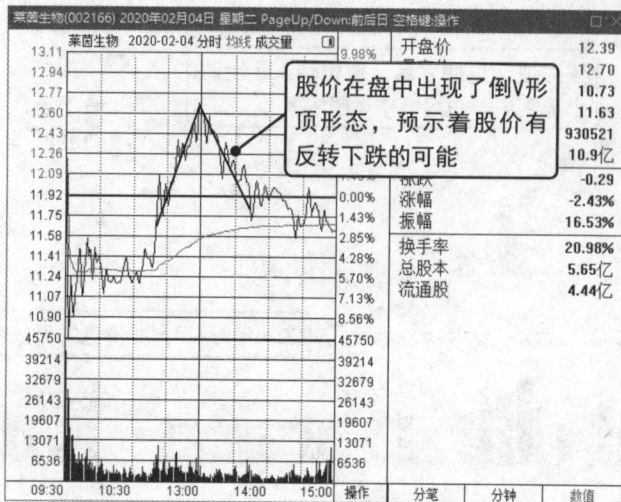

图 7-27　莱茵生物 2020 年 2 月 4 日的分时图

从图中可以看出，该股 2 月 4 日在盘中形成倒 V 形顶形态，发出了短线卖出信号。结合该股这段时间的 K 线走势图，投资者可以很清楚地得到股价发出看跌卖出的信号是准确的。

图 7-28 所示为莱茵生物 2019 年 12 月至 2020 年 3 月的 K 线图。

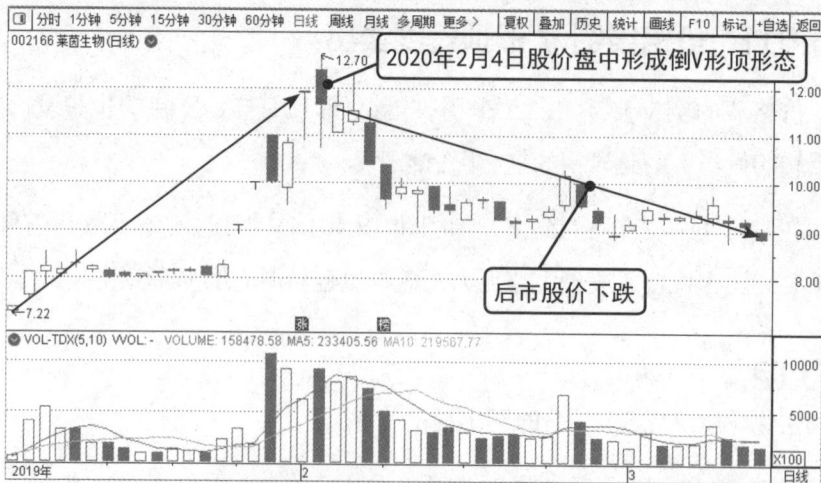

图 7-28　莱茵生物 2019 年 12 月至 2020 年 3 月的 K 线图

从图中可以看出，该股前期出现持续性的上涨，市场中风险也逐步累积。

在 2020 年 2 月 4 日当天，股价创出阶段性新高的 12.70 元，并且盘内形成了倒 V 形顶形态，由此更加确定股价后市看跌，所以投资者应该抓住机会卖出股票。

No.012 价格线三重底短线买入

价格线的三重底形态和 K 线图中的三重底形状一样，反映的也是筑底信号，不同的是，价格线形成的三重底反映的是股价分时图中短暂的筑底信号。

在分时走势图中，价格线的三重底形态是一个短期筑底信号，在这样的信号出现后，投资者可以结合 K 线的具体位置，判断是否进行短线买入操作。

◆ 在强势拉升阶段，若股价整体处于整理走势之中，而在盘中形成三重底的筑底形态，短线买入信号成立。

◆ 在股价见底回升走势中，股价盘中出现的三重底也是一个短线买入信号。

实例分析

科伦药业（002422），分时图出现三重底形态

图 7-29 所示为科伦药业 2019 年 12 月 16 日的分时图。

从图中可以看出，在 2019 年 12 月 16 日这天，股价在早盘形成了 3 个不同位置的低点，由此形成价格线的三重底形态。结合股价当时所处的位置，投资者可以轻松地得到股价看涨的信号，由此确定短线买入机会。

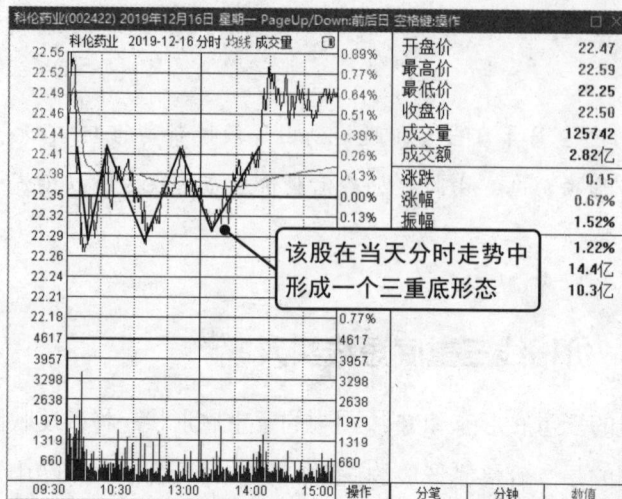

图 7-29　科伦药业 2019 年 12 月 16 日的分时图

图 7-30 所示为科伦药业 2019 年 11 月至 2020 年 2 月的 K 线图。

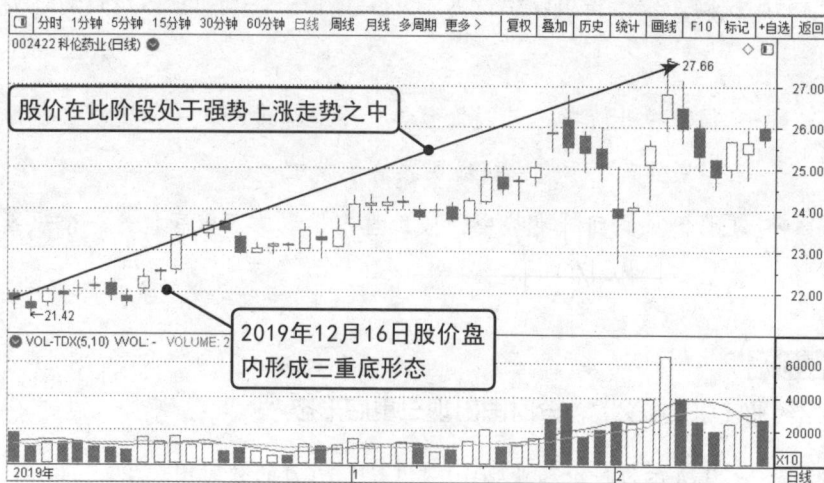

图 7-30　科伦药业 2019 年 11 月至 2020 年 2 月的 K 线图

从图中可以看出，该股整体上处于上升阶段，前期股价在小幅升高之后进行短暂的调整。

之后在 2019 年 12 月 16 日这天，该股股价盘中形成三重底形态，以此阻止股价的进一步下跌。三重底形成之后，该股下一交易日便强势上涨，短线买入信号发出，投资者可以进行买入操作。

No.013　价格线三重顶短线卖出

价格线的三重顶形态和价格线的三重底形态相反，反映的市场意义也完全相反，价格线三重顶显示的是看跌的信号。

如果在连续上涨之后的高位，股价在盘中形成三重顶，则显示的是卖出信号。在压力线附近，股价盘中形成三重顶，显示的也是卖出信号，因此投资者要及时卖出股票。

实例分析

贵州百灵（002424），分时图出现三重顶形态

图 7-31 所示为贵州百灵 2020 年 2 月 6 日的分时图。

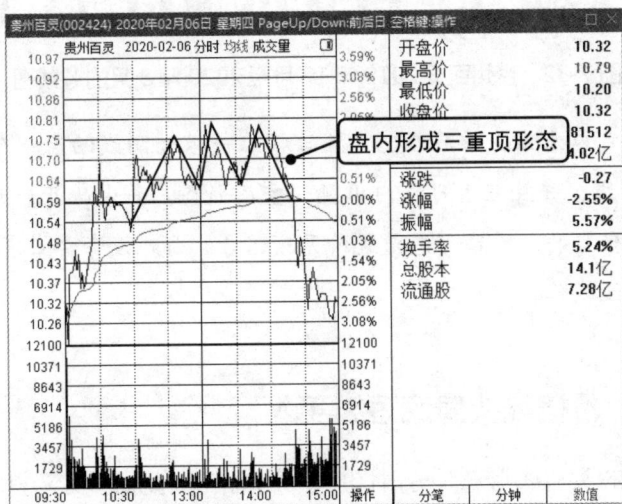

图 7-31　贵州百灵 2020 年 2 月 6 日的分时图

从图中可以看出，该股当日盘中股价上冲 3 次，但是都未能形成持续

上涨，反而形成三重顶的三个顶部。尾盘股价不断下跌，由此三重顶形态完全形成。

从三重顶形态可知，股价上方有巨大的压力，结合该股当时的K线走势图可以得到更加准确的信号。

图7-32所示为贵州百灵2019年12月至2020年3月的K线图。

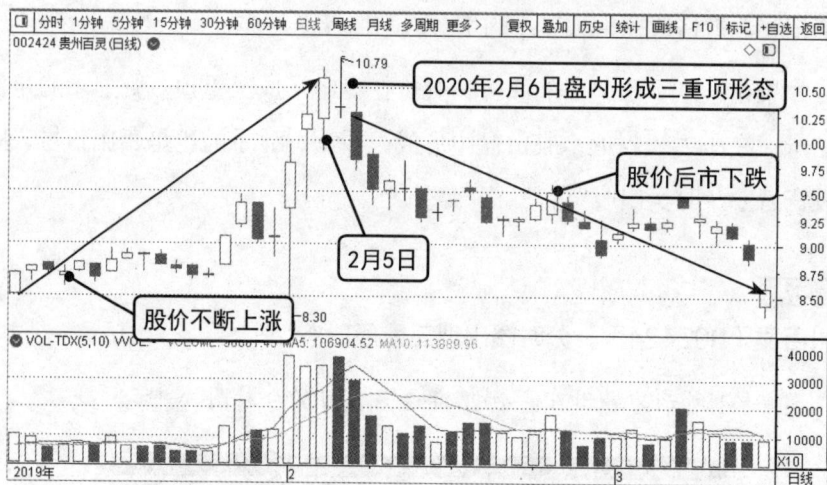

图7-32 贵州百灵2019年12月至2020年3月的K线图

从图中可以看出，该股在2月5日收出一根大阳线的后一个交易日收出十字星K线，并且在当日盘内出现三重顶形态，并由此开始大幅下跌，说明十字星当日的三重顶形态是股价见顶信号。因此投资者必须卖出股票，不能展开短线操作。

No.014　价格线头肩底短线买入

价格线的头肩底形态是分时图中一个很常见的筑底形态，反映的是股价反转向上的买入信号。

价格线的头肩底形态是一个筑底形态，但是其发出的信号很短暂，因此在利用头肩底形态进行实战操作时，投资者还需要结合 K 线走势进行详细分析。

- ◆ 如果在股价见底阶段，盘中股价形成头肩底形态，则可以看成是一个短线买入信号。

- ◆ 如果在拉升股价阶段，主力可能会借助头肩底形态进行洗盘操作。

实例分析

东诚药业（002675），分时图出现头肩底形态

图 7-33 所示为东诚药业 2020 年 3 月 31 日的分时图。

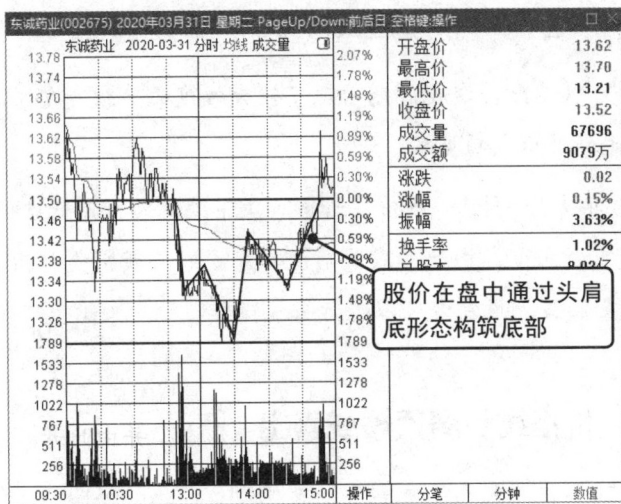

图 7-33 东诚药业 2020 年 3 月 31 日的分时图

从图中可以看出，该股在盘中形成头肩底形态，由此发出当天的短线买入信号。

结合该股当时所处的具体位置，投资者就可以轻松判断出短线买入的时机。

图 7-34 所示为东诚药业 2020 年 3 月至 5 月的 K 线图。

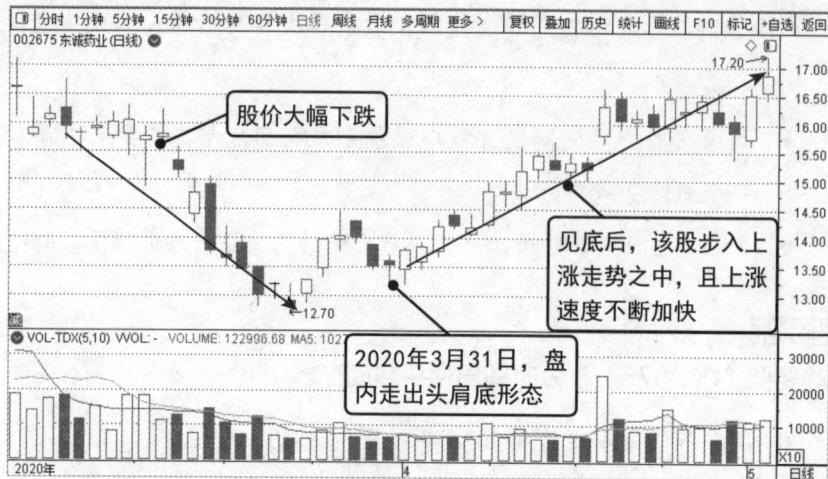

图7-34　东诚药业 2020 年 3 月至 5 月的 K 线图

从图中可以看出，该股前期出现了较大幅度的下跌走势，之后股价在创出 12.70 元新低后成功见底。

在 2020 年 3 月 31 日，股价在盘中再次下跌考验前期低点位置的支撑，止跌后股价重新向上，由此形成头肩底形态。股价获得支撑后反转向上，短线买入机会凸显，投资者可以进行买入操作。

No.015　价格线头肩顶短线卖出

价格线的头肩顶形态和头肩底形态相反，显示的是股价下跌的信号，因此对于短线操作而言主要以卖出为主。

股价强势拉升后，盘中股价形成头肩顶形态，则显示为卖出信号；在压力线附近，盘中股价无力向上有效突破，形成头肩顶形态，这也显示出短线卖出信号。

实例分析

康弘药业（002773），分时图出现头肩顶形态

图 7-35 所示为康弘药业 2020 年 4 月 10 日的分时图。

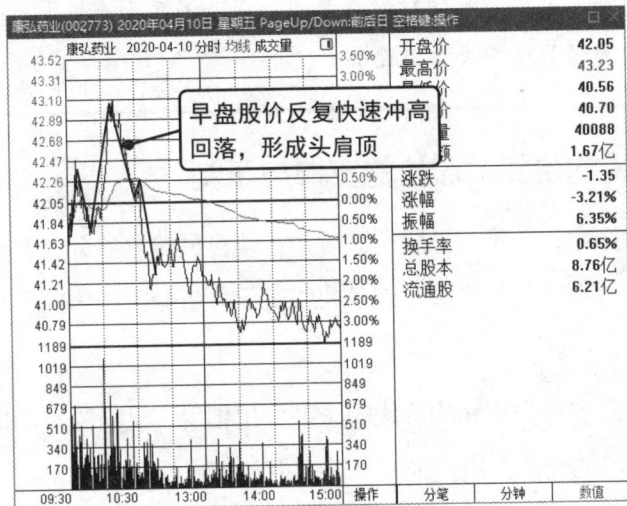

图 7-35　康弘药业 2020 年 4 月 10 日的分时图

从图中可以看出，该股在早盘出现了快速拉升，成交量在快速拉升阶段也出现快速放大，之后股价扭头下跌，最后形成完整的头肩顶形态。

图 7-36 所示为康弘药业 2020 年 3 月至 5 月的 K 线图。

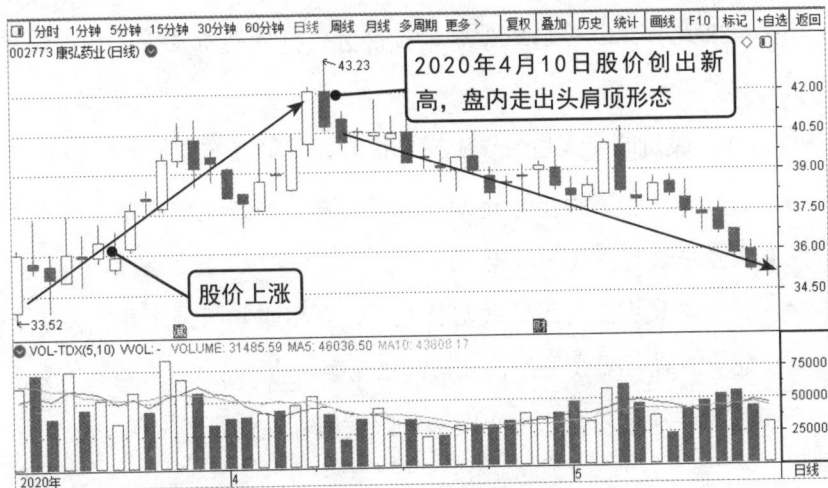

图 7-36　康弘药业 2020 年 3 月至 5 月的 K 线图

从图中可以看出，该股在经过前期的上涨后，在 2020 年 4 月 10 日创出阶段性新高，并且当日的股价在盘内形成头肩顶形态，发出短线卖出信号，所以投资者必须尽快卖出股票。

No.016　均价线对股价的支撑与压制

在分时图中，除了记录股价即时运行轨迹的价格线外还有一条曲线，即股价在分时图中的均价线，这条曲线对于分析分时图中的价格运行方向有着重要的作用。

均价线的支撑作用和均价线的压制作用相反，反映的是均价线对于股价向下运行时的支撑作用，是一个短线买入信号。

◆ 当股价在均价线下方运行时，均价线对股价的上涨就有压制作用。因此当价格线遇到均价线的压制而又无力突破时，投资者就应该及时卖出手中的股票，避免之后的下跌。

◆ 在分时走势图中，如果股价运行于均价线上方，当股价下跌至均价线附近时，将会得到均价线的支撑作用而重新开始上涨，投资者在此位置就可以根据股价当前所处位置判断是否进行短线买入操作。

均价线与股价的交叉也会发出操作信号，具体操作信号解析如下。

◆ 当价格线由下向上穿过均价线时，显示市场短期走强，投资者可在盘中进行短线买入操作。

◆ 当价格线由上向下穿过均价线时，显示市场短期走弱，投资者不能盲目进行短线买入，应该以短线卖出为主。

下面来看一个股价由下而上突破均线发出看涨信号的案例。

实例分析

易明医药（002826），股价由下而上突破均价线

图7-37所示为易明医药2020年4月2日的分时图。

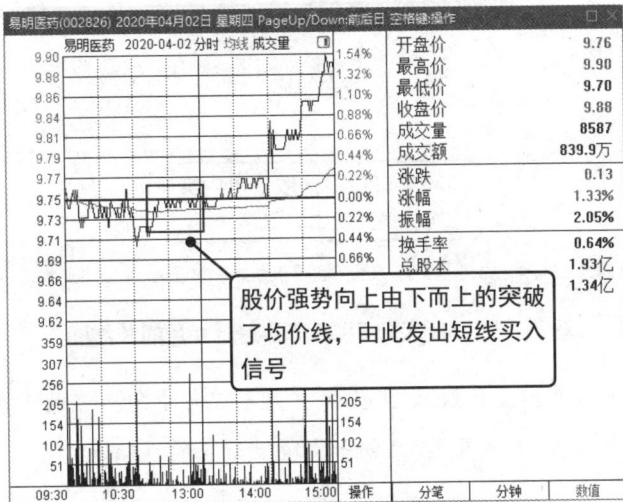

图7-37　易明医药2020年4月2日的分时图

从图中可以看出，该股在当天开盘时股价始终受到均价线的压制在其下方波动变化，在10:30左右，股价强势上涨，由下而上的突破均价线，由此形成短线买入机会。之后股价更是大单拉升，强势上涨，由此显示出市场的强势特征。

结合该股那一时期的K线走势图，投资者可以更加清楚股价目前的运行状态。

图7-38所示为易明医药2020年2月至4月的K线图。

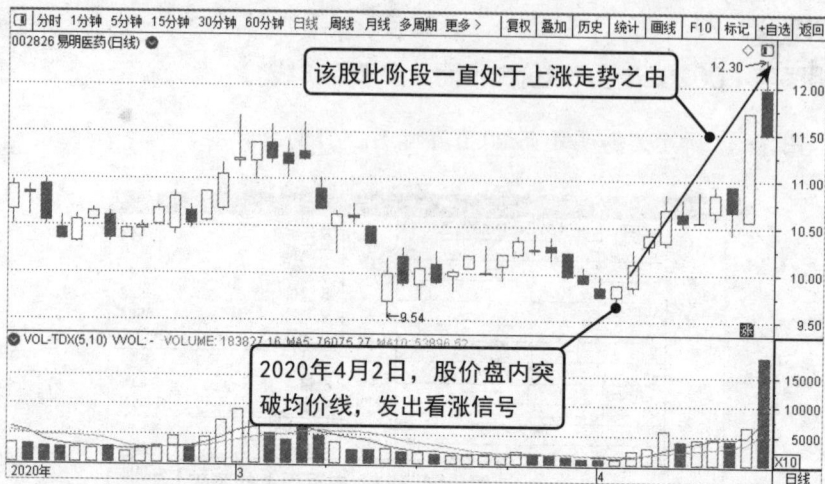

图 7-38　易明医药 2020 年 2 月至 4 月的 K 线图

从图中可以看出，该股在 2020 年 2 月至 3 月中旬一直处于震荡下跌的走势，并且在 2020 年 3 月 13 日创出阶段性低点的 9.54 元。

创出新低后股价开始缓慢上涨，在 3 月下旬股价突然下跌，连续收出阴线，下跌走势延续到 4 月 2 日，股价盘内由下而上突破了均价线，发出看涨信号，后市可期。

2020 年 4 月 2 日的股价由下而上突破均价线，短线买入信号凸显。随后 K 线连续收出 3 日阳线，进一步证实了短线买入信号，所以投资者在此位置可以大胆进行短线的买入操作。